조선시대 언간을 통해 본 왕실 여성의 삶과 생활세계

이 저서는 2016년 대한민국 교육부와 한국학중앙연구원(한국학진흥사업단)의
한국학총서 사업의 지원을 받아 수행된 연구임(AKS-2016-KSS-123001)

한국학총서 조선시대 언간을 통해 본 남성과 여성의 삶 ❷

조선시대 언간을 통해 본
왕실 여성의 삶과 생활세계

이남희 지음

역락

● 차례

● **표 차례**

● 그림 차례

I. 서언: 왕실 여성과 언간

1. 언문(諺文)과 진서(眞書)

"이깟 문자, 주상 죽고 나면 시체와 함께 묻어버리면 그만이지" 2019년 개봉된 영화 <나랏말싸미>에 나오는 대사 한 구절이다. <나랏말싸미>는 한글, 훈민정음(訓民正音)을 창제했던 세종의 재위 마지막 8년을 다루고 있다.[1] 1443년(세종 25) 한글이 만들어졌다. 신하들의 거센 반대에도 불구하고 백성을 위해서 뜻을 모아 나라의 글자를 만든다는 명분이 현실로 나타난 것이다.

모든 백성이 문자를 읽고 쓰는 나라, 오늘날의 용어로 말하자면 문자해독력(식자율) 100%의 나라를 만든다는 명분과 이상이 있었다. 고려 불교 국가 이후 유교 국가로 출범한 조선에서 그런 명분과 이상은 현실적인 벽에

---

[1] 거의 알려지지 않았던 승려들[신미]의 참여와 활약에 주목한 것 역시 <나랏말싸미>가 갖는 나름대로의 특징이라 할 수 있겠다. 이에 대한 논란 역시 만만치 않다. 영화에 완전히 동의하지는 않으나 역사를 대상으로 한다고 할지라도 창작은 어디까지나 창작으로 보아야 한다고 생각한다.

부딪히지 않을 수 없었다. 기본적으로 유교는 지식과 권력의 담론이라는 속성을 지니고 있었기 때문이다. 더욱이 상대적으로 자유로웠던 고려시대 와는 달리 조선에 들어서 가부장제를 앞세운 부계(父系) 중심주의가 뿌리내리려 하고 있었다.[2] 『주자가례(朱子家禮)』와 『소학(小學)』 등의 국가적인 보급이 단적인 증거가 된다. 문자의 구분과 차별 의식은 진서(眞書)와 언문(諺文)이라는 말에서 상징적으로 나타난다.

훈민정음의 창제에 힘입어 한글로 우리말 표기를 직접 할 수 있게 되었다. 조선 정부에서는 국가 정책 차원에서 각종 서적에 대한 언문 번역 작업을 활발하게 진행했다. 하지만 이미 권위를 가진 문자[한자]와 그와 연계된 지식이 권력과 직결되고 있던 시대였던 만큼, 모든 이들의 환영을 받을 수는 없었다. 쉽게 쓰고 읽을 수 있다는 점을 인정한다고 하더라도 사회적인 측면에서 그리고 공적인 영역에서 드러내놓고 쓰는 데까지는 이르지 못했던 것이다.[3] 그러다 보니, 언문은 여성과 피지배층 사이에서 주로 쓰이게 되었다.

여성이라 하더라도 들여다보면 일률적으로 말하기에 어려운 점이 없지 않았다. 신분과 계층이라는 변수가 작용하고 있었기 때문이다. 여성 역시 문자생활을 하고 있었다.[4] 사대부 집안 여성의 경우, 진서를 읽히는 예도 없지 않았다. 한문으로 글을 쓰는 여성지식인이 본격적으로 등장하는 것은

---

2 김석근, 「대승불교에서 주자학으로」, 『정치사상연구』 1, 1999; 이남희, 「세종시대 소학의 보급 장려와 그 역사적 함의」, 『열린정신인문학연구』 19-2, 2018; 마르티나 도이힐러·이훈상 옮김, 『한국 사회의 유교적 변환』, 아카넷, 2003.

3 왕실의 남성이나 양반 사대부들이 사적으로 언문을 사용한 예는 더러 있었다. 예컨대 출가한 딸이나 아내에게 보내는 편지 등이 있다.

4 안병희, 「훈민정음 사용에 관한 역사적 연구: 창제로부터 19세기까지」, 『동방학지』 46·47·48, 1985; 백두현, 「조선시대 여성의 문자생활 연구: 한글 편지와 한글 고문서를 중심으로」, 『어문논총』 42, 2005.

조선 중·후기에 이르러서였던 것으로 여겨진다.[5] 그렇다면 실제로 언문을 사용했던 사람들로는 역시 신분이 높은 왕실, 궁중, 사대부 여성 등을 우선적으로 상정해볼 수 있겠다.[6]

왕실의 여성들, 실제로 왕실 여성들은 더러 글을 남기기도 했다. 역시나 그들은 언문을 사용하고는 했다. 언문을 통해서 자신의 생각을 전달하고 또 삶의 단면들을 기록하고 있었던 것이다. 왕실에서도, 그리고 여성들에게서도 보편적인 의미의 글쓰기가 행해지고 있었다고 해도 좋겠다.

이 같은 논의의 연장선 위에서, 이 책에서는 조선시대 왕실 여성, 그 중에서도 왕비들의 언문에 주목해서 그와 관련된 생활세계를 살펴보고자 한다.[7] 왕실 여성에게 언문은 외부와의 소통 수단이자 자기표현 수단으로서 중요한 의미를 지니기 때문이다. 그들은 언문으로 편지[諺簡]를 썼으며, 이를 통해서 서로 소통하고 있었다.[8] 그들 언간은 당시의 생생한 삶의 모습들을 전해주고 있다.

---

5 이 책 제I장 2절 언문과 여성의 글쓰기 참조.

6 『단종실록』에서 궁인이 언문을 사용한 기록을 확인할 수 있다. 『단종실록』 권1, 1년 4월 기축.

7 왕실 여성 범주에는 국왕을 중심으로 하여 혈연과 혼인으로 맺어진 여성들로 국왕의 부인인 왕비, 국왕의 어머니인 대비, 전 국왕의 부인인 왕대비, 전전 국왕의 부인인 대왕대비, 왕세자빈, 후궁, 공주, 옹주 등이 포함된다.

8 그 외에도 왕실 여성은 언문으로 된 교서, 즉 언교(諺敎)를 내리기도 했다. 또한 언문으로 된 저작을 남기기도 했다. 그것은 의미 있는 언문 자료라 해야 할 것이다. 이 부분은 이남희, 「조선시대 언문자료와 왕실여성의 생활세계: 언간과 언교 그리고 언문저술」, 『인문학연구』 29, 2020을 참조했다. 거기서는 왕실 여성의 언문 글쓰기 전반을 다루고 있다. 그러니까 언간, 언교, 그리고 언문저작 전반을 검토하면서 그들이 어떤 의미를 가질 수 있는지, 그리고 어떻게 연구해야 하는지에 대해서 논하고 있다.

2. 언문과 여성

1) 언문의 보급

세종대 훈민정음의 창제에 힘입어 한글로 우리말 표기를 직접 할 수 있게 되었다. 국가 정책 차원에서 각종 서적에 대한 언문 번역작업이 활발하게 이루어졌다. 1444년(세종 26) 집현전 교리 최항(崔恒), 부교리 박팽년(朴彭年), 부수찬 신숙주(申叔舟)·이선로(李善老)·이개(李塏), 돈녕부 주부 강희안(姜希顏) 등에게 명하여 『운회(韻會)』를 언문으로 번역하게 했으며,[9] 1448년(세종 30)에는 집현전에서 사서(四書)를 언문으로 번역하게 했다.[10] 1461년(세조 7) 예문관 제학 이승소(李承召), 행상호군 양성지(梁誠之)·송처관(宋處寬)·김예몽(金禮蒙), 예조 참의 서거정(徐居正), 첨지중추원사 임원준(任元濬) 등에게는 『명황계감(明皇誡鑑)』을 언문으로 번역하게 했다.[11]

성종은 언문으로 된 『삼강행실열녀도(三綱行實列女圖)』를 간행해 부녀자들에게 강습하도록 했다. 예조에 이렇게 명하고 있다.

> 국가의 흥망은 풍속의 순박한 것에 말미암는데, 풍속을 바르게 하는 일은 반드시 집안을 바르게 하는 데에서 비롯해야 한다. 예전에는 동방은 정신(貞信)하여 음란하지 않다고 일컬었는데, 근자에는 사족(士族)의 부녀 중에도 혹 실행(失行)하는 자가 있으니 내가 매우 염려한다. 언문으로 된 『삼강행실열녀도』의 질(帙)을 약간 박아서 경중의 오부와 제도에 반사(頒賜)하여, 촌항(村巷)의

---

9 『세종실록』 권103, 26년 2월 병신.

10 『세종실록』 권119, 30년 3월 계축.

11 『세조실록』 권25, 7년 8월 갑오.

부녀가 다 강습할 수 있게 하라. 그러면 아마도 풍속을 바꿀 수 있을 것이다.[12]

지역을 보면 한양 경중의 오부(五部)와 제도(諸道), 신분을 보면 사족의 부녀와 촌항의 부녀자를 대상으로 했다. 그들이 강습할 수 있도록 하기 위해 언문으로 된 『삼강행실열녀도』를 만들어 반포한 것이다. 언문이 부녀자들의 공식 언어로 간주되고 있음을 확인할 수 있다. 진문(眞文)으로 불리던 한문은 남성들이 주로 사용하던 글이었다. 이런 사정을 감안한다면, 왕실 여성의 경우 일찍부터 한글을 익히고 또 한글을 사용한 것으로 여겨진다.

성종은 『향약집성방(鄕藥集成方)』에서 일상에서 절실한 것을 언문으로 번역하여 민간에 반포하게 했다.[13] 백성들의 질병 치료를 위해서였다. 노숙한 의원으로 하여금 시켜 일상에 절실한 것들을 뽑아내고, 그들을 언문으로 번역하도록 했다. 민간에서 당약(唐藥)은 얻기가 어렵지만 『향약집성방』에 나오는 약들은 백성들이 알아서 쉽게 쓸 수 있기 때문이다. 이처럼 언문은 백성들의 일상생활에서 널리 쓰이고 있었던 것이다.

그런데 연산군 대에 이르러 폐비 관련 언문 투서 사건이 계기가 되어 대대적인 언문 탄압이 시행되었다. 1504년(연산군 10) 폐비의 관련 언문을 번역해서 궁궐 바깥에 전파한 자를 처벌했다.[14] 언문 투서사건으로 연산군이 크게 분노했으며, 심지어 언문을 배우거나 쓰지 못하게 했다.

전교하기를, "어제 예궐하였던 정부·금부의 당상을 부르라. 또 앞으로는

---

12 傳旨禮曹曰 國家興亡 由於風俗淳薄 而正風俗 必自正家始. 古稱東方貞信不淫 近者士族婦
    女 或有失行者 予甚慮焉. 其印諺文三綱行實列女圖若干帙 頒賜京中五部及諸道 使村婦巷女
    皆得講習. 庶幾移風易俗.(『성종실록』 권127, 12년 3월 무술)

13 『성종실록』 권220, 19년 9월 경진.

14 『연산군일기』 권53, 10년 윤4월 병자.

언문을 가르치지도 말고 배우지도 말며, 이미 배운 자도 쓰지 못하게 하며,
모든 언문을 아는 자를 한성의 오부로 하여금 적발하여 고하게 하되, 알고도
고발하지 않는 자는 이웃 사람을 아울러 죄주라. 어제 죄인을 잡는 절목을 성
안에는 이미 통유하였거니와, 성 밖 및 외방에도 통유하라." 하였다.[15]

언문을 쓰는 자는 기훼제서율(棄毀制書律), 알고도 고하지 않는 자는 제서
유위율(制書有違律)로 논하여 처벌했다. 조사(朝士)의 집에 있는 언문으로 구
결(口訣) 단 책은 모조리 불사르도록 했다. 하지만 그런 연산군도 한어(漢語)
를 언문으로 번역한 것은 금지하지 않았다.[16] 언문 금지 자체가 한정적이었
던 셈이다. 연산군 대의 언문 탄압의 여파 때문인지는 모르겠지만, 중종이
신하들에게 언문을 해독할 수 있냐고 물었을 때 그 중에는 읽을 수 없다고
답하는 자도 있었다.[17] 언문이 크게 위축되었음을 미루어 알 수 있다.

그런데 조선시대의 공적인 영역에서 언문 사용은 제한되어 있었다.[18] 문
자(文字), 진서(眞書) 등으로 지칭된 한문과 대비되어 한글은 언문으로 불린
데서도 알 수 있다. 백성을 가르치는 바른 소리라는 훈민정음(訓民正音)의
명칭과도 거리가 멀었다. 그러다 1894년(고종 31) 고종은 "법률과 칙령은 모
두 국문을 기본으로 하고 한문으로 번역을 붙이거나 혹은 국한문을 혼용한
다."는 칙령을 내렸다.[19] 그 때까지 한글은 국문(國文)으로서의 공식성을 인

---

15 傳日 其召昨日詣闕政府 禁府堂上. 且今後諺文勿教勿學 已學者亦令不得行用. 凡知諺文者
   令漢城五部 摘告. 其知而不告者 幷隣人罪之. 昨日捕罪人節目 城內則已通諭 城外及外方亦
   諭之.(『연산군일기』 권54, 10년 7월 무신)

16 『연산군일기』 권54, 10년 7월 경술.

17 『중종실록』 권35, 14년 3월 병신.

18 남풍현, 「언어와 문자」, 『조선시대생활사』, 역사비평사, 1996, 28쪽; 황문환, 「조선 시
   대 언간과 국어 생활」, 『새국어생활』 12-2, 2002, 133-145쪽.

정받지 못한 채 언문의 지위에 머물러 있었다.

그 같은 언문의 사용과 범위의 제약성은 그대로 언간에 적용되는 것이기도 하다. 무엇보다 언간을 주고받은 사람들의 성별에서도 나타난다. 16세기 중반 이래 많은 언간 자료들이 전해지지만, 그들 중에서 남성들 사이에 주고받은 것은 거의 찾아볼 수가 없다. 조선시대의 언간을 보면 대부분 언간의 발신자와 수신자 중에서 어느 한 쪽은 여성으로 여성을 중심으로 사용된 것이다. 그래서 언간은 흔히 내간(內簡)으로 불리어지기도 했다.

수신자는 왕이나 사대부를 비롯해 한글 해득 능력이 있는 하층민에 이르기까지 거의 전 계층의 남성이 될 수 있었다. 다른 각도에서 보자면, 지식인 남성들 사이의 전유물처럼 되어 있던 한문 서찰과는 달리, 언간은 어떤 특정한 계층에 관계없이 남녀 모두가 공유할 수 있었다고 할 수도 있겠다.

2) 언문과 여성의 글쓰기

주자학적 예학(禮學) 윤리의 정착과 더불어 점차로 종법(宗法)적 문중(門中)이 형성되었으며, 조선 후기 사회에 이르게 되면 사회는 한층 더 부계(父系) 중심의 사회로 변해가게 되었다. 하지만 그것이 전부는 아니었다. 거의 동시적으로 여성들의 자각도 이루어지고 있었다. 사회 전반적으로 보수화가 진행되고 있었지만 그런 흐름과 틀 속에 안주하지 않고 변화하는 여성도 나타나게 되었다. 유행하던 책읽기와 글쓰기 열풍에 힘입어 여성들은 다양한 지식을 얻을 수 있었다. 이 같은 경향은 조선후기 문예부흥 이후 더욱 가속화되었다.[20] 사회 전반에 걸친 경제적 생산력의 증가와 생활수준의 향

---

19 法律勅令 總以國文爲本 漢文附譯 或混用國漢文.(『고종실록』 권32, 31년 11월 계사)

20 이영춘, 「강정일당의 생애와 학문」, 『조선시대사학보』 13, 2000, 128쪽.

상 등으로 서민문화(庶民文化)가 꽃피게 되었다. 또한 사회 전반의 모순을 시정하고자 하는 실학자들은 국학 진흥에도 많은 관심을 보여주었다. 언문이라 경시하던 한글에 대한 연구 역시 활발해졌으며, 그에 힘입어 언문으로 쓰인 국문학이 성장할 수 있었다. 그 같은 사회변화는 문화의 새로운 지평을 열어주었고, 책을 읽을 수 있는 여성 숫자가 점차 늘어났다.

국가에서는 정책적으로 교화(敎化)를 위해 한글로 번역된 여성 수신서(修身書)를 보급했으며, 이는 여성들의 지식 습득과 자의식 고양에 큰 영향을 미쳤다. 여성들에게는 예의범절 등의 교양습득과 가정생활 등 제한된 교육이 이루어졌다. 그래서 여성들은 『여사서(女四書)』, 『내훈(內訓)』 등의 교양서를 접하고 있었다.[21] 여성을 위한 교육기관으로서의 학교는 없었으나 실생활에서 여성 교육은 중요했다. 교화서와 수신서를 읽음으로써 지식을 얻고, 그렇게 습득된 지식을 통해서 자아의식을 고취시켜 갈 수 있었다. 사대부 집안의 여성은 한글과 함께 한문도 학습하기도 했다. 이덕무(李德懋)는 수신서 『사소절(士小節)』에서 여성의 학문에 대해서 다음과 같이 자세하게 말하고 있다.

> 부인은 경서(經書)와 사서(史書), 『논어』·『시경』·『소학』, 그리고 『여사서』를 대강 읽어서 그 뜻을 통하고, 여러 집안의 성씨, 조상의 계보, 역대의 나라 이름, 성현의 이름자 등을 알아둘 뿐이요, 허랑하게 시사(詩詞)를 지어 외간에 퍼뜨려서는 안 된다.
>
> 훈민정음은, 자음·모음의 반절과 초성·중성·종성과 치음(齒音)·설음(舌

---

21 『여사서』는 중국의 여성 수신 교육서 『여계(女誡)』, 『여논어(女論語)』, 『내훈(內訓)』, 『여범첩록(女範捷錄)』을 합본한 것으로 1736년(영조 12) 언해본이 간행되었다. 『내훈』은 성종의 모친 소혜왕후(昭惠王后)가 부녀자의 훈육을 위해 편찬한 책이다.

音)의 청탁(淸濁)과 자체(字體)의 가감이 우연한 것이 아니다. 비록 부인이라
도 또한 그 상생상변(相生相變)하는 묘리를 밝게 알아야 한다. 이것을 알지 못
하면, 말하고 편지하는 것이 촌스럽고 비루하여 본보기가 될 수 없다.

언문으로 번역한 이야기책[傳奇]을 탐독하여 가사를 방치하거나 여자가
할 일을 게을리 해서는 안 된다. 그런데 심지어 돈을 주고 빌려보는 등 거기
에 취미를 붙여 가산을 파탄하는 자까지 있다. 또는 그 내용이 모두 투기하고
음란한 일이므로, 부인의 방탕함이 혹 그것에 연유하기도 하니, 간교한 무리
들이 요염하고 괴이한 일을 늘어놓아 선망하는 마음을 충동시키는 것이 아닌
줄을 어찌 알겠는가.

언문으로 번역한 가곡은 입에 익혀서는 안 된다. 당(唐) 나라 사람의 시나
장한가(長恨歌) 같은 따위는 요염하고 호탕하므로 기녀들이나 욀 것이니, 또
한 익혀서 안 된다.

무릇 언문 편지를 지을 때는, 말은 반드시 분명하고 간략하게 하고, 글자
는 반드시 또박또박 해정하게 써야지, 두서없는 말을 장황하고 지리 하게 늘
어놓음으로써 남들이 싫증을 내게 해서는 안 된다.[22]

이덕무에 의하면, 여성들도 훈민정음의 상생 상변하는 묘리를 정확하게
알아야 한다는 것, 그래야 말하고 편지하는 것이 촌스럽지 않고 비루하지
않게 된다고 했다.[23] 여성들은 먼저 일상생활과 편지 쓰기에 필요한 한글

---

22 이덕무, 『청장관전서(靑莊館全書)』 권30, 「사소절(士小節)」 7 부의(婦儀) 2.

23 특별히 훈민정음에 대해서 이덕무는 이렇게 말하고 있다. "반절음으로 속칭 언문(諺文)
    이다. 우리나라 세종이 측주(厠籌)로 자형(字形)을 만들어 친히 자모 28자를 짓고 언문
    이라 이름했다. 중국의 한림 황찬(黃瓚)이 요동에 귀양 와 있을 때 성삼문 등을 보내 13
    차례 질문했는데, 글자가 모두 옛날 전(篆)자 모양과 같았다 한다. 그에 대한 말이 매우
    길어 이루 다 기록할 수 없다."

을 습득해야 한다는 것이다. 그런 다음에 경서, 역사서 등을 독서할 것, 아울러 상식으로 여러 집안의 성씨 및 계보 등에 대해서 알아야 한다고 강조했다. 이는 언문과 함께 한자 습득한 여성들이 있음을 말해주는 것이다.[24]

3. 왕후의 언간과 생활세계

왕실의 여성은 거의 평생을 궁궐에서 보내야만 했다. 자연히 행동과 그 반경에 많은 제약이 따랐다. 궁궐 바깥소식을 듣거나 자신의 생각을 바깥에 알릴 수 있는 방법이 그리 많지 않았다. 바깥세상과 소통할 수 있는 방법 중의 하나는 글과 편지 주고받기였을 것으로 여겨진다. 왕실 여성은 글을 남기기도 했는데 주로 언문을 사용하고는 했다. 그러니까 언문을 통해서 자신의 삶의 단면들을 기록하고 있었다. 언문은 외부와의 소통 수단이자 자기표현 수단으로서 중요한 의미를 지닌다.

왕실 여성 중에서 역시 대표적인 존재는 왕비라 할 수 있다. 조선에서 왕의 배우자를 왕비라고 부른 것은 세종 대부터이다. 1427년(세종 9) 세종은 중국의 한나라에서부터 천자의 후(后)를 황후(皇后), 제후의 부인은 비(妃)라 했기 때문에 조선의 중전은 비가 되어야 한다는 것이다.[25] 제후국의 지위에 맞는

---

24 조선후기에는 개인 문집 『윤지당유고』를 저술한 임윤지당(任允摯堂), 『규합총서(閨閤叢書)』를 남긴 이빙허각(李憑虛閣), 『정일당유고』가 전해지는 강정일당(姜靜一堂) 등의 여성 지식인이 등장했다.(이혜순, 『조선후기여성지성사』, 이화여대출판부, 2007; 이남희, 「조선후기의 '女士'와 '女中君子' 개념 고찰」, 『역사와 실학』 47, 2012; 이남희, 「조선후기 지식인 여성의 생활세계와 사회의식: 임윤지당과 강정일당을 중심으로」, 『원불교사상과 종교문화』 52, 2012; 이남희, 「조선후기 지식인 여성의 자의식과 사유세계: 이사주당(李師朱堂, 1739~1821)을 중심으로」, 『원불교사상과 종교문화』 68, 2016)

25 『세종실록』 권35, 9년 1월 을묘

명칭을 정했다. 그 이전에는 미칭(美稱)을 사용하여 비로 책봉했다. 태조비 신의왕후(神懿王后)는 절비(節妃), 신덕왕후(神德王后)는 현비(顯妃), 정종비 정안왕후(定安王后)는 덕비(德妃), 태종비 원경왕후(元敬王后)는 정비(貞妃)로 책봉되었다. 세종비 소헌왕후(昭憲王后)도 처음에는 공비(恭妃)였으나 미칭을 폐지한 이후 왕비로 책봉되었다. 고려조에는 여러 명의 왕비를 구분하기 위해 미칭을 사용했으나, 조선에 들어 그것이 중국의 제도가 아니라 하여 폐지했다.

왕비가 되기 위해서는 왕비로 책봉을 받는 책비(冊妃)를 치러야 한다. 그런데 왕비에 책봉되기 이전의 상황은 왕과 혼인한 시기 및 지위에 따라 차이가 있다. 가장 전형적으로 왕비로 책봉을 받는 경우는 왕이 세자 시절 혼인하여 왕세자빈(王世子嬪)으로 지내다가 남편이 즉위하면 왕비로 책봉을 받았다. 왕비가 나면 왕비의 내향(內鄕)과 외향(外鄕)의 읍호(邑號)를 부(府)로 승격시켜 주었다.[26] 왕비의 어머니는 정1품 부부인(府夫人)에 봉해졌다.[27]

왕비의 임무는 여성을 대표하는 국모(國母)로서 내치를 주재하는 것이었다. 『경국대전』 내명부(內命婦)를 보면, 왕비는 품계를 초월한 무품(無品)으로 내명부를 총괄하는 지위에 있었다.[28] 왕비는 생전에는 왕비, 중궁(中宮), 중전(中殿), 중궁전(中宮殿), 곤전(坤殿) 등으로 불렀다. 왕비가 승하하여 국상을 치르는 기간에는 대행왕비(大行王妃)라고 했으며, 사후에는 왕후의 시호가 주어져서 종묘에 신위가 배향되었다.[29] 그리고 왕릉에 모셔졌다.

---

26 예컨대 1423년(세종 5) 왕비의 내향인 원평부(原平府)를 파주목(坡州牧)으로, 외향인 인천군(仁川郡)을 도호부(都護府)로 승격시켰다.(한우근 외, 『역주 경국대전』, 한국정신문화연구원, 1985, 9쪽)

27 『경국대전』 권1, 이전 외명부.

28 빈(嬪, 정1품), 귀인(貴人, 종1품), 소의(昭儀, 정2품), 숙의(淑儀, 종2품), 소용(昭容, 정3품), 숙용(淑容, 종3품), 소원(昭媛, 정4품), 숙원(淑媛, 정4품)까지는 국왕의 후궁층에 포함되며 내관(內官)이라 했다. 상궁(尙宮, 정5품)이하 주변궁(奏變宮, 종9품)까지는 상궁층에 속하며 궁관(宮官)이라 불렀다.(『경국대전』 권1, 이전 내명부)

[그림 1-1] 종묘 정전, 국보 제227호

[그림 1-2] 종묘 영녕전, 보물 제821호

---

29 [그림 1-1~2] 참조 이 책에서 사용한 국가지정문화재 및 시도지정문화재 사진은 문화재청
과 한국학중앙연구원에서 공공누리로 개방한 저작물을 이용했다. 해당 저작물은 '국가문화
유산포털(http://www.heritage.go.kr)'과 '한국민족문화대백과사전 사진 검색(http://encykorea.
aks.ac.kr/MediaService)'에서 무료로 이용할 수 있다. 이하 마찬가지.

후사로 나이 어린 왕이 즉위했을 때는 한시적이지만 수렴청정(垂簾聽政)하기도 했다. 성종 대 정희왕후는 조선시대 처음으로 왕을 대신한 왕후라 할 수 있다. 성종은 13세에 즉위했는데, 7년 동안 정희왕후가 수렴청정을 했다. 정희왕후가 죽자 성종은 대왕의 예로 상(喪)을 치르도록 했다. 선왕이 후사를 정하지 못하고 세상을 떠났을 때는 왕비가 후계자를 정하기도 했다. 다음 왕위 계승자가 정해져 있다 하더라도 나이가 어리다는 것은 왕조 정치에서 불안한 요소로 여겨졌다. 수렴청정은 그럴 때 하는 것이었다.[30] 여성의 정치 참여나 사회 활동이 지극히 제한되어 있던 조선 사회에서 왕후가 잠시나마 왕권을 대신한다는 것은 중요한 의미를 갖는다.

그처럼 왕실에서 중요한 위치에 있는 왕비가 남겨놓은 한글 편지, 즉 언간에 대해서 주목해보고자 한다. 언간은 일상의 감정을 전하는 가장 일반적인 수단으로 개인적이고 인간적인 삶의 결을 엿볼 수 있는 귀중한 자료이기 때문이다.[31] 현재 필자가 파악한 조선시대 왕실 여성과 관련된 언간은 전체 402건에 달한다.[32]

---

30 조선시대 왕비의 수렴청정 사례를 보면, 정희왕후가 대왕대비로 7년(성종 13세), 문정왕후가 대왕대비로 8년(명종 12세), 인순왕후가 왕대비로 1년(선조 16세), 정순왕후가 대왕대비로 3년(순조 11세), 순원왕후가 대왕대비로 7년(헌종 8세), 순원왕후가 대왕대비로 6년(철종 18세), 신정왕후가 대왕대비로 2년(고종 13세) 수렴청정을 했다.(괄호 안은 국왕의 나이)

31 언간 중에는 1줄짜리도 있다. 명성황후가 1891년 조카 민영소에게 보낸 것이다. "디축은권영슈로ᄒᆞ게ᄒᆞ라(종묘 제례에서 축을 읽는 사람은 권영수(權榮洙)로 하게 하여라.)" 대축은 종묘제례나 문묘 제향 때에 초헌관이 술을 따르면 신위 옆에서 축문을 읽던 사람을 의미한다. 편지에서는 권영수로 하여금 대축을 하게 하라고 했다.『승정원일기』에는 1891년 4월 18일 권영수가 대축으로 인해 가자(加資)되었다고 한다.

32 이들 왕실 여성의 언간 현황을 발신자와 수신자, 추정 연대로 구분하여 정리하면 [부록]과 같다. [부록] 수신자가 미상으로 되어 있는 경우는 수신처가 명시되지 않은 경우이다. 그러나 이 책에서는 피봉, 언간 내용, 부기 등을 감안해서 수신자를 추정한 사례도 있다. 그럴 경우 미상[○○○추정] 식으로 적었다.

이들 언간을 왕비, 공주, 궁녀로 나누어 살펴보면, 왕비가 343건, 공주가 2건, 궁녀가 57건으로 왕비가 가장 많은 편지를 남기고 있다.[33] 이들을 시대 순 왕비 중심으로 정리하면 [표 1]과 같다.[34]

[표 1] 조선시대 왕비별 언간 자료 현황

구분	건수
인목왕후(仁穆王后)	2
장렬왕후(莊烈王后)	4
인선왕후(仁宣王后)	69
명성왕후(明聖王后)	7
인현왕후(仁顯王后)	5
헌경왕후(獻敬王后)	2
정순왕후(貞純王后)	16
순원왕후(純元王后)	72
신정왕후(神貞王后)	4
효정왕후(孝定王后)	5
철인왕후(哲仁王后)	2
명성황후(明成皇后)	144
순명효황후(純明孝皇后)	11
계	343

33 왕실 여성 중 인목왕후·장렬왕후·인선왕후·명성왕후·인현왕후·정순왕후·혜경궁 홍씨·명성황후·순명황후의 필적 289편이 전해지고 있는 것으로 보았다.(한소윤, 「조선시대 왕후들의 언간 서체 특징 연구」, 『한국사상과 문화』 69, 2013, 404쪽) 인목왕후, 장렬왕후, 인선왕후, 명성왕후, 인현왕후, 혜경궁홍씨, 철인왕후, 신정왕후, 효정왕후, 명성황후, 순명효황후의 언간 339건이 현전한다는 연구도 있다.(황문환, 『조선시대의 한글 편지 언간』, 역락, 2015, 174-178쪽) 이러한 수치의 편차는 자료의 발굴과 편차에 따라 다소 달라질 수 있다. 왕실 여성 언간 현황에 대해서는 김일근, 『三訂版 諺簡의 研究: 한글서간의 연구와 자료집성』, 건국대출판부, 1991; 황문환, 「조선시대 언간 자료의 종합화와 활용 방안」, 『한국어학』 59, 2013; 이래호, 「조선시대 언간 자료의 현황 및 그 특성과 가치」, 『국어사연구』 20, 2015 참조.

34 추존된 왕비[헌경왕후, 신정왕후, 순명효황후]의 경우 생존 년대에 준해서 배열했다. 대필 언간은 작성자와 필적을 기준으로 삼아 궁녀 언간으로 분류했다.

선조 계비 인목왕후(1584~1632) 2건, 인조 계비 장렬왕후(1624~1688) 4건, 효종 비 인선왕후(1618~1674) 69건, 현종 비 명성왕후(1642~1683) 7건, 숙종 계비 인현왕후(1667~1701) 5건, 영조 계비 정순왕후(1745~1805) 16건, 순조 비 순원왕후(1789~1857) 72건, 헌종 계비 효정왕후(1831~1904) 5건, 철종 비 철인왕후(1837~1878) 2건, 고종 비 명성황후(1851~1895) 144건, 순종 비 순명효황후(1872~1904) 11건, 그리고 추촌 된 장조 비 헌경왕후[혜경궁홍씨](1745~1805) 2건, 익종 비 신정왕후(1808~1890) 4건이다. 명성황후가 가장 많은 한글 편지를 남기고 있으며,[35] 그 다음으로는 인선왕후, 순원왕후, 정순왕후, 순명효황후 순이다.

전체적으로 보자면 왕비들이 남긴 언간이 그리 많지 않다. 더 정확하게는 그렇게 많이 전해지지 않는다. 그 연유는 무엇일까. 현재로서는 정확하게 알 수는 없지만, 정조의 생모이자 사도세자의 빈 혜경궁홍씨의 자전적인 회고록『한중록』을 통해서 그 사정의 일단을 엿볼 수 있다.

내 열 살 어린 나이에 궁궐에 들어와 아침저녁으로 친정집과 편지를 주고받으니, 집에 편지가 많을 것이라. 하지만 입궐한 후 아버지께서 가르치시기를, "바깥의 글이 궁중에 들어가 돌아다닐 일이 아니요 안부를 묻는 것 외에 편지에다 사연을 많이 적어 보내는 것이 궁중을 공경하는 도리에 마땅치 않으니, 아침저녁으로 편지하거든 집 소식만 알고 그 종이의 머리에다 간단히 답장을 써보내라" 하시니라 … 집에서도 또한 아버지께서 대궐에서 온 편지를 돌아다니게 하지마라 훈계하시어, 편지를 모아 세초(洗草)하기를 일삼으니 내 필적이 집안에 전함 직한 것이 없는지라.[36]

---

35 명성황후 언간은 편수가 많은데 조카 민영소에게 보낸 것이 대부분이다. 같은 내용이 중복되는 것도 있고 아주 짧은 것도 있다.

혜경궁홍씨는 어려서 대궐 안에 들어와 궁중 생활을 하면서도 친정집과 서찰 왕복이 많았다는 것을 알 수 있다. 그런데 부친 홍봉한은 문안 이외의 사연이 많은 것이 공경하는 도리에 합당하지 않다 하여 경계해마지 않았다. 그래서 편지를 받으면 그 종이에 답신을 써서 보냈다. 또한 친정집에서는 답신을 모두 모아서 씻어 버렸다. 혜경궁홍씨가 처한 정치적 상황, 특히 노론과 정조와의 긴장관계 등으로 인해 더욱 경계한 것이 아닌가 생각된다. 그럼에도 왕실의 한글 편지가 남아 있으니, 모든 언간이 다 그렇게 사라지지 않았다는 것을 알 수 있다. 하지만 왕실 여성들의 언간이 혹시라도 새나가서 퍼지게 되거나 하는 일을 경계했다는 것은 미루어 짐작해볼 수 있다고 하겠다. 그런데서 연유하는 것으로 여겨진다.[37]

그러면 왕실 여성들은 과연 어떤 사람에게 한글 편지, 즉 언간을 보냈을까. 다시 말해서 누구와 더불어 언간을 주고받았을까. 이에 대해서 간략하게 덧붙여두고자 한다. 왕실 여성 언간의 발신자와 수신자의 관계를 직계와 방계로 세분하여 정리하면 [표 2]와 같다.

왕실 여성 한글 편지의 발신자와 수신자의 관계를 보면, 전체 402건 중에서 직계 20.6%(83건), 방계 및 기타 79.4%(319건)이다. 왕실 여성은 직계보다는 방계나 측근에게 편지를 상대적으로 많이 보냈음을 알 수 있다. 이들을 세분하여 살펴보기로 하자.

---

36 혜경궁홍씨 · 정병설 옮김, 『한중록』, 문학동네, 2010, 159쪽.

37 공주의 경우, 효종의 딸 숙명공주(1640~1699) 1건, 순조의 딸 명온공주(1810~1832) 1건이 전하고 있다. 궁녀는 모두 57건에 이르고 있다. 구체적으로는 순원왕후전 원상궁 1건, 화빈윤씨전 김상궁 1건, 고종황제전 서희순상궁 3건, 고종황제 신상궁 1건, 명성황후전 궁녀 36건, 신정왕후전 지밀나인 서기 이씨 4건, 신정왕후전 천상궁 3건, 궁녀 금연이 1건, 미상 7건 등이다. 대부분 왕비를 대신해서 쓴 대필 언간으로 여겨진다. 궁녀의 언간을 53건으로 본 연구도 있다.(황문환, 앞의 책, 187쪽)

[표 2] 왕실 여성 언간 발신자별 건수 현황

	발신자	수신자	건수	계(%)
직계	할머니	손녀	4	83(20.6%)
	어머니	딸	74	
	장모	사위	3	
	딸	아버지	2	
방계 및 기타	올케	시누이	3	319(79.4%)
	조카며느리	시고모	5	
	고모	조카	154	
	재종누이	재종동생	66	
	왕비	집안사람	20	
		측근	14	
	궁녀	측근	38	
	궁녀	미상[추정 가능]	6	
		미상	13	
계				402건(100%)

직계에서 가장 많은 건수를 차지하는 것은 모녀간으로 왕비가 하가한 공주에게 보낸 편지가 83건 중 74건(89.2%)에 이른다. 구체적으로는 인선왕후가 숙명공주에게 보낸 것이 63건으로 가장 많으며, 다음으로는 인선왕후가 숙휘공주에게 보낸 것이 6건, 명성왕후가 명안공주에게 보낸 것이 4건, 순원왕후가 덕온공주에게 보낸 것이 1건이다. 이 밖에 할머니인 장렬왕후가 손녀인 숙명공주에게 보낸 편지, 장모인 순원왕후가 부마인 남령위 윤의선에게 보낸 편지, 딸인 숙명공주가 아버지 효종, 명온공주가 아버지 순조에게 보낸 편지도 확인된다.

왕실 여성의 편지 가운데 방계 및 기타 관계에서 가장 많은 건수를 차지하는 것은 고모인 왕비가 조카에게 보낸 것으로 319건 중 154건(48.3%)이다.

구체적으로는 명성황후가 조카 민영소에게 보낸 것이 134건으로 대부분을 차지했다. 그리고 정순왕후가 조카 김노서에게 보낸 것이 16건, 순원왕후가 7촌 조카 김병덕과 김병주에게 보낸 것이 3건, 인목왕후가 조카 김천석에게 인조반정 후 보낸 것이 1건이다. 다음으로는 재종누이인 왕비가 재종동생에게 보낸 편지가 66건으로 20.7%를 차지한다. 순원왕후가 재종동생 김흥근에게 보낸 것 등이다.

다음으로 왕비가 집안사람에게 보낸 편지 20건, 측근에게 보낸 편지 14건, 조카며느리인 왕비가 시고모인 공주에게 보낸 편지 5건, 올케인 왕비가 시누이에게 보낸 편지 3건순이다. 집안사람에게 보낸 언간을 보면 신정왕후 4건, 효정왕후 5건, 철인왕후 2건, 명성왕후 9건이다. 측근에게 보낸 언간은 인목왕후가 선조 후궁 정빈에게, 명성왕후가 송시열에게, 혜경궁홍씨가 채제공에게, 신정왕후가 윤용구 집안에, 순명효왕후가 김상덕에게 보낸 것이다. 왕비가 시고모에게 보낸 5건은 인현왕후가 숙휘공주에게 보낸 것이며, 왕비가 시누이에게 보낸 3건은 명성왕후가 숙명공주(2건), 헌경왕후가 화순옹주(1건)에게 보낸 언간이다.

궁녀의 편지 가운데 가장 많은 건수를 차지하는 것은 측근에게 보낸 편지로 전체 57건 중에서 38건이다. 명성황후전 궁녀가 민영소에게 보낸 편지가 36건으로 가장 많다. 신정왕후전 천상궁이 윤용구 집안에 보낸 언간, 화빈윤씨전 김상궁이 남령위 소실 유씨에게 보낸 언간이 있다.[38] 나머지

---

38 남령위 윤의선은 1837년 덕온공주와 혼인했다. 덕온공주는 1844년에 세상을 떠났다. 그 편지는 그 후에 쓰인 것으로 여겨진다. 그런데 화빈윤씨는 1824년에 죽었기 때문에 시기상으로 잘 맞지 않는 부분이 있다. 발신자 표시로 샤동을 표시한다는 점과 본문에 벽강 궁촌이라는 표현에서 김상궁이 사가로 떠난 후에 쓴 언간으로 파악된다. 그리고 정순왕후전 궁녀가 김노서에게 보낸 언간이 있지만 김노서가 보낸 언간에 답신한 형식이기 때문에 정순왕후 언간으로 보았다.

19건은 수신자가 미상이지만 6건은 추정할 수 있었다. 6건은 모두 윤용구 집안에 보낸 것으로 신정왕후전 지밀나인 서기 이씨 4건, 신정왕후전 천상궁 2건으로 보고자 했다.

그렇다면 왕실 여성 언간에 관한 본격적인 연구를 지향하고 있는 이 책은 과연 어떤 의미를 가질 수 있으며, 또 어떤 성과를 거둘 수 있을지에 대해서 간략하게 언급하는 것으로 총설을 마무리하고자 한다. 우선 지금까지 인물사 연구에서 대부분의 연구는 왕실 남성, 국왕 그리고 양반 사대부에 중점을 두었던 것과는 달리 이 책에서는 왕실의 여성, 특히 왕비를 연구 대상으로 삼았다. 다시 말해서 인물사 연구의 외연을 확대하려는 시도라 할 수 있지 않을까 한다. 왕실의 여성, 특히 왕비의 내면과 생활세계를 파악할 수 있는 한글 편지, 언간의 기초 연구를 통해서 인물사 연구의 내포와 외연을 확대할 수 있기를 기대한다.

뿐만 아니라 왕실 여성의 삶과 생활세계 연구는 자료로서의 언간에 대한 인식을 제고시킬 수 있지 않을까 한다. 기존의 관찬 역사서 중심 연구에서 왕실 여성이 남긴 생활사 자료로서의 언간을 연구 대상으로 삼았기 때문이다. 다시 말해서 왕실 여성 연구에서 주 자료로 삼았던 관찬 역사서, 의궤 등에서 벗어나서 왕실 여성의 외부와 소통하는 방식으로서의 언간으로 연구의 지평을 조금이나마 열 수 있지 않을까 한다. 요컨대 이 책을 통해서 왕실 여성의 언문 저작 관련 자료에 관한 총체적인 이해의 전기를 마련할 수 있기를 기대해본다.

이 같은 생각과 목적 하에 시도된 본 연구는 아래와 같은 순서로 구성될 것이다. 그리고 각 장에서 다루어지게 될 주요 내용은 다음과 같다.

I장에서는 총설로서 왕실 여성과 언간 전반에 대해서 검토하고자 한다. 언문과 진서, 언문의 보급 과정, 조선 후기 여성의 글쓰기 열풍을 검토하

고, 왕비의 사회적 역할 및 위상과 함께 자료로서의 왕실 여성 언간 전체 현황을 살펴볼 것이다. 이를 통해서 왕실 여성의 언간 현황 및 그들이 지닌 자료로서의 성격과 사회적 의미를 알 수 있을 것이다.

II장에서는 현종비 명성왕후의 언간을 분석하고자 한다. 먼저 명성왕후의 생애와 언간에 대해 간략하게 정리하고, 딸 명안공주에게 안부를 전하는 일상적 성격의 언간을 살펴볼 것이다. 이어 송시열에게 보낸 정치적 성격의 언간을 고찰하고자 한다. 이를 통해서 명성왕후 언간이 지닌 특징과 성격을 파악할 수 있을 것으로 생각한다.

III장에서는 숙종비 인현왕후가 시고모 숙휘공주에게 보낸 언간들을 다루고자 한다. 인현왕후 언간이 수록된 『숙휘신한첩』과 인현왕후의 언간 현황에 대해 논의한 다음, 인현왕후의 폐비와 복위되는 과정 등의 생애를 정리하면서 숙휘공주에게 보낸 언간을 살펴보고자 한다. 이를 통해서 인현왕후가 숙휘공주에게 보낸 언간의 내용과 특성, 그리고 그것이 가지는 왕실 여성의 내면과 생활세계를 파악해보고자 한다.

IV장에서는 사도세자빈 혜경궁홍씨가 화순옹주에게 원손 남매의 안부를 전하는 언간, 아들 정조의 건강을 염려하여 채제공에게 보낸 언간에 주목하고자 한다. 혜경궁홍씨는 영조대에는 세자빈으로, 정조대에는 국왕의 생모로, 그리고 순조대에는 국왕의 조모로 70여 년이라는 긴 세월을 궁중에서 지냈다. 그들 언간을 통해서 혜경궁홍씨의 내면과 생활세계가 어떤 특성을 지니고 있었는지 그 일단을 파악할 수 있을 것이다.

V장에서는 영조비 정순왕후의 생애와 더불어 그녀가 남긴 언간의 내역을 분석해보고자 한다. 먼저 정순왕후의 간택과 가계에 대해 정리한 다음, 정순왕후의 언간을 수렴청정 이전과 이후로 나누어 그 내역과 특징을 살펴보고자 한다. 이를 통해서 정순왕후의 언간이 어느 시기에 많이 쓰였는지,

누구에게 보냈으며, 그리고 그 내용은 어떠했는지 알 수 있을 것이다.

Ⅵ장에서는 익종비 신정왕후가 효명세자의 여동생 덕온공주 집안에 보낸 언간에 주목하고자 한다. 먼저 효명세자와 덕온공주의 삶에 대해 정리해 본 다음, 신정왕후가 보낸 언간을 대필언간, 신정왕후전 궁녀 언간으로 나누어 고찰하고자 한다. 이를 통해서 '조대비'로 알려져 있는 신정왕후의 삶과 생활세계가 어떤 특성을 지니고 있었는지 재구성해볼 수 있을 것이다.

Ⅶ장에서는 순종비 순명효황후가 순종의 스승 위관 김상덕에게 보낸 언간을 분석해 보고자 한다. 언간의 내역과 작성 시기에 특히 주목하고자 한다. 먼저 순명효황후와 위관 김상덕의 생애를 간략하게 정리한 다음, 순명효황후의 언간을 보낸 시기에 따라서 재구성해보고자 한다. 이를 통해서 구한말 격변의 시대를 살았던 왕실여성, 순명효황후의 내면과 생활세계가 갖는 특성을 가늠해볼 수 있을 것으로 기대한다.

이 같은 검토와 분석을 통해 조선시대 왕실 여성의 언간의 내용과 의의가 어느 정도 밝혀질 수 있다면 왕실 여성들이 언간을 작성했던 의미와 더불어 그들의 삶과 생활세계가 어떠했는지 이해하는데 도움이 될 수 있지 않을까 한다. 또한 구체적이고 실증적인 언간 연구를 통해서 왕실 여성이 누구에게 언간을 보냈으며, 또 그 내용은 어떠했는지 살펴봄으로써, 왕실 여성 연구의 시각과 방법을 다양화하고 넓힐 수 있기를 기대한다. 나아가 왕실 연구의 내포와 외연을 심화, 확대시키는 작은 계기가 될 수 있었으면 좋겠다.

II. 현종비 명성왕후, 딸 명안공주에게 안부 전하고 송시열에게 편지를 쓰다

1. 명성왕후와 언간

왕실 여성들 중에서 역시 대표적인 존재는 왕비라 해야 할 것이다. 공적인 존재로서의 왕비도 사적인 영역이 없지 않았다. 더러 전해지는 왕비의 한글 편지, 즉 언간(諺簡)이 그것을 말해준다. 언간은 일상의 감정을 전하는 가장 일반적인 수단으로 개인적이고 인간적인 삶의 결을 엿볼 수 있는 귀중한 자료라 하겠다. 여기서는 제18대 국왕 현종(顯宗)의 비 명성왕후(明聖王后)가 남긴 언간을 토대로 왕실 여성의 구체적인 생활세계를 엿보고자 한다.

명성왕후의 본관은 청풍(淸風), 아버지는 청풍부원군(淸風府院君) 김우명(金佑明), 어머니는 은진 송씨 송국택(宋國澤)의 딸이다. 영의정 김육(金堉)의 손녀이고 중종대의 현신(賢臣) 대사성 김식(金湜)의 6세손이다. 1642년(인조 20) 장통방(長通坊)에서 태어났다. 10살이 되던 1651년(효종 2) 세자빈에 책봉되어 가례를 올렸고, 1659년(효종 10) 현종이 즉위함에 따라 왕비가 되었다. 그

[그림 2-1] 숭릉. 사적 제193호. 경기도 구리시

녀는 1683년(숙종 9) 창경궁 저승전에서 세상을 떠났다. 명성왕후는 숭릉(崇陵)[경기도 구리시 동구릉]에 현종과 같이 잠들어 있다[그림 2-1] 참조].

명성왕후의 언간은 명안공주(明安公主)의 부마 취몽헌(醉夢軒) 오태주(吳泰周) 집안에 전해지고 있다. 이들 편지는 1995년 보물 제1220호로 지정된 이후, 1996년 강릉시립박물관에서 본격적으로 소개되어 학계에 알려지게 되었다.[1] 1998년 강릉시립박물관과 오죽헌이 통합되어, 현재 강릉시 오죽헌/시립박물관에 소장되어 있다.[2] 명성왕후의 언간에 주목한 이유는 명성왕후의 언간

---

1   김용경, 「명안어서첩 소재 언간에 대하여」, 『한말연구』 9, 2001; 백두현, 「보물 1220호로 지정된 "명안공주(明安公主) 친필 언간"의 언어 분석과 진위 고찰」, 『어문논총』 41, 2004; 이남희, 「조선후기 현종비 명성왕후 언간의 특성과 의미」, 『영주어문』 35, 2017.

2   [그림 2-2]~[그림 2-7]은 강릉시 오죽헌/시립박물관의 도판 사용 승인을 받았다. 이 자리를 빌려 사용 승인을 해준 오죽헌/시립박물관에 깊이 감사드린다.

에는 사적인 생활세계와 관련된 일반적인 성격을 띤 것 외에도 공적인 영역과 관련해서 정치적인 함의를 지닌 것까지도 남아 있기 때문이다.

여기서는 현종의 비 명성왕후가 남긴 언간을 토대로 왕실 여성의 사적인 측면과 공적인 측면에 대해서 살펴보고자 한다. 명성왕후가 남긴 언간은 크게 생활세계와 관련된 일상적인 성격의 언간과 공적인 측면과 연계되는 정치성을 지닌 언간으로 나누어볼 수 있다.

2. 명성왕후 언간의 특성

1) 일상적 성격: 딸 명안공주에게 보낸 편지

명성왕후는 10살이 되던 1651년(효종 2) 세자빈에 책봉되어 가례(嘉禮)를 올렸으며, 1659년(효종 10) 현종이 즉위함에 따라 왕비가 되었다. 명성왕후는 1남 3녀를 두었는데, 숙종과 명선(明善)·명혜(明惠)·명안공주(明安公主)가 그들이다.[3]

첫째 명선공주(1660~1673)와 둘째 명혜공주(1665~1673)는 부마까지 정해졌지만 14세, 9세라는 어린 나이에 천연두를 앓아서 일찍 죽었다. 그래서인지 명성왕후와 현종은 셋째 명안공주(1667~1687)에게 유달리 애틋한 정을 보이면서 문안 편지를 자주 보냈다. 그 같은 감정을 명성왕후의 언간이 여실히 보여주고 있다. 다음 [언간①]은 명성왕후가 셋째 딸 명안공주의 문안편지를 받아보고서 답장으로 보낸 것이다. 판독문과 현대역을 보면 다음과 같다.

---

3 『현종실록』 권22, 15년 6월 정유; 『숙종실록』 권14, 9년 12월 을축.

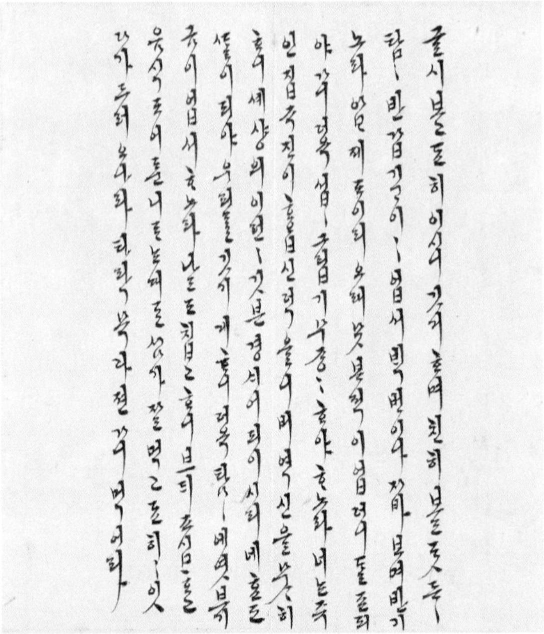

[그림 2-2] 명성왕후 언간①, 21.5x24cm, 보물 제1220호,
오죽헌/시립박물관소장

[명성왕후 언간①]

글시 보고 됴히 이시니 깃거ᄒ며 친히 보는 듯 든든탐탐 반갑기 ᄀ이ᄀ이

업서 빅 번이나 자바 보며 반기노라 아므 제도 이리 오래 못 본 적이 업더니

돌포 되야 가니 더욱 섭섭 그립기 무궁무궁ᄒ야 ᄒ노라 너는 쥬인집 극진이

ᄒ옵신 덕을 니버 역신을 무ᄉ히ᄒ니 셰샹의 이런이런 깃븐 경시 어듸 이시

리 네 효도 ᄡ이 되야 우리를 깃기게 ᄒ니 더욱 탐탐 에엿브기 금이업서 ᄒ

노라 날도 칩고 ᄒ니 브터 조심ᄒ고 음식도 어룬 니ᄅᆞᄂᆞᆫ 대로 삼가 잘 먹고

됴히됴히 잇다가 드러오나라 타락믁과 젼 가니 먹어라[4]

[글씨 보고 잘 있으니 기쁘며 친(親)히 보는 듯 든든하고 탐탁하며 반갑기

끝이 없어 백번이나 잡아 보며 반가워한다. 어느 때도 이리 오래 못 본 적이 없었는데 한 달이 넘어 가니 더욱 섭섭하고 그립기 끝이 없어 한다. 너는 주인집이 극진하게 하는 덕을 입어 천연두를 무사히 하니 세상에 이런 기쁜 경사가 어디 있겠느냐? 네가 효도하는 딸이 되어 우리를 기쁘게 하니 더욱 탐탐(耽耽)하고 어여쁘기 한이 없다. 날도 춥고 하니 부디 조심하고 음식도 어른들 이르는 대로 삼가 잘 먹고 잘 있다가 들어오너라. 타락(駝酪) 묵과 전(煎) 가니 먹어라.][5]

명안공주는 7세 때인 1671년에 공주에 봉해졌다. 봉투에 "明安公主"라고 적혀 있는 점을 보아, 이 편지의 발신 시기는 명안 공주에 봉해진 1671년부터 "우리룰 깃기게 ᄒᄂᆞ"라는 표현이 있는 것으로 보아 아버지 현종이 죽은 1674년 이전, 그러니까 1671년에서 1674년 사이에 보내진 것으로 여겨진다.

현종이 직접 명안공주의 이름을 온희(溫姬)라 짓고, 그 운수가 좋기를 바라는 뜻을 담은 구절 '기수태다재(其數太多哉)'를 쓴 다음 끝에 수결한 어필이 전해지고 있다[그림 2-3] 참조).[6]

---

4   왕실여성의 언간에 대한 자료 발굴 및 판독 등은 국문학계에서 이루어졌다. 역사학적인 측면에서 접근하는 이 책은 그 같은 일차 연구 성과를 토대로 하고 있다. 판독문은 한국학중앙연구원 어문생활사연구소에서 편찬한 황문환·임치균·전경목·조정아·황은영 엮음, 『조선시대 한글 편지 판독자료집 1·2·3』(역락, 2013)에 따랐다. 이하 같다.

5   현대역은 한국학중앙연구원 「한국고문서자료관: 조선시대 한글 편지」 중 '해주오씨 오태주가 명안공주 관련 유물 『어필』 소재 언간'을 참조하여 정리한 것이다(http://archive.aks.ac.kr/letter/letterList.aspx). 이하 현대역에서는 독해를 위해 언간 원문에 없는 한자어 표기와 띄어쓰기, 생략된 낱말을 괄호 안에 적절하게 보충해 넣었다.

6   이름 부분을 붉은 비단으로 가린 것을 휘명(諱名)이라 하는데, 왕이나 조상의 이름을 직접 부르는 것을 피하기 위해 제작하는 것이다. 그 휘명은 후손이 그렇게 한 것으로 여겨진다. 왕이 직접 자녀의 이름을 지어 적은 어필은 현재까지 알려진 것이 없어 유일한 것으로 보인다. 당시 공주의 작명이 어떻게 이루어졌는지 엿볼 수 있는 귀중한 자료라 하겠다.

[그림 2-3] 현종의 명안공주 작명단자, 26.5x11.8cm 보물 제1220호,
오죽헌/시립박물관소장

역신(疫神)은 천연두. 현종의 첫째 딸 명선공주와 둘째 딸 명혜공주는 천연두로 죽었다.[7] 명성왕후는 셋째 명안공주가 앓는 천연두에서 하루 빨리 낫기를 간절히 바라고 있다. 그리고 피접나간 명안공주에게 타락 묵과 전을 보내는 모습에서 자식의 건강을 챙기는 여느 어머니와 다르지 않는 마음을 읽을 수 있다. 타락 묵은 우유로 만든 묵을 말한다. 전은 생선이나 고기, 채소 따위를 얇게 썰거나 다져 양념을 한 뒤, 밀가루를 묻혀 기름에 지진 음식을 가리킨다.

7 『현종실록』 권21, 14년 7월 경인.

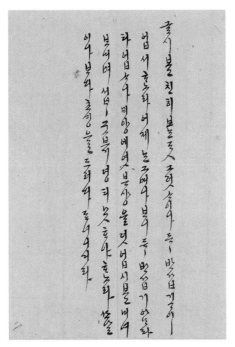

[그림 2-4] 명성왕후 언간②, 21.5x24cm, 보물
제1220호, 오죽헌/시립박물관소장

[명성왕후 언간②]

글시 보고 친히 보는 듯 그덧 ᄉ이나 든든 반갑기 ᄀ이ᄀ이 업서 ᄒ노라 어제논 그매나 보니 든든 반갑기 아ᄆ라 타 업스나 미양 에엿븐 샹을 덧업시 보고 내여 보내며 셥셥 굿브기 뎡티 못ᄒ야 ᄒ노라 ᄯ로 날이나 보와 초싱으로 드러와 ᄃ녀니거라

[글씨 보고 친(親)히 보는 듯 그동안 사이나 든든하고 반갑기 끝이 없다. 어제는 그만큼이라도 보니 든든하고 더할 수 없으나 매양 가련한 모습을 덧 없이 보고 내어 보내며 섭섭하며 가슴 아프기가 진정치 못하노라. 또 날이나 보고 초승으로 들어와 다녀가거라.]

[언간②]는 "날이나 보와 초성으로 드러와 둔녀니거라"라는 구절이 있는 것으로 보아 명성왕후가 시집간 명안공주에게 보낸 것으로 여겨진다. 1679년(숙종 5) 10월, 12세의 오태주(1668~1716)를 명안공주의 부마로 정하고,[8] 그 해 12월 해창위(海昌尉)에 봉했다.[9] 이어 이듬 해(1680) 2월 명안공주의 혼례를 행했다. 명성왕후는 1683년(숙종 9) 세상을 떠났으므로, 이 편지는 1680년에서 1683년 사이에 쓰인 것임을 알 수 있다.

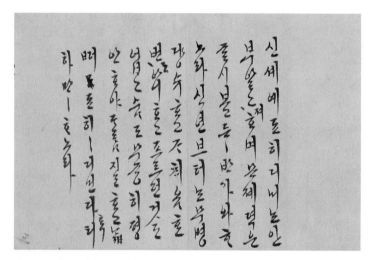

[그림 2-5] 명성왕후 언간③, 18.8x12.3cm, 보물 제1220호, 오죽헌/시립박물관소장

[명성왕후 언간③]

신셰예 됴히 디내는 안부 알고져 ᄒ며 몬졔 덕은 글시 보고 듣든 반가와ᄒ노라 신년브터는 무병 댱슈ᄒ고 ᄌ치옴 ᄒ번도 아니ᄒ고 프르던 것도 업고 숨

---

8 『숙종실록』 권8, 5년 10월 을축.

9 『숙종실록』 권8, 5년 12월 계해;『국조인물고』 권6 국척(國戚).

도 무궁히 평안ᄒ야 ᄃᆞ롬질ᄒ고 뇹뗘 됴히됴히 디낸다 ᄒ니 티하 만만 ᄒ노라

[새해에 잘 지낸다는 안부 알고자 하며 먼저 적은 글 보고 든든하고 반가
위한다. 신년부터는 무병장수하고 재채기 한 번도 아니하고 푸르던 것도 없
고 숨도 무궁(無窮)히 평안하여 뛰어다니기도 하고 날뛰기도 하여 잘 지낸다
하니 한없이 치하한다.]

[언간③]은 새해를 맞이하면서 명안공주가 보내온 편지에 명성왕후가
답신한 것이다. [언간②]와 같이 시집간 명안공주에게 보낸 것으로 1680년
에서 1683년 사이에 쓰인 것으로 여겨진다. 특이하게도 새해를 맞이해서
바라는 내용을 기정사실화하여 말하고 있다. 이는 지금도 신년 덕담에서
흔히 쓰이는 독특한 화법을 구사한 것이라 할 수 있다.

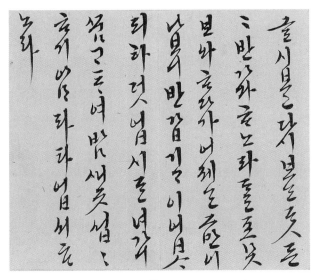

[그림 2-6] 명성왕후 언간④, 17x14.3cm, 보물 제1220호,
오죽헌/시립박물관소장

[명성왕후 언간④]

글시 보고 다시 보는 듯 든든 반가와ᄒ노라 둘포 못보와 ᄒ다가 어제는 그
만이나 보니 반갑기 ᄀ이업수되 하 덧업시 돈녀가니 꿈 ᄀᄐ여 밤새굿 섭섭
ᄒ기 아ᄆ라타 업서 ᄒ노라

[글씨 보고 다시 보는 듯 든든하고 반가워한다. 한 달 이상 못 보다가 어제
는 그만큼이라도 보니 반갑기 그지없으나 너무 빨리 다녀가니 꿈같아서 밤새
도록 섭섭하기가 더할 수 없어 한다.]

"덧업시 돈녀가니 꿈 ᄀᄐ여 밤새굿 섭섭ᄒ기 아ᄆ라타 업서 ᄒ노라"라
는 표현을 볼 때, [언간④] 역시 명성왕후가 시집간 셋째 딸 명안공주에게
보낸 것이다. 명안공주는 7세 때인 1671년에 공주에 봉해졌다. 그리고 1680
년 해창위 오태주와 혼례를 올렸다. 명성왕후는 1683년에 세상을 떠났다.
따라서 이 편지는 1680년에서 1683년 사이에 쓰인 것이라 할 수 있다.

이렇듯이 언간은 왕실 여성에게서도 사적인 영역에서 일상의 생활 감정
을 전달하는 가장 보편적인 수단이었다. 왕실 언간이라 해서 특별한 것은
아니었다. 이는 인선왕후(仁宣王后)가 딸 숙명공주(淑明公主)에게 보낸 언간에
서도 잘 나타나 있다.[10] 일반 여염집과 크게 다를 바 없는 평범한 일상생활
의 애환을 전해주고 있다.

이처럼 언간은 일상적인 생활과 감정을 전하는 가장 보편적인 수단으로
왕후의 개인적인 측면을 엿볼 수 있는 귀중한 자료라 하겠다. 게다가 일상
의 사적인 감정을 전달하기 때문에, 다른 어떤 자료보다 그 시대에 일상적
으로 사용하던 어휘가 풍부하게 나타나 있다.

---

10   황문환, 「조선 시대 언간과 국어 생활」, 『새국어생활』 12-2, 2002.

그런데 명성왕후의 언간과 관련해서 다음과 같은 점에서 의문을 제기해 볼 수 있겠다. 명성왕후는 딸 셋[명선공주, 명혜공주, 명안공주]을 두었으나, 둘은 일찍 죽고 명안공주만 살아 해창위 오태주와 혼인했다. 그런 만큼 현종과 명성왕후의 사랑과 관심이 유독 더했을 것으로 여겨진다. 그래서 문안 편지도 자주 보냈을 것이다. 공주가 궁궐 밖으로 시집갔을 경우 궁궐의 어른께 언문 상서를 올려 문안을 드렸다.[11] 그러면 편지를 읽어본 후 공주에게 답신을 보냈다. 그래서 한글 편지에 "글시보고" "글월보고"라고 시작되는 의례적 안부로 시작한다.[12]

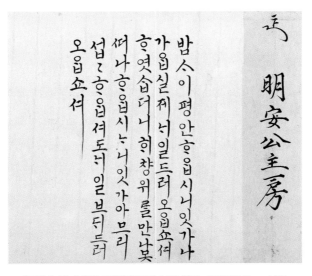

[그림 2-7] 숙종이 명성왕후에게 보낸 언간, 27.2×22.7cm, 보물 제1220호, 오죽헌/시립박물관소장

11 　蓋主家上書, 例用諺文.(『숙종실록』 권20, 15년 2월 임인)

12 　노경자, 「한글 편지로 본 공주들의 삶에 대한 고찰: 17~19세기 효종·현종·숙종, 순조대 왕실가족 간의 편지를 중심으로」, 『국학연구』 45, 2021, 154-155쪽.

명성왕후의 아들 숙종은 시집간 누이 명안공주 집에 가 있는 모후[명성왕후]에게 언간을 보냈다. 여동생 집에 잠깐 가 있는 어머니에게 아들이 보낸 편지이다.

[숙종 언간]

밤수이 평안ᄒᆞᆸ시니잇가 나가ᄋᆞᆸ실 제 너일 드러오ᄋᆞᆸ쇼셔 ᄒᆞ엿ᄉᆞᆸ더니 히챵위를 만나 못 ᄯᅥ나 ᄒᆞᆸ시ᄂᆞ니잇가 아므리 섭섭ᄒᆞᆸ셔도 너일 브터 드러오ᄋᆞᆸ쇼셔

[밤사이 평안(平安)하십니까. 나가실 때 "내일 들어오십시오" 하였더니 해창위(海昌尉)를 만나 못 떠나오십니까. 아무리 섭섭하셔도 내일은 부디 들어오십시오.]

"히챵위를 만나"에서 해창위는 명안공주의 남편 오태주를 가리킨다. 오태주의 부친은 판서 증(贈)영의정 오두인(吳斗寅), 어머니는 부사(府使) 황연(黃埏)의 딸이다. 명안공주는 1680년(숙종 6)에 해창위 오태주와 혼례를 올렸고, 명성왕후는 1683년에 죽었다. 따라서 이 편지는 1680년에서 1683년 사이에 쓰인 것이다.

숙종은 4남매 중에서 자신과 함께 살아남은 동기 명안공주를 지극히 사랑했다. 청나라에서 고급 비단이 들어오면 명안공주에게 보내도록 했다.[13] 명안공주의 시아버지 오두인은 1689년(숙종 15) 인현왕후가 폐위되자 이를 반대하는 상소를 올렸다. 체포되어 국문을 받고 의주로 유배되던 도중 파주에서 죽었다.[14] 당시 남인들이 희빈장씨 소생 왕자를 세자로 책봉하려고

---

13 『숙종실록』 권15, 10년 3월 신사.

14 『숙종실록』 권20, 15년 4월 신묘.

하자 송시열 등 노론이 반대운동을 일으켰다. 오태주는 그에 찬동하여 책봉을 반대하는 의견을 올리기도 했다. 명안공주가 죽었음(1687)에도 불구하고, 숙종이 사랑하는 여동생 시가였던 만큼 멸문지화를 피할 수 있었다. 삭탈했던 오태주의 작위도 다음 달 특별히 복작시켜 주었다.[15]

명성왕후의 언간에서 유념해서 살펴봐야 할 점은 언간을 보낸 시기이다. 명성왕후와 관련한 언간의 시기를 보면, 크게 명안공주가 시집을 가기 전과 시집을 간 이후로 나누어볼 수 있다. 전자의 경우는 [명성왕후 언간①], 후자는 [명성왕후 언간②, ③, ④]와 숙종이 보낸 [언간]이다. 편지가 쓰여진 시기는 명안공주가 혼례한 1680년(숙종 6)에서 명성왕후가 세상을 떠난 1683년(숙종 9) 사이로 볼 수 있겠다.

그런데 『숙종실록』과 『명안공주가례등록(明安公主嘉禮謄錄)』을 보면 그 시기는 좀 더 정확하게 추적해 볼 수 있다.[16] 1679년(숙종 5) 10월 12세의 오태주를 명안공주의 부마로 정하고 12월 해창위에 봉했다.[17] 이듬 해(1680) 2월 명안 공주의 혼례를 행했다.[18] 1679년 혼처가 정해지면서 왕실에서는 공주의 궁방을 지정하는 일로 부산스러웠다. 그때의 사정은 『숙종실록』에 보인다. 조신들은 명안공주의 궁방을 법도에 맞게 줄일 것을 여러 번 청했고, 숙종은 마지못해 응했다.

명안공주는 오태주와 가례를 치른 후 7개월이 지나서야 궁궐을 나갈 준

---

15 『숙종실록』 권21, 15년 5월 정미.

16 『明聖王后國恤謄錄』(장서각 K2-2944)에 1683년 12월 명성왕후가 죽고, 1686년 2월 담제를 시행할 때까지 상례의 거행 과정과 제수품의 공급 사정 등이 기록되어 있다.

17 『숙종실록』 권8, 5년 10월 을축. 오태주의 관작은 명덕대부(明德大夫)로부터 시작하여 광덕대부(光德大夫)에 가계(加階)되었으며, 또 두 자급이 더해졌다. 일찍이 오위도총부 도총관(五衛都摠府都摠管), 조지서와 귀후서의 제조(提調)를 겸임했다.

18 숙종은 승지를 보내어 술을 하사했다.(『숙종실록』 권9, 6년 2월 무인)

비가 되었다. 1680년 윤8월에 숙종은 공주가 출합하는 시기를 이듬해 2월에 거행하라고 전교했다. 전교 후에도 여러 차례 논의가 있었으며, 출합일은 결국 1681년 4월 3일 묘시로 정해졌다.[19]

그렇다면 앞에서 본 [명성왕후 언간②, ③, ④]와 [숙종 언간]의 작성 시기는 1680년이 아니라 1681년 4월 이후로 볼 수 있지 않을까 한다. 1683년 12월 5일, 명성왕후는 창경궁 저승전에서 42세로 세상을 떴다. 따라서 이들 언간은 1681년 4월에서 1683년 12월 사이에 작성된 것이라 추정할 수 있다.

1680년 7월 명안공주의 출합에 맞추어 숙종은 1천 8백 26칸에 이르는 집터를 마련해주고자 했다. 선조(先朝)에 정한 칸수 1천 6백 칸으로 조정하자는 호조의 건의가 있었다.[20] 이후 사헌부, 사간원 등에서 명안공주의 집터와 간가(間架)를 간략하게 하고 비용을 줄이자고 청했다. 하지만 숙종은 따르지 않았다. 대신들의 계속되는 반대에 부딪치자, 그 해(1680) 8월 대비 명성왕후의 뜻에 따라서 어쩔 수 없이 줄인다고 답했다.[21]

그런데 1682년(숙종 8) 5월, 숙종은 방군(防軍) 전원을 명안공주의 집을 짓는 곳에 보내라고 했다.[22] 이는 명안공주에게 보낸 언간 작성 시기와 관련해

---

19 명안공주 출합례는 효종의 딸 숙명공주가 1652년(효종 3)에 출합했던 예에 따라서 필요한 물품을 구비하고 인원을 차출하도록 결정되었다. 『숙종실록』 명성왕후 행장에는 그런 모습을 기록하고 있다. 명선·명혜 두 공주가 서로 잇달아 일찍 세상을 떴으며, 명안공주 역시 어려서부터 병약해서, 왕후가 몹시 가엾게 여기고 사랑했으나, 공주의 출합함에 미쳐서는, 의복·기완(器玩)·궤찬(饋餐) 등속이 모두 예전의 제도에 비해서 손색이 있었다고 한다. 이는 왕후가 "검소한 데서 사치한 데로 들어가기란 쉬우나, 사치한 데서 검소한 데로 들어가기란 어렵다."라는 경계에 따른 것이다.(『숙종실록』 권14, 9년 12월 을축)

20 『숙종실록』 권9, 6년 7월 무자.

21 『숙종실록』 권10, 6년 8월 갑자.

22 사간원 등에서 공주의 집을 짓는 것은 공가(公家)의 긴급한 역사와 다르고, 또 군문을

서 주목되는 부분이다. 명안공주가 혼례(1680년 2월)를 치룬지 2년, 출합(1681년 4월)이 행해진다고 한 지 1년이 지난 1682년 5월까지도 명안공주의 궁방이 완성되지 못했다는 것이다. 명성왕후가 명안공주에게 보낸 언간의 작성 시기를 1682년 5월 이후로 볼 수 있는 단서가 되는 기록이 아닌가 한다.

명안공주는 부모와 오라버니의 지극한 사랑을 받았다. 그럼에도 그녀는 1687년(숙종 13) 5월 16일 21세의 젊은 나이로 세상을 떠났다. 숙종은 장지를 양주(楊州) 서면(西面) 염산(廉山)에 정하라고 했다. 염산은 서울에서 10리 이내인 금표(禁標) 안의 땅이다. 세조 왕대에 의숙공주를 양주 개좌동에 장사하도록 명했던 옛일을 인용하면서 분부한 것이다. 그러자 사헌부와 사

[그림 2-8] 오태주묘역, 경기도 기념물 제186호, 경기도 안산시

뽑아서 쓰는 예가 없어 군졸에게서 원망을 받게 될 것이라고 하며 공사 중단을 요청했으나 숙종은 따르지 않았다.(『숙종실록』 권13, 8년 5월 무진)

간원에서 금표 안에 장사하도록 윤허한 명을 정지하라는 논계가 그치지 않았다.[23] 마침내 광주(廣州) 월곡(月谷)에서 장사지냈다. 숙종은 소복차림으로 거애(擧哀)했다.[24] 오태주와 명안공주를 모신 합장묘는 현재 경기도 안산시에 있다. 묘역에는 1720년(숙종 46)에 세운 어제치제문비(御製致祭文碑) 등이 있다[그림 2-8]~[그림 2-11] 참조).

[그림 2-9] 명안공주비석

---

23 『숙종실록』 권18, 13년 6월 임술.

24 『숙종실록』 권18, 13년 5월 계사.

[그림 2-10] 숙종어제제문비

[그림 2-11] 오태주묘역 문인석

2) 정치적 성격: 송시열에게 보낸 편지

명성왕후가 남긴 언간에는 일상적인 것 외에 정치적인 성격을 지닌 것도 전해진다. 우암(尤庵) 송시열(宋時烈)에게 언문으로 쓴 편지가 그것이다. 1675년(숙종 1)에 이른바 '홍수(紅袖)의 변'이 있었다.[25] 그 사건은 당시 대비였던 명성왕후가 궁녀와의 추문으로 왕실의 권위를 손상시킨 종친 복창군(福昌君) 형제를 치죄한 것이다. 14세 어린 나이에 숙종이 즉위하자 모후인 명성왕후는 왕을 보호하기 위해서 친정아버지 청풍부원군 김우명(金佑明)을 앞세워 '홍수의 변'을 일으켰다. 그리고 직접 정청에까지 나와 복창군 형제를 단죄했다.

수렴청정을 하지 않음에도 불구하고 명성왕후는 정치에 개입하게 되었다. 그 결과 종친세력 3복[福昌君·福善君·福平君]을 축출함과 동시에 숙종에 대해서도 영향력을 강화시킬 수 있었다. 하지만 명성왕후의 그 같은 정치 행동에 대해 인평대군(麟坪大君)의 세 아들 복창군, 복선군, 복평군을 추종하던 남인들의 거센 반발이 뒤따랐다. 게다가 복창군 형제가 석방되었다. 자연히 명성왕후의 정치적 입장은 3복과 남인 세력을 제거하는 방향으로 확고해질 수밖에 없었다.

이후 명성왕후는 숙종으로 하여금 자신의 사촌 동생 김석주(金錫胄) 등 외척을 중용하도록 했다. 그리고 왕의 지지 세력으로 송시열계 서인과 외척 간의 정치적 연합을 구상했다. 1680년(숙종 6) 김석주는 서인이자 훈척인 김익훈(金益勳), 김만기(金萬基) 등과 손잡고 경신환국을 일으켜 3복과 남인들을 축출했다. 경신환국으로 서인이 재집권하게 되었다.

---

25 '홍수(紅袖)의 변'에 대해서는 한지희, 「숙종 초 '紅袖의 變'과 明聖王后 金氏의 정치적 역할」, 『한국사학보』 31, 2008 참조.

경신환국이 있던 그 해(1680) 12월, 명성왕후는 요양차 서교(西郊)에 가 있던 송시열에게 언문으로 쓴 편지를 보냈다. 송시열에게 도움을 청하면서 조정으로 불러들이고자 한 것이다. 이 언간은 현재 송시열 종손가에 효종의 밀서(密書) 한 통과 함께 보관되어 있다.[26]

1689년(숙종 15) 송시열은 세자 책봉 사건으로 제주로 유배되었다. 그 때 조정에서 효종 어찰을 반환하라는 명을 받았으며, 아들 기태를 시켜 상납하려고 했다. 하지만 여의치 못해서 제주로 가져갔다. 다시 소환을 받아 돌아오는 도중에 정읍에 이르러 사약을 받았다. 그 때 송시열은 손자 주석에게 상납할 것을 부탁했다. 불행히도 그 손자가 요절해 뜻을 이루지 못했다. 그러다 1694년(숙종 20) 송시열이 복권되자 아들 기태가 효종 어찰 4통과 명

---

26 김일근, 「明聖大妃 諺札에 對하여: 宋時烈에게 보낸 手筆傳諭」, 『국어국문학』 49·50, 1970, 78-79쪽. 김일근, 『三訂版 諺簡의 研究 - 한글書札의 研究와 資料集成』, 1998, 213 쪽. 그 언간의 판독문과 현대역은 다음과 같다. "션묘 레우ᄒ시던 원노대신으로 뉵칠년을 먼니 가 간관 만ᄉ지여의 다시 드러오셔 연셕의 드르시니 그 비감ᄒ오물 어이 다 니ᄅ리잇가 듯ᄌ오니 수이 도라가려 ᄒ신다 ᄒ오니쥬샹도 근졀ᄒ야 머므로시과뎌 ᄒ시거니와 즉금 텬변이 공극ᄒ고 구개 위의ᄒ고 민싱이 원긔 만ᄉ온디 니뎐 샹ᄉ조차 나시니 쥬샹도 져므신 사ᄅᆷ이 만긔롤 당ᄒ야 근로ᄒᄂᆫ 양이 민망ᄒᄋᆞ니 이ᄢᅢ 경 ᄀᆞᆺ튼 유종 듕망으로 누됴 은혜롤 닙어 겨시니 엇디 ᄯᅦᆯ티고 가시리잇가 셔울 집이 겨울이 서어ᄒᆞᆸ거니와 브듸 셩녀의 드러와 머므로쇼셔 미망인이 됴가의 참예ᄒᄂᆞᆫ 일이 업ᄉ오디 녕부시 지금 드러오디 아니ᄒ시니쥬샹이 기ᄃᆞ리디 못ᄒ야 ᄒ시매 김셕연 ᄒ야 뎐유ᄒ라 ᄒᄂᆞ이다 경신 십이월 이십이일 오시 뎐유."
[선조를 예우하시던 원로대신으로 육칠 년을 멀리 가 간관(諫官)의 만사지여에 다시 들어오셔서 연석에 들어가시니 그 비감함을 어이 다 이르겠습니까. 듣자오니 빨리 돌아가려 하신다 하오니 주상도 간절하여 (송시열이) 머무르셨으면 하시거니와 지금 천변이 공극하고 구가가 위의하고 민생이 원기가 많은데 내전에 상사조차 나시니 주상도 젊으신 사람이 만기(萬機)를 당하여 힘들어하시는 모습이 민망하오니, 이때 경(卿) 같은 유종(儒宗) 중망(重望/衆望)으로 누조(累朝/累祖)의 은혜를 입어 계시니 어찌 떨치고 가시겠습니까? 서울 집이 겨울이 서어하거니와 부디 성내에 들어와 머무르소서. 미망인이 조가(朝家)에 참여하는 일이 없는데, 영부사가 지금 들어오지 아니하시니 주상이 기다리지 못하여 하시므로 김석연을 시켜 전유(傳諭)하라 합니다. 경신년(庚申年) 12월 22일 오시(午時). 전유(傳諭)]

[그림 2-12] 송시열 초상, 89.7×67.3cm, 국보
제239호, 국립중앙박물관소장

성왕후 어찰 1통을 숙종께 바쳤다.[27] 이런 점들을 감안한다면 현재 전하는
언간은 모사본으로 여겨진다.『숙종실록』에 한문으로 번역되어 있는 내용
을 보기로 하자.

卿以先朝禮遇之元老大臣, 六七年遠竄, 間關萬死之餘, 復爲入來, 出入筵席, 其
爲悲感, 何可盡諭. 聞, 卿近當還歸, 主上亦纔勸勉, 必欲留之. 而卽今天變孔極, 國
家危疑, 民多怨氣, 內殿喪事, 又出此際. 主上以年少之人, 獨當萬機, 勤勞之狀誠爲
悶慮. 此時如卿之以儒宗重望, 受恩累朝者, 豈可決去乎. 京第當冬, 雖甚齟齬, 必須

27 『숙종실록』 권26, 20년 윤5월 을축.

入來城內也. 未亡人於朝家事, 無所干預, 而卿至今不爲入來, 主上不任企待, 故使金
錫衍傳諭耳.[28]

　　김석연은 왕대비의 동생으로 당시 예빈시 정이었다. 김석연이 명성왕후
의 하교를 전하니 송시열의 황공하여 도성으로 들어왔다. 명성왕후는 송시
열을 조정에 머무르게 함으로써 그와 서인세력을 왕의 확실한 지지 세력으
로 삼고자 했다. 정치적인 의도가 있었던 것이다. 송시열로서도 마다할 이
유는 없었다. 남인의 정치적 공세에 의해 밀려 수년간 불안하던 자신의 정
치적 학문적 위상을 높여 주고, 자신에 대한 왕실의 신뢰가 어느 정도인지
를 보여주는 계기가 되었다.[29] 명성왕후는 송시열에 대해서 "유학자(儒學者)
의 종주(宗主)"라고 칭송했으며, 이에 대해 송시열은 명성왕후를 가리켜 "여
중요순(女中堯舜)", 여인 중의 요, 순 임금이라는 표현까지 구사했다.[30]
　　명성왕후의 부름에 송시열이 즉각 응함으로써 청풍 김문 외척과 송시열

---

28 『숙종실록』 권10, 6년 12월 무신. 국역 조선왕조실록에는 다음과 같이 번역되어 있다.
　　"경은 선왕조에서 예우하던 원로대신으로서 6, 7년간이나 멀리 귀양 갔다가 온갖 어려
　　움과 고생을 다 겪은 다음에 다시 들어와서 경연에 출입하고 있으니 그 비감함을 어찌
　　다 설명할 수 있겠는가. 그런데 들으니 경이 요즈음 즉시 돌아가려고 하므로 주상께서도
　　이를 만류하여 반드시 머물게 하려고 한다는데, 현재 천변(天變)이 매우 심하고 국가가
　　안정되지 못하여 백성들의 근심스러운 기색이 많은 데다 내전(內殿)의 상사(喪事) 또한
　　이즈음에 발생하였으니, 나이 어린 주상으로서 온갖 기무(機務)를 혼자 담당하여 애쓰는
　　모습은 참으로 민망하고 염려가 된다. 이럴 때에 경과 같은 유학자의 종주(宗主)로 중망
　　(重望)을 받고 있으며 여러 조정의 은혜를 받은 자가 어찌 떠나가려고 결심하는가. 서울
　　집이 겨울철이라 매우 썰렁하겠지만 되도록이면 성안으로 들어오도록 하라. 미망인(未亡
　　人)이 조정 일에 대해서 간여할 바는 아니나 경이 지금까지 들어오지 아니하고 주상도
　　기대하는 마음을 금할 수 없으므로 김석연(金錫衍)을 시켜 유언(諭言)을 전한다."
29 내 보잘것없는 몸으로 외람스럽게 영릉(寧陵: 효종의 능호)의 뛰어난 총애를 입었고, 명
　　성왕후께서 내리신 언문 간찰에는 말씀이 아주 겸손하여 미천한 나로서 감히 받들 바가
　　가 아니었다.(『宋子大全』 권16, 語錄 3)
30 『숙종실록』 권26, 20년 윤5월 을축.

세력은 정치적 연합을 이룰 수 있었다. 명성왕후와 숙종은 적극적으로 송시열과의 관계 개선을 꾀하고자 했다. 그것은 왕권 강화를 도모하는 것이기도 했다.

이처럼 명성왕후는 숙종이 어린 나이로 즉위하고 왕실의 기반이 약한 상태에 있는 걸 보고 왕실 보호를 내세우면서 과감하게 정치에 관여한 것이다. 명성왕후의 언간은 그 같은 정치 참여와 개입의 좋은 증거가 되고 있다. 명성왕후는 "미망인(未亡人)이 조정 일에 대해서 간여할 바는 아니나 경이 지금까지 들어오지 아니하고 주상도 기대하는 마음을 금할 수 없기" 때문이라 했다. 그런 요청과 송시열의 등장은 당연히 숙종의 정치적 입지를 다지는 데 크게 기여했던 것으로 여겨진다. 명성왕후가 송시열에게 보낸 언간은 중요한 정치적인 의미가 담긴 것이라는 점에서 의미가 있다고 하겠다. 앞에서 살펴본 언간들과는 확실히 그 내용과 성격을 달리하는 것이었다.

3. 명성왕후 언간의 의미

현종의 비 명성왕후는 1남 3녀를 낳았다. 아들은 숙종, 딸 셋은 명선·명혜·명안공주이다. 하지만 첫째, 둘째 딸은 어린 나이에 세상을 떠났다. 셋째 딸만 남아서 시집을 갔다. 셋째 명안공주가 명성왕후와 현종, 그리고 숙종의 사랑을 듬뿍 받았다. 어머니 명성왕후는 물론이고 아버지 현종, 오라버니 숙종 역시 그녀에게 언문으로 쓴 편지를 보낼 정도였다. 어떻게 보면 명안공주가 가운데 있고, 아버지와 어머니, 그리고 오라버니가 언문으로 편지를 써서 보낸 것이다. 안타깝게도 명안공주가 쓴 답신은 전해지지 않지만, 가족간의 사랑은 충분히 확인해볼 수 있다. 따뜻한 인간적인 사랑은 왕실이라 해서 특별히 다르지 않았다. 오히려 더 돈독했을는지도 모르겠다.

특별히 주목할 만한 사실은 명성왕후가 송시열에게도 중요한 내용을 담은 언문 편지를 보냈다는 것이었다. 명성왕후는 송시열을 조정으로 불러들여서 그와 서인세력을 왕의 확실한 지지 세력으로 삼고자 했다. 정치적인 의도가 분명하게 있었다. 남인의 정치적 공세에 의해 밀려나 수년간 불안하게 지내던 송시열로서도 마다할 이유는 없었다. 명성왕후는 송시열에 대해서 "유학자(儒學者)의 종주(宗主)"라 칭했으며, 송시열은 명성왕후를 가리켜 "여중요순(女中堯舜)", 여인 중의 요, 순 임금이라 화답했다. 일종의 정치적 연대가 이루어진 셈이다.

이렇게 본다면 명성왕후는 언문을 통해서 개인적이고 일상적인 생활세계를 충분히 영위하고 있었다. 인간의 본연적인 감정과 자식 사랑 등을 여실히 표현하고 또 전달했다. 하지만 언문의 위력과 효용이 결코 거기에 머물러 있지는 않았다. 명성왕후는 당시 대표적인 양반사대부에게 자신의 깊은 뜻을 전달하기도 했다. 말하자면 고도의 정치적인 행위까지도 구사하고 있었다는 것을 알 수 있다.

Ⅲ. 숙종비 인현왕후, 시고모할머니 숙휘공주에게 편지를 보내다

1. 인현왕후와 언간

　왕비는 품계를 초월한 무품(無品)으로 내명부를 총괄하는 지위에 있었다. 왕비는 평생을 궁궐에서 보내야만 했다. 궁궐에서 지내다 보니 행동과 그 반경에 많은 제약이 따를 수밖에 없었다. 궁궐 밖 소식을 듣거나 자신의 생각을 바깥에 알릴 수 있는 방법이 그리 많지 않았다. 왕비가 궁궐 바깥세상과 소통할 수 있는 방법 중의 하나는 편지를 주고받는 것이었다.

　왕비의 언간은 전통시대의 문자와 언어의 자료가 될 뿐만 아니라 일상의 감정을 전하는 일반적인 수단으로 개인적이고 인간적인 삶의 결을 엿볼 수 있는 귀한 자료라 할 수 있기 때문이다. 이 장에서는 제19대 국왕 숙종의 두 번째 비 인현황후(仁顯王后, 1667~1701)가 숙휘공주(淑徽公主, 1642~1696)에게 보낸 언간을 검토하고자 한다. 숙휘공주는 효종의 넷째 딸로 숙종의 계비인 인현왕후에게는 시고모할머니가가 된다. 그 언간들은 왕실 내부에서, 왕비와 공주라는 지체 높은 여성들 사이에서의 편지라 하겠다.

『숙휘신한첩(淑徽宸翰帖)』에 실려 있는 인현왕후 언간에 대한 구체적인 검토를 통해서 왕실 여성의 생활세계의 한 단면을 살펴보고자 한다. 『조선왕조실록』 등 연대기 자료를 확인해보면 인현왕후와 숙휘공주가 연관되어 있는 기사는 찾기 어렵다. 그래서 인현왕후의 언간은 더욱 중요하다. 실록에서 찾아볼 수 없는 왕실여성들의 일상적 생활세계를 확인할 수 있기 때문이다. 이를 통해서 인현왕후와 숙휘공주의 삶과 생활세계를 가늠해볼 수 있을 것이다. 또한 왕비의 언간을 매개로 삼아 당시의 상황을 역사학적인 관점에서 바라보고 재구성해보고자 한다. 이러한 작업을 통해서 왕실여성의 구체적인 내면과 생활세계의 일단이나마 엿볼 수 있기를 기대한다. 아울러 『숙휘신한첩』에 대한 종래의 국문학적인 연구를 넘어서 학제 간 종합적인 연구로 나아가는 하나의 작은 계기가 될 수 있었으면 좋겠다.

2. 인현왕후 언간과 숙휘신한첩

1) 인현왕후 언간

인현왕후가 쓴 한글 편지는 『숙휘신한첩』에 수록되어 있다. 신(宸)은 궁궐 혹은 대궐을, 한(翰)은 편지를 뜻하는 것으로, 언간 중에서도 궁중의 왕실에서 주고받은 것을 신한(宸翰)이라 부른다. 『숙휘신한첩』은 숙휘공주에게 왕과 왕비들이 보내온 편지를 모아놓은 것이다.[1] 숙휘공주 자신이 엮은

---

1   『숙휘신한첩』은 김일근이 판독문을 소개했으며(김일근, 『이조어필언간집』, 신흥출판사, 1959), 김일근과 이종덕은 「17세기 궁중언간: 숙휘신한첩」에서 판독문을 재검토하고 역주를 단 현대역을 발표했으며(김일근·이종덕, 「17세기 궁중언간: 숙휘신한첩」 ①~④, 『문헌과해석』 11-14, 2000~2001), 문화재청은 도록을 간행하며 전체 35건의

것은 아니다. 숙휘공주 사후 100여 년이 지난 1802년에 숙휘공주의 5세 봉사손(奉祀孫) 정진석(鄭晉錫, 1778~1834)에 의해 성첩(成帖)되었다. 한글 편지를 주고받는 모습을 통해서 왕실과 그 가족의 인간관계와 정서적인 상호작용을 엿볼 수 있다.

『숙휘신한첩』의 본래 명칭은 '신한첩(宸翰帖) 곤(坤)'이다[그림 3-1] 참조). 원본은 한문 편지와 한글 편지를 나누어 건과 곤의 2첩으로 묶은 것이다.[2] 곤첩은 1955년 김일근 교수가 처음으로 대구에서 찾아내 학계에 소개하면서(1959) 『신한첩』으로 명명했다. 하지만 효종의 셋째 딸 숙명공주(淑明公主)의 『숙명신한첩』이 발견되자 『숙휘신한첩』으로 명칭을 바꾸었다. 현재 『숙휘신한첩』은 계명대학교 동산도서관에서 인수하여 보관 관리하고 있다.[3]

컬러 사진을 소개했다.(문화재청, 『한국의 옛글씨: 조선왕조 어필』, 2009) 현재 문화재청 「국가문화유산포털」(https://www.heritage.go.kr)에서 원문 이미지를 확인할 수 있다. 이 글에서 사용한 숙휘신한첩 표지와 언간 그림 자료는 「국가문화유산포털」에 수록된 것이다.

2 곤첩(坤帖)에는 후손 정진석이 쓴 한글 서문이 있는데, 이를 통해서 성첩하게 된 내력을 소상하게 알 수 있다. 원문은 [그림 3-2]와 같다. 그 전문에 대한 현대역은 다음과 같다.
"공손히 생각하건대 이 두 첩이 건은 바로 네 분의 어필(御筆)이시요 곤은 바로 여섯 분의 언찰(諺札)이시라. 혹 도위(都尉)를 명하여 주신 것이요 혹 공주를 은혜로써 물으신 것이시니, 일찍이 숙종께서 몸소 지으신 시율(詩律)과 효종께서 친히 지으신 발문(跋文) 같은 것은 더욱이 아낌으로써 주신 것이다.
집에 간직된 옛 첩이 크고 작음이 가지런하지 않아 편안히 모실 도리에 편치 못 한 점 있는 까닭에 이제 고쳐 꾸며 합치어 두 권으로 만들고, 언서첩(諺書帖) 끝에 공경히 인현왕후께서 친히 만드신 비단으로 붙인 선물주머니[膳囊] 양면을 붙여서 길이 대대로 전하게 하였으니, 이것이 이에 자손이 되어서는 다행이요 신하에 있어서는 영화이다. 가히 후손으로 하여금 석실과 금궤에 감추고 호위하여 장차 천지와 함께 하며 국가와 한 가지로 그 오램을 같이 할 것이니, 어찌 감히 보통의 중보(重寶)로서만 의논하리오. 당저(當宁) 이년 임술 중추에 외손 신(臣) 진석이 황공스럽게 삼가 적다."

3 '신한첩(宸翰帖) 건(乾)'은 한문 어필첩으로 (곤첩 보다 늦은) 1983년에 발견되어, 국립청주박물관에 소장되어 있다(보물 제1947호). 건첩에는 한문으로 쓴 서문, 효종·현종·숙종의 한문 글씨, 그리고 영조가 쓴 발문이 실려 있다.

[그림 3-1] 신한첩 곤 표지, 42.7×26.5cm, 보물 제1946호, 계명대학교소장

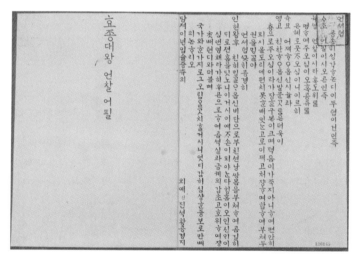

[그림 3-2] 신한첩 곤 서문, 보물 제1946호, 계명대학교소장

『숙휘신한첩』에 수록된 전체 35건의 언간 중에서 인현왕후가 보낸 한글 편지는 5건이다.[4] 이들 언간 5건이 두 사람 사이에 오고간 편지의 전부라

할 수는 없을 듯하다. 뒤에서 보듯이 인현왕후가 숙휘공주에게 보낸 언간 중 "하서(下書)를 보옵고"라는 구절은 이미 서신 왕래가 있었다는 것을 말해주기 때문이다. 인현왕후의 편지 글씨는 궁체 특유의 외유내강한 필획과 기필, 행필, 수필이 뚜렷한 양상을 보여주고 있다.[5] 이미 궁체의 자형이 정착되었음을 보여준다. 그런 만큼 서예사적으로도 가치가 높다고 하겠다. 인현왕후가 쓴 한글 편지의 개별 명칭, 발수신자, 작성 시기 등을 정리하면 [표 3]과 같다.[6]

[표 3] 인현왕후 언간

순서	개별 명칭	발신자	수신자	관계	작성 시기 비교	
					필자	『판독집』
①	덕스오시니 보옵고 평안ᄒ오시니 몬내 알외와ᄒ오며	인현왕후	숙휘공주	조카며느리 →시고모	1681~1685	1681~1696
②	덕스오시니 보옵고 친히 뵈옵ᄂ 듯 든든ᄒ와	인현왕후	숙휘공주	조카며느리 →시고모	1681~1689 1694~1696	1681~1696
③	요스이 긔운이나 엇더ᄒ오신고 아옵고져 ᄒ오며	인현왕후	숙휘공주	조카며느리 →시고모	1681~1689 1694~1696	1681~1696
④	야간 긔후 엇더ᄒ오신고 아옵고져 ᄒ오며	인현왕후	숙휘공주	조카며느리 →시고모	1685년 7월	1685
⑤	야간 평안ᄒ오신 일 아옵고져 ᄒ오며	인현왕후	숙휘공주	조카며느리 →시고모	1681~1689 1694~1696	1681~1696

---

4   황문환·임치균·전경목·조정아·황은영 엮음, 『조선시대 한글 편지 판독자료집2』, 역락, 2013, 52~56쪽. 이하 『조선시대 한글 편지 판독자료집』은 『판독집』으로 줄이기로 한다.

5   박정숙, 『조선의 한글 편지: 편지로 꽃피운 사랑과 예술』, 다운샘, 2017, 267쪽.

6   이남희, 「조선후기 인현왕후 언간을 통해 본 왕실여성의 생활세계」, 『국학연구』 37, 2018, 441~442쪽.

『판독집』에서는 ④번을 제외한 ①, ②, ③, ⑤번 [인현왕후 언간]의 작성 시기를 인현왕후가 왕비로 책봉된 1681년, 그리고 숙휘공주의 몰년 1696년을 고려하여 1681년(숙종 7)에서 1696년(숙종 22)으로 추정했다.[7] 하지만 언간의 내용을 검토해 보면 [표 3]에서와 같이 작성 시기를 조금 더 압축하여 살펴볼 수 있을 것으로 생각된다. 이에 대해서는 뒤에서 다시 논의하고자 한다.

숙휘공주는 1642년(인조 19) 2월 제16대 국왕 효종과 인선왕후의 넷째 딸로 태어났다. 효종과 인선왕후는 1남 6녀를 두었으며, 제17대 국왕 현종이 숙휘공주 바로 위의 오빠이다. 숙휘공주는 12세 되던 1653년(효종 4) 12월, 우참찬 정유성(鄭維城)의 손자 정제현(鄭齊賢)과 혼인했다.[8] 정제현은 효종의 부마가 되어 인평위(寅平尉)에 올랐다. 그런데 정제현은 1662년(현종 3) 21세의 젊은 나이에 죽었다. 이후 홀로 지내다 1696년(숙종 22) 10월 세상을 떠났다.[9]

인현왕후 언간 5건은 조카며느리인 인현왕후가 시고모 숙휘공주에게 보낸 것이다. 시기는 인현왕후가 왕비로 책봉된 1681년 이후 숙휘공주가 세상을 떠난 1696년 사이에 작성된 것이다. 그러니까 인현왕후 나이 15세에서 30세 사이에 쓴 것이며, 시고모 숙휘공주는 그녀보다 25세가 많았다.

2) 인현왕후와 숙종

인현왕후의 본관은 여흥(驪興). 아버지는 여양부원군(驪陽府院君) 문정공(文

---

7 황문환·임치균·전경목·조정아·황은영 엮음, 앞의 책, 52-56쪽.
8 『효종실록』 권11, 4년 12월 경오. 정유성은 현종 때 우의정을 지냈다.
9 『숙종실록』 권65, 46년 6월 계묘.

貞公) 둔촌(屯村) 민유중(閔維重)이며, 어머니는 은진(恩津) 송씨(宋氏)로 문정공 (文正公) 동춘당(同春堂) 송준길(宋浚吉)의 딸이다. 인현왕후는 1667년(현종 8) 4 월 23일 반송방 사제에서 태어났다. 인현왕후의 선대를 보면, 민칭도(閔稱 道)가 고려조에 벼슬하여 상의원 봉어가 된 이후 대대로 이름이 널리 알려 진 사람들이 많았다.[10] 고조부 민여건(閔汝健)은 장흥고 영을 지내고 이조 판 서에 추증되었으며, 증조부 민기(閔機)는 문과에 급제한 후 경주 부윤을 지 냈으며, 영의정에 추증되었다. 조부 민광훈(閔光勳)은 문과에 급제하여 강원 도 관찰사를 지냈으며 영의정에 추증되었다. 부친 민유중(1630~1687)은 벼 슬이 영돈녕부사 여양부원군, 시호는 문정(文貞)이다.[11] 그는 이미 이른 나이 에 이름이 널리 알려졌으며, 높은 인망을 얻었다. 외조부 송준길(1606~1672) 은 대사헌, 병조판서, 이조판서 등을 역임한 당대의 문신이자 명필이었다. 그의 필적이 전한다.[12]

1681년(숙종 7) 가례를 올리고 숙종의 계비(繼妃)가 되었다. 예의가 바르고 덕성이 높아서 국모로서 추앙을 받았다. 하지만 혼례를 올리고 7년이 되어 도 출산을 하지 못했다. 그런 참에 소의(昭儀) 장씨가 왕자 이윤(李昀, 경종)을 낳게 되자, 숙종의 총애는 장소의에게 쏠렸다. 1689년(숙종 15) 숙종이 이윤 을 세자로 책봉하려고 했다. 그러자 송시열 등 노론파 인사들이 상소를 올

---

10 『숙종실록』 권35, 27년 11월 계묘. 인현왕후가 1696년(숙종 22) 종묘에 알현했는데 이 때부터 왕비의 종묘 행차가 시작되었다고 한다.

11 민유중의 5세손 민치록(閔致祿)의 딸이 훗날 고종의 비 명성황후가 된다.

12 「송준길 행초 서증손병하(宋浚吉 行草 書贈孫炳夏)」는 장지(壯紙) 네 장을 이어 붙여서 송나라 양시(楊時)의 칠언절구 「저궁관매기강후(渚宮觀梅寄康侯)」를 큰 글씨로 쓴 것이 다. 말미에 "숭정기유청화춘옹서증손병하(崇禎己酉淸和春翁書贈孫炳夏)"라 하여, 1669 년 사월 64세의 할아버지가 손자를 위해 써주었다는 것을 알 수 있다. 이 서축은 수증 자[손자 송병하]와 1669년이란 필사연대를 완벽하게 갖추고 있다는 점에서 주목된다 ([그림 3-3] 참조).

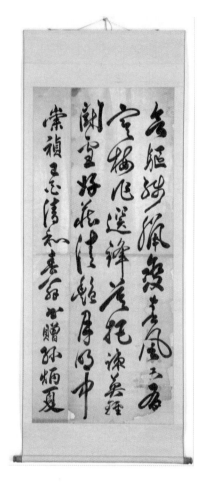

[그림 3-3] 송준길 행초(行草)
서증손병하(書贈孫炳夏), 177.8×77.6cm,
보물 제1672-2호, 송봉기소장

려서 반대했다. 숙종은 이들을 면직 사사시키고, 이현기·남치훈 등 남인
들을 등용했다. 이른바 기사환국이 그것이다. 마침내 인현왕후는 폐서인이
되어 안국동 본가 감고당(感古堂)에서 지내게 되었다. 1694년(숙종 20) 노론
김춘택과 소론 한중혁 등이 폐비복위운동을 일으켰으며, 이들을 저해하려
는 남인 민암·김덕원·권대운 등은 유배, 사사되었다. 갑술환국을 통해 인

현왕후는 다시 왕비로 복위되었다.

복위한 인현왕후는 더욱 스스로 삼가고 조심하면서 지냈다. 처음에 왕후가 서인으로 사제로 나가서는 외문(外門)을 잠그도록 명하여 비록 지친(至親)이라도 감히 드나들 수가 없었다.[13] 갑술환국으로 왕비로 복위할 때에도 중사(中使)가 상명(上命)이라 하여 열쇠를 얻어 문 열기를 청했으나, 왕후는 허락하지 않았으며, 어찰(御札)을 받게 되어서야 비로소 내어주었다. 얼마나 삼가고 조심했는지를 알 수 있다.

그래서인지 인현왕후의 언간에서는, 다른 왕후와는 달리 정치적 성격의 언간이 드러나지 않는다. 인현왕후의 시어머니인 현종의 비 명성왕후의 언간을 보면 송시열에게 보낸 정치적 의도를 담은 편지가 전하고 있다.[14] 송시열을 조정으로 불러 들여 그와 서인세력을 왕의 지지 세력으로 삼고자 했다. 일종의 정치적 연대가 이루어진 셈이다. 그러니까 송시열에게 정치적인 성격이 짙은 언간을 보내기도 했던 것이다.

이외에도 때로는 정치적 의견을 언문 교서로 내리기도 했다. 1492년(성종23) 도첩제를 폐지하고 출가를 원천적으로 금지하려 하자 인수대비와 인혜대비는 크게 반발해서 언문 교서를 내렸다.[15] 언문 교서를 통해서 왕실여성의 정치적 위상을 확보했다는 것, 또한 그것이 정치적 영향력을 행사는 도구였다는 점에서 의미가 있다고 하겠다. 언문 교서를 통해서 여성들의 정

---

13 『숙종실록』 권35, 27년 11월 병오.

14 이남희, 「조선후기 현종비 명성왕후 언간의 특성과 의미」, 『영주어문』 35, 2017, 115-116쪽. 명성왕후가 송시열에게 보낸 한글 편지는 한문으로 번역되어 조선왕조실록에 수록되어 있다.(『숙종실록』 권10, 6년 12월 무신) 명성왕후는 송시열에 대해서 유학자의 종주(宗主)라 칭했으며, 송시열은 명성왕후를 가리켜 여중요순(女中堯舜), 즉 여인 중의 요, 순 임금이라 화답했다. 이 책 제II장 2절 참조

15 『성종실록』 권271, 23년 11월 무자.

치적 행위가 이루어졌다는 점이 주목된다. 하지만 인현왕후에게는 일상적 성격의 언간이 전하고 있을 뿐이다.

1700년(숙종 26) 봄 인현왕후는 병에 걸렸다. 이듬해 8월 병이 갑자기 위중하여 창경궁 경춘전(景春殿)에서 35세의 젊은 나이로 세상을 떠났다.[16] 능호는 명릉(明陵)이며, 경기도 고양시 신도읍 용두리 서오릉(西五陵) 묘역 내에 숙종과 같이 잠들어 있다.([그림 3-4~5] 참조)[17] 그녀를 주인공으로 삼아 한 궁녀가 쓴 소설 『인현왕후전(仁顯王后傳)』이 전한다.

[그림 3-4] 숙종과 인현왕후 명릉, 사적 제198호, 경기도 고양시

16 『숙종실록』 권35, 27년 11월 갑오 인현왕후가 세상을 떠나자 국장도감(國葬都監)의 요청에 따라 시책문과 애책문은 여관(女官)으로 하여금 진독(進讀)하게 하여야 하는 까닭에, 전례에 의하여 한문과 언문을 모두 써서 넣도록 했다.

17 숙종은 제1계비 인현왕후를 명릉에 장사지낼 때 왕비릉 오른쪽(정면에서 보아 왼쪽)을 비워놓아 쌍릉으로 조성하게 했다[그림 3-4] 참조). 제2계비 인원왕후(1687~1757) 능은 숙종과 인현왕후 쌍릉 후면에 있으며([그림 3-5] 참조), 원비 인경왕후는 서오릉 안의 익릉(翼陵)에 따로 안장되어 있다.

[그림 3-5] 숙종 계비 인원왕후 명릉. 사적 제198호. 경기도 고양시

3. 인현왕후의 언간: 내역과 함의

1) 숙휘공주 아들의 초시 합격

인현왕후가 왕비로 책봉된 이후(1681) 시고모 숙휘공주에게 편지를 보냈다. [인현왕후 언간①]은 인현왕후가 왕비로 책봉된 1681년부터 숙휘공주의 아들 정태일(鄭台一, 1661~1685)이 죽은 1685년 사이에 보낸 편지로 여겨진다.[18]

---

18 『판독집』에서는 인현왕후가 왕비로 책봉된 1681년과 숙휘공주의 몰년(1696)을 고려하여 1681~1696년으로 보았다.(황문환·임치균·전경목·조정아·황은영 엮음, 앞의 책, 52쪽)

당시 인현왕후 나이 15~19세, 시고모 숙휘공주는 그녀보다 25세 많은 40~44세이다. 한글 편지는 구체적인 청자를 상정하고 쓰는 것이기 때문에 상대경어법을 비롯한 경어법 사용 양상이 잘 드러나 있다.[19] 이 편지에서도 그런 존대가 여실히 드러난다. 최고 수위의 높임말을 구사했다.

[그림 3-6] 인현왕후 언간①, 보물 제1946호, 계명대학교소장

[인현왕후 언간①]

덕스오시니 보옵고 평안ㅎ오시니 몬내 알외와 ㅎ오며 친히 뵈옵는 듯 든 든ㅎ와 ㅎ옵ᄂ이다 뎡셔방은 초시롤 ㅎ온가 시브오니 어느만 깃스오시거뇨 깃브오미 아무라타 업스와 ㅎ옵ᄂ이다 우황냥격원은 잇ᄉᆞ는 거시 다만 이ᄤᅵ 이오니 두 환 가옵ᄂ이다 안신환도 가옵ᄂ이다 가례는 엇즈와 가오더 언힉는

19 김일근·이종덕, 앞의 논문④, 66쪽.

밧긔 업습다 ᄒ옵노이다

[하서(下書)를 보옵고, 평안하오시니 못내 아뢰오며, 친히 뵈옵는 듯 든든하여 하옵나이다. 정서방(鄭書房)은 초시(初試)를 하온가 싶으니 얼마나 기쁘시겠습니까? 기쁘기 아무렇다 할 말 없어 하옵나이다. 우황양격원(牛黃凉隔元)은 있는 것이 다만 이뿐이오니 두 환 보내나이다. 안신환(安神丸)도 보내옵나이다. 『가례(家禮)』는 얻자와 가오되 언해(諺解)는 중전(中殿) 밖의 궐내(闕內)에 없다 하옵나이다.]

정서방은 숙휘공주의 아들 정태일을 가리킨다. 두 사람은 내외종수숙(內外從嫂叔) 사이이므로, 일반인이면 서방님이라 칭해야 한다. 하지만 인현왕후는 어디까지나 왕후, 일종의 군신간(君臣間)에 해당하므로 서방이라 부를 수 있다.

편지에서 초시(初試) 합격이라 한 점이 주목된다. 왕실 구성원이 과거시험에 응시한 것이다. 조선시대 왕실의 구성원들은 과거를 볼 수 있었는가, 그렇다면 언제부터 과거를 볼 수 있었을까. 왕실의 종친(宗親)은 왕의 4대손까지로 한정되었다.[20] 왕으로부터 4대가 지나면 친진(親盡)되어 종친으로서의 특혜의 부여가 끝나고 예우가 축소되었다.[21] 세조는 1461년(세조 7)부터 종친들이 왕으로부터 4대가 지나면 일반 문·무관의 자손에 따라 벼슬을 할 수 있게 했다.[22] 규제에서 벗어나 문과, 무과 등의 과거 시험에 응시하

---

20 『경국대전』 권1, 이전 종친부. 고려말 제왕자부(諸王子府)가 조선왕조에 들어서 1414년(태종 14) 재내제군부(在內諸君府)로 승격되었다가 1430년(세종 13) 종친부(宗親府)로 개편되었다.

21 왕실의 친족 범위는 왕의 동성(同姓) 9촌까지이다.(『경국대전』 권1, 이전 돈녕부) 돈녕부에서는 왕의 동성 9촌, 이성(異姓) 6촌, 왕비의 동성 8촌, 이성 5촌, 세자빈의 동성 6촌, 이성 3촌과 이들 촌수 내의 고모·자매·질녀·손녀의 남편에게 벼슬을 주었다.

여 문무 관직에 진출하는데 제약이 없게 된 것이다.

초시는 1차 과거 시험이다. 문과는 초시, 복시, 전시 등 3단계로 시행되었으며,[23] 생원·진사시는 초시와 복시 두 단계의 시험에 의해 선발했다. 정태일은 종친인 만큼 문과나 생원·진사시에 응시했을 것으로 여겨진다. 현재 남아있는 이들 과거 합격자 명단에서 정태일이 확인되지 않는다.[24] 미루어 보자면 아마도 최종 합격은 하지 못한 것으로 보인다. 시험을 통한 과거는 학문과도 밀접한 관련성을 지니고 있었다. 과거 시험의 합격자들은 훌륭한 교양의 소지자로서 간주되어 많은 사람들의 선망과 존경을 받았다. 설령 종친이라 하더라도 많은 사람들이 응시하고 선망하는 과거 시험, 그 1차 시험인 초시에 합격한 것은 자랑스러운 일이었을 것이다.

축하 인사와 함께 인현왕후는 우황양격원 2환, 안신환 1환 등 환약과 함께 『가례』 책을 보내주었다. 숙휘공주는 당시 40~44세로 숙환을 앓고 있었다. 우황량격원은 열독(熱毒)에 효용이 있으며, 안신환은 신경쇠약, 심장 신경증, 고혈압, 전간(癲癇) 등에 쓰는 약재다. 언해는 중전 밖의 궐내에 없다하는 것으로 가례 언해(諺解)를 구하려고 했다는 것도 엿볼 수 있다.

그리고 편지 앞부분의 "하서(下書)를 보옵고"라는 구절을 통해, 이미 인현왕후와 숙휘공주 사이에 서신 왕래가 있었다는 것을 미루어 확인할 수 있다. 손윗사람이 먼저 보냈다기보다는 손아랫사람이 보내고 그에 대한 답

---

22 『세조실록』 권23, 7년 3월 신유.

23 초시와 복시는 초장, 중장, 종장으로 나누어 실시되었다. 이를 동당삼장(東堂三場)이라 하는데, 하루의 간격을 두고서 시행하는 것이 관례였다. 초장에서는 경학(經學)에 대한 이해도를 시험하고, 중장에서는 시작(詩作)과 논술(論述) 시험을 치렀다. 종장에서는 정국 현안에 대한 이해와 해결 능력을 엿보는 대책(對策)을 통과해야 했다.(이남희, 『영조의 과거(科擧), 널리 인재를 구하다』, 한국학중앙연구원, 2013, 51쪽)

24 「한국역대인물종합시스템」(http://people.aks.ac.kr). 현존하는 무과 및 잡과 합격자 명단에서도 정태일은 확인되지 않는다.

신이었을 가능성이 높다. 아들의 과거 합격이라는 좋은 일도 있었고, 인현
왕후가 걱정하면서 약까지 보내주었지만 숙휘공주의 숙환은 나아지지 않
았다. 이후의 편지들을 보면 오히려 더 심해진 듯하다.

2) 숙휘공주의 궁궐 입궁

다음 언간 두 건은 인현왕후가 왕비로 책봉된 1681년 이후, 그리고 수신
자로서의 숙휘공주가 세상을 떠난 1696년 사이에 보낸 편지라 할 수 있다.
궁중에 들어와 만나기를 청하는 내용으로 보아, 이들은 인현왕후가 즉위한
1681년부터 폐위되는 1689년까지, 혹은 다시 왕비에 복위하는 1694년부터
숙휘공주가 죽은 1696년 사이에 보낸 것으로 보아야 할 것이다.[25] 폐위되
어 있는 동안에는 궁중에 들어오라는 얘기를 할 수 없었을 것이기 때문이
다. 먼저 [언간②]는 다음과 같다.

[인현왕후 언간②]
덕스오시니 보옵고 친히 뵈옵는 듯 든든ᄒ와 ᄒ오며 오늘 드러오오시면
뵈올가 ᄒ옵더니 편티 못ᄒ옵셔 못 드러오옵시니 섭섭ᄒ미 아무라타 업스와
ᄒ옵ᄂ이다

[하서(下書)를 보옵고, 친히 뵈옵는 듯 든든하여 하오며, 오늘 들어오시면
뵈올까 하옵더니 편치 못하시어 못 들어오시니 섭섭함이 아무렇다 할 말 없
어 하옵나이다.]

---

25 『판독집』에서는 인현왕후가 왕비로 책봉된 1681년과 숙휘공주의 몰년(1696)을 고려하
여 1681~1696년으로 보았다.(황문환·임치균·전경목·조정아·황은영 엮음, 앞의 책,
53~54쪽)

"하서를 보옵고"라는 문구로 시작하는 것을 보면, 숙휘공주가 보낸 편지에 대한 답신임을 알 수 있다. 보내주신 편지를 읽으니 마치 직접 뵙는 것처럼 든든하다는 것, 그런데 몸이 편치 못해서 못 들어오신다고 하니, 정말이지 너무나도 서운하다는 그런 내용을 담고 있다.

다음 [언간③] 역시 인현왕후가 숙휘공주에게 보낸 것이다. 그런데 내용을 보면 숙종이 숙휘공주가 다른 공주들과 같이 궁에 들어와 만나기를 바란다는 애기를 대필(代筆)하여 전해주고 있다. 전언 형식의 편지라고 하겠다.

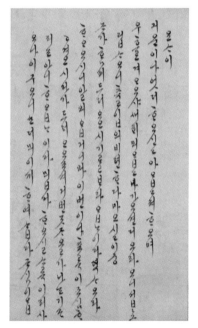

[그림 3-7] 인현왕후 언간③, 보물 제1946호, 계명대학교소장

[인현왕후 언간③]

요ㅅ아 긔운이나 엇더ㅎ오신고 아옵고져 ㅎ오며 우ㅎ로겨오오샤 새히 되옵고 나가오션 디오라오니 섭섭 그립ㅅ오니 출입의 비편ㅎ다 마오시고 이궁

주가 홈끠 드러오오시기롤 ᄇ라ᄋᆸᄂᆞ이다 덕스오라 ᄒᆞᄋᆞ오시니 알외ᄋᆸ거니와 이번이나 쵸록이 조심ᄒᆞ고 겨오시다가 드러오오쇼셔 거번 ᄀᆞᆺᄌᆞ올가 나는 기ᄃ리도 아니ᄒᆞᄋᆸᄂᆞ이다 밉다 ᄒᆞ오실ᄉᆞ록 이리 사오나이 구오니 ᄯᅩ 더 믜이게 ᄒᆞ여습다 근심이ᄋᆸ

[요사이 기운이나 어뎌하신지 알고자 하오며, 주상(主上)께서는 "새해가 되고서 나가신 지 오래니 섭섭하고 그립사오니, 출입하기에 마음이 슬퍼 언짢다고 하지 마시고 두 분 공주[二宮 自家]가 함께 궁으로 들어오시기를 바라옵나이다."하고 적으라 하오시니 아뢰옵거니와 이번에는 차분히 조심하고 계시다가 들어오소서. 지난 번 같을까 나는 기다리지도 아니하옵나이다. 밉다 하실수록 이렇게 사납게 구오니 또 더 미움 받을 짓을 하였다고 근심이옵니다.]

주상전하 곧 숙종이 숙휘공주에게 두 분 공주와 함께 궁에 들어와 만나고 싶다는 내용을 전해주고 있다. 두 분 공주는 누구를 말하는 것일까. 효종과 인선왕후는 6명의 공주를 두었다. 숙휘공주 위로 숙신공주(淑愼公主, 1635~1637), 숙안공주(淑安公主, 1636~1697), 숙명공주(淑明公主, 1640~1699)가 있으며, 아래로 숙정공주(淑靜公主, 1645~1668)와 숙경공주(淑敬公主, 1648~1671)가 있다. 장녀 숙신공주는 어렸을 때 병으로 죽었으며, 동생 숙정공주와 숙경공주는 인현왕후가 즉위(1681)하기 이전에 이미 세상을 떠났다. 따라서 두 공주는 숙안공주와 숙명공주로 여겨진다. 숙안공주와 숙명공주는 인현왕후가 폐위되었다가 복위하는 데 일조를 했다. 숙휘공주를 비롯해 숙안, 숙명공주가 정치적으로는 서인들과 가까웠기 때문이다.[26]

---

26 세 공주와 남인과의 대립은 1694년(숙종) 20 갑술환국 때까지 이어졌으며, 남인 사이에서는 세 공주를 살육(殺戮)하여야 근심이 없을 것이라는 말이 나올 정도였다.(『숙종실록』 권26, 20년 4월 무진; 『숙종실록』 권26, 20년 5월 경신)

그리고 『판독집』에서는 인현왕후가 왕비로 책봉된 시기(1681)와 숙휘공주의 몰년(1696)을 고려하여 언간 작성 시기를 1681~1696년으로 보았는데[27] [언간③]은 인현왕후가 복위한 1694년부터 숙휘공주가 세상을 떠난 1696년 사이에 보낸 것으로 좀 더 압축해서 볼 수 있지 않을까 한다.

숙종이 고모들, 숙휘공주와 함께 숙안공주와 숙명공주를 보고 싶어 했다. 그렇게 말할 정도라면 인현왕후가 시고모 숙휘공주와 아주 가깝게 지낼 뿐만 아니라, 서신 왕래도 있다는 사실도 이미 알고 있었다는 것이다. 아울러 인현왕후는 지난번에 오신다고 했다가 몸이 안 좋아서 못 왔던 것과는 달리 이번에는 꼭 조심해서 와주었으면 좋겠다는 생각을 조심스레 전한다. 그래서 이렇게 말한다. "지난 번 같을까 나는 기다리지도 아니하옵나이다." 그렇게 생각하고 말하는 것이 혹시라도 밉게 보이지나 않을까, 미움받을 짓을 한 것은 아닌가 한다는 얘기도 덧붙이고 있다. 꼭 뵙고 싶다는 것을 완곡하게 표현한 것이다.

그런데 이 언간에서 한 가지 눈에 띄는 부분은 격식과 표현의 약간의 불일치가 있다는 것이다. 격식에서는 시고모에게 보내는 것인 만큼 공경심을 표현한다. 그런데 표현에서는 반말을 사용한 부분이 있다는 점이다. 예컨대 "근심이옵" 어미가 절단된 형태로 나타나 있다. 이런 절단 형식은 반말의 일종으로서 온전한 형식보다 화계(話階)가 낮은 것으로 여겨지곤 한다.[28] 하지만 여기서는 그런 완전한 반말 용법이 아니라 표기상의 편의를 위하여 쓴 것으로 여겨진다. 발신자보다 높은 지위에 있는 수신자이기는 하지만, 매우 친밀한 사이일 때 사용하는 절단형을 섞어서 쓰고 있다는 것이다.

---

27 황문환·임치균·전경목·조정아·황은영 엮음, 앞의 책, 54쪽.

28 김일근·이종덕, 앞의 논문④, 68쪽.

3) 숙휘공주 아들 출상

숙휘공주는 개인적으로 쓸쓸한 삶을 살았다. 어린 나이에 남편 정제현을 여의었다. 정제현은 1642년(인조 20) 2월에 태어났다. 1653년(효종 4) 의빈(儀賓)에 뽑혀 10월 숙휘공주와 정혼하고 12월 8일 혼례를 치렀다. 혼인 후 10년도 채 되지 않아 정제현은 여러 해 깊은 병을 앓다가 1662년(현종 3) 1월 21세의 젊은 나이에 세상을 떠났다. 정제현과 동갑으로 젊은 나이에 홀몸이 되었다. 1685년(숙종 11) 7월 아들 정태일이 25세에 요절했다. 남편을 먼저 보낸데 이어 아들마저 보내게 된 것이다. 숙휘공주가 얼마나 슬퍼했을지 충분히 가늠해볼 수 있다.

숙휘공주 소생은 아들 정태일만이 족보에 등재되어 있다. 그런데『숙휘신한첩』에 "인샹, 계샹, 효희" 등의 아명(兒名)이 나타나는 것으로 보아 숙휘공주의 소생이 2남 1녀 있었으나 아들 인상과 딸 효희는 어려서 죽은 것으로 여겨진다.[29] 그래서 족보에 실리지 못했던 것이다.『하곡집(霞谷集)』에 실린 '정제현묘표(鄭齊賢墓表)'에서 첫째 아들 인상(獜祥)과 딸이 어려서 죽은 사실을 언급하고 있는 데서도 확인된다.[30] [인현왕후 언간④]는 정태일 발인 이후, 출상한 후에 인현왕후가 숙휘공주에게 보낸 편지이다. 언간을 쓴 시점은 1685년(숙종 11) 7월말 경으로 여겨진다.

[인현왕후 언간④]

야간 긔후 엇더ᄒ오신고 아옵고져 ᄒ오며 오늘이 발인이시다 ᄒ옵더니 디나시온가 새로이 망극툭툭ᄒ오심 뵈옵ᄂᆞᆫ 듯 아ᄆ라타 업스오나 일긔ᄂᆞᆫ 춤ᄒ오

---

29 김일근·이종덕, 앞의 논문③, 43쪽 및 48쪽.
30 국립청주박물관,『조선왕실의 한글 편지: 숙명신한첩』, 2011, 10~11쪽.

니 깃브옵기 ᄀ이업ᄉ오이다 쇼식이 막히온 듯 답답ᄒ올ᄉ 잠 알외옵ᄂ이다

[밤사이 기후 어떠하오신고 아옵고자 하오며 오늘이 발인(發靷)이시다 하
옵더니 지나셨는가. 새로이 속상하고 뵈옵는 듯 아무렇다 할 말 없사오나 일
기는 참하오니 기쁘기 그지없사옵니다. 소식이 막힌 듯 답답하므로 잠깐 알
외옵나이다.]

인현왕후는 그간 잘 지내셨는지, 그리고 오늘이 발인인 것으로 알고 있
는데 어떻게 잘 치렀는지 하는 안부 인사를 전했다. 이어 얼마나 속상했는
가, 뭐라고 얘기해야 할지 모르겠다는 위로의 말을 전한다. 슬픔과 아쉬움
의 크기 때문인지 정태일의 장례는 숙종이 성대하게 치르도록 했다.[31] 좌의
정 남구만은 상소문에서 정태일의 장례에 대해서 예가 넘쳤다는 것을 지적
하고 있다. 적정한 예의 수준을 넘어섰다는 것이다. 『숙종실록』은 다음과
같이 적고 있다.

　신이 듣건대, 공주의 아들 정태일의 초상에 내재궁(內梓宮)과 외재궁을 모
두 주었다고 합니다. 전(傳)에 이르기를, '친한 이를 친하는 데 있어 정도를
줄이는 것은 예(禮)가 거기서 생기기 때문이다' 하였습니다. 지금 공주의 아
들의 초상에 재궁을 내려 주기까지 한다면, 친속으로서 이보다 가까운 자에
게는 다시 무엇으로 그에게 더 사여해야 할지를 알지 못하겠습니다. 또 재궁
이라고 이름 하면 더욱 어리고 젊은 신자(臣子)의 초상에는 함부로 내려 줄
수 없습니다. … 지금 전하께서 사우(祠宇)를 옮겨 세우는 일로 인하여 이미

31　슬픔에 잠겨 있을 고모 숙휘공주를 위로하기 위해서 숙종은 위로의 말과 함께 음식을
　자주 먹기를 청하는 한글 편지에 이어 발인 날이 다가오니 슬픔이 지나치지 않기를 청
　하는 언간을 잇달아 보냈다. 이는 『숙휘신한첩』에 전한다.

그 집을 지을 기지를 사 주셨고, 또한 그 사우를 조성하기를 명하셨는데 이제
또 그 비용을 관에서 주었으니, 이는 실로 역대 조정에서 이미 행하였던 규칙
이 아니며 또한 일후에도 이를 계승하여 행할 수 있는 방도가 아닙니다.[32]

공주의 아들 초상에 왕이나 왕비가 장사 지낼 때 쓰는 관(棺)과 곽(槨)인
내재궁과 외재궁을 모두 주었다는 것은 문제가 된다는 것이다. 왕실 구성
원, 친속으로 정태일보다 더 가까운 사람에게는 다시 어떻게 할 것인가 하
는 문제 제기인 셈이다. 인조 때에 인빈(仁嬪)의 제사를 받드는 집에서 그의
묘소에 일이 있어서 역군(役軍)을 청했을 적에 인조께서는 이 일은 능침의
일과 다르다 하고 윤허하지 않았다는 고사까지 언급하면서 더구나 정태일
은 어리고 젊은 사람인만큼 함부로 내려줄 수 없다는 것이다. 유교적인 사
회관계에서는 가깝고 먼 정도에 따라서 거기에 부합된 대우를 해야 한다는
것이다. 숙종과 인현왕후의 숙휘공주 보살핌은 계속된다. 이듬해(1686) 7월
숙휘공주가 정태일의 분묘에 가서 성분할 때 말과 제물 등을 주게 했다.[33]

4) 숙휘공주 숙환과 약 하사

다음 [언간⑤]의 작성 시기는 약을 보내주겠다는 내용으로 보아 인현왕
후가 가례를 올린 1681년부터 폐위되는 1689년까지, 혹은 다시 왕비에 복
위하는 1694년부터 숙휘공주가 죽은 1696년 사이에 보낸 것으로 볼 수 있

---

32 臣聞, 公主子鄭台一之喪, 竝賜內外梓宮. 傳曰, 親親之殺, 禮所生也. 今於公主子喪, 至賜梓
宮, 則未知親屬之近於此者, 更何以加其賜乎. 且以梓宮爲名, 則尤不可輕賜於臣子幼少之喪.
… 且命造成祠宇, 今又官給其費, 實非歷朝已行之規, 亦非日後可繼之道.(『숙종실록』 권16,
11년 7월 무인)

33 『숙종실록』 권17, 12년 7월 정미.

겠다. 하지만 숙휘공주가 숙환으로 고생하고 있다는 점을 미루어 볼 때, 후자 즉 인현왕후가 왕비에 복위한 1694년에서 숙휘공주가 세상을 떠난 1696년 사이의 것으로 여겨진다.[34]

[인현왕후 언간⑤]

야간 평안ᄒ오신 일 아옵고져 ᄒ오며 어제 뎍ᄉ오시니 보옵고 친히 뵈옵ᄂ 듯 든든 반갑ᄉ오미 아므라타 업ᄉ와 ᄒ오디 ᄶ오 평티 못ᄒ오신가 시브오니 민망 념녀 ᄀ이업ᄉ와 ᄒ옵ᄂ이다 약 볼긔ᄂ 즉시즉시 아ᄋᄋ시긔 ᄒ와ᄉ오니 드옵거든 보내오리이다

[밤새 평안하오신 일 아옵고자 하오며, 어제 하서(下書)를 보옵고 친히 뵈옵는 듯 든든하고 반갑기가 아무렇다 할 말 없어 하오되, 또 평안하지 못하신가 싶으니 민망하고 걱정을 그지없이 하옵나이다. 약발기(藥發記)는 즉시즉시 아시게 하였사오니 들어오면 보내겠습니다.]

"하서를 보옵고"라는 구절을 보면 숙휘공주가 보낸 언간의 답신이다. 어의(御醫)에게 약처방전을 내리고 약을 조제하도록 해서 보내겠다는 인사를 담고 있다. 어의와 처방전에 따른 약 조제 역시 더할 나위 없는 좋은 선물이라 하겠다. 앞에서 언급한 바와 같이 1662년(현종 3) 부마 정제현이 21세의 젊은 나이로 죽은데 이어, 1685년(숙종 11)에는 아들 정태일이 25세에 요절했다. 그 같은 겹친 슬픔이 그만 숙환이 되었을 것이다. 숙종 역시 고모 숙휘공주의 병이 한 달 이상 계속되는 것을 염려하며 음식을 자주 먹기를 청하는 언간을 보냈다.[35]

---

34 『판독집』에서는 왕비로 책봉된 1681년과 숙휘공주의 몰년(1696)을 고려하여 1681~ 1696년으로 보았다.(황문환·임치균·전경목·조정아·황은영 엮음, 앞의 책, 56쪽)

이와 관련해서 인현왕후의 시어머니이자 현종의 비 명성왕후가 정제현의 죽음을 위로하며 1662년(현종 3) 시누이 숙휘공주에게 보낸 언간이 『숙휘신한첩』에 전해진다.[36] 현종은 숙위공주의 바로 위 오빠이다. 1685년(숙종 11)에는 촉망을 받았던 아들 정태일마저 요절한 것이다. 숙휘공주의 상심을 미루어 알 수 있다.

1696년(숙종 22) 4월 공주의 숙환이 더욱 심해지자 숙종은 친히 숙휘공주의 집에 거둥하기도 했다.[37] 그 해(1696) 10월 숙휘공주는 54세의 나이에 세상을 떠났다. 『숙종실록』에서는 다음과 같이 적고 있다.

> 숙휘공주가 졸(卒)하였다. 공주는 효종대왕의 셋째 딸인데,[38] 인평위 정제현에게 하가(下嫁)하였다가 일찍 홀로 되고, 또 아들을 잃었으므로 슬픔이 병이 되어 졸하였다. 임금이 몹시 슬퍼하여 규례대로 예장(禮葬)하고, 각사의 관원이 친히 상수(喪需)를 공납하고 3년 동안 녹(祿)을 주게 하고, 특별히 승지를 보내어 조문하도록 명하였다. 임금과 왕세자가 거애(擧哀)하여야 하나, 임금이 바야흐로 미령하고 세자가 어리므로 우선 멈추고, 다음 달 열흘날 이전에 날을 가려 친림(親臨)할 것을 명하였다.[39]

---

35 백두현, 「조선시대 왕실언간의 문화중층론적 연구: 「숙휘신한첩」을 중심으로」, 『진단학보』 97, 2004, 367쪽. 숙휘공주가 숙환으로 고생하는 것은 『숙휘신한첩』에 실려 있는 다른 왕실 가족들의 편지를 통해서도 확인할 수 있다.

36 명성왕후와 숙휘공주는 왕실 내의 동년배 여성으로 어린 나이에 남편을 여읜 숙휘공주를 위로하며 보낸 편지이다.

37 『숙종실록』 권30, 22년 4월 경술.

38 실록에서는 숙휘공주가 셋째 딸이라고 적고 있으나 실은 넷째 딸이다. 어려서 죽은 장녀 숙신공주(1635~1637)가 있기 때문이다.

39 『숙종실록』 권30, 22년 10월 경술.

숙종과 인현왕후는 극진하게 숙휘공주를 보살펴 주었다. 인현왕후는 궁궐에 들어온 후, 왕실의 가족 구성과 내력에 대해 알지 않으면 안 되었다. 그 과정에서 시어머니 명성왕후가 숙휘공주와 동갑의 올케와 시누이 관계로 각별한 사이였다는 것도 알게 되었을 것이다.[40] 게다가 홀로 된 왕실의 여성 어른이라는 점 역시 안쓰러움을 느끼게 함과 동시에 잘 해드리고 싶다는 생각을 갖게 해주었으리라 여겨진다.

4. 인현왕후 언간의 의미

인현왕후의 일생을 보면 파란 많은 삶을 살았다. 1681년(숙종 7) 숙종의 계비가 된 그녀는 혼례를 올리고 7년이 되어도 출산을 하지 못했다. 소의 장씨가 왕자를 낳게 되자 숙종의 총애를 잃게 되고 폐서인이 되었다. 다시 급격한 정치 변동을 거치면서 인현왕후는 복위될 수 있었다. 현재 전해지는 인현왕후 언간은 그녀가 왕비로 책봉된 이후(1681) 숙휘공주가 세상을 떠나는 1696년 사이에 보낸 것이다. 인현왕후가 폐위되는 1689년부터 다시 왕비에 복위하는 1694년까지는 서신 왕래가 없었을 것으로 여겨진다. 따라서 인현왕후 언간은 1681년에서 폐위된 1689년, 그리고 복위한 1694년에서 숙휘공주가 죽은 1696년 사이에 보냈음을 알 수 있다.

---

40 어려서부터 '동갑, 동갑'하고 각별하게 지냈던 명성왕후는 숙휘공주가 사별하게 되자 "이 어찌된 일인가 아무리 생각하여도 거짓 일 같고" "천도가 그토록 무지하시구나 여겨져서 원망스럽습니다."라고 했다.(『숙휘신한첩』 「명성왕후 언간」) 정말이지 믿을 수가 없다, 그리고 하늘의 도, 하느님이 정말 무심하다, 그런 하늘이 원망스럽다는 것이다. 나아가 공주가 앞으로 홀로 지낼 날들도 걱정했다. 생각하면 정말 목이 메고 불쌍하여 하느님도 어떻게 저 인생을 저렇게 서럽게 만드시나 하는 생각이 든다는 것이다. 공주에게 병이 들지나 않을까 우려했다.

시고모인 숙휘공주는 그녀보다 25세 많으며, 손위 항렬에 속한다. 인현 왕후가 혼인 직후 조카며느리로 시고모에게 보낸 한글 편지이다. 시고모 숙휘공주는 인현왕후의 시어머니이자 현종의 비 명성왕후와 가까운 사이 였다. 동갑내기로서 각별한 올케와 시누이 관계였다. 그 같은 공경은 폐비 에서 복위한 이후 한층 더해졌을 것이다. 서인과 남인의 당쟁이 격화된 가 운데 남인들로부터 서인의 편을 들던 언니 숙안공주, 숙명공주와 함께 살 해되어야 한다는 말을 듣기도 했다. 숙휘공주를 비롯해 숙안, 숙명공주 역 시 정치적으로는 서인들과 가까웠기 때문이다.

그런데 숙휘공주는 개인적으로는 견디기 어려운 불행을 잇달아 겪었다. 1662년(현종 3) 남편 정제현이 21세의 젊은 나이에 세상을 떠났다. 어려서부 터 "동갑, 동갑" 하고 각별하게 지냈던 명성왕후가 슬퍼하며 위로하기 위 해 보낸 언간을 통해서 그 슬픔의 일단을 엿볼 수 있다. 현재 전하는 언간 만으로도 두 사람 사이에 친밀한 편지가 오고 갔음을 말해주고 있다.

인현왕후는 숙휘공주의 아들 정태일이 과거 초시에 합격한 것을 축하했 을 뿐만 아니라, 이미 앓고 있던 숙환을 위해 약과 책을 보내주기도 했다. 또한 어의에게서 받은 약 처방전에 따라 약을 조제해서 보내주기도 했다. 인현왕후는 궁궐에 들어와서 만나고 싶다는 뜻을 전하기도 했고, 온다고 했다가 몸이 아파서 오지 못했다는 것을 알고서 아쉬워하기도 했다. 또한 숙안, 숙명공주와 함께 궁에 들어와 만나고 싶다는 숙종의 뜻을 전해주기 도 했다. 그리고 숙휘공주가 다시 한 번 불행을 겪었을 때, 1685년(숙종 11) 7월 아들 정태일이 세상을 떴을 때 인현왕후는 편지를 보내서 따뜻하게 위 로해주고 있다.

인현왕후가 숙휘공주에게 보낸 언간을 통해서 왕실여성들 사이에서, 특 히 나이 차이가 있는 조카며느리와 시고모 사이에서도 서신을 주고받았다는 것, 그런 교류를 통해서 살아가면서 부딪히는 일들에 대해서 때로는 축하하기도 하고 때로는 위로하기도 했다는 것을 알 수 있다. 왕실여성들 역시 인간으로서 살아간다는 측면에서는 다르지 않았던 것이다.

그리고 복위한 인현왕후는 어려운 시절을 겪었던 만큼 한층 스스로 삼가고 조심하면서 지냈던 듯하다. 당쟁과 정치변동의 소용돌이가 가져다주는 여파를 직접 몸으로 겪었기 때문일 것이다. 정치와 관련해서 자신의 속내를 그대로 드러내는 것 역시 큰 위험을 부를 수도 있는 만큼 경계하지 않을 수 없었다. 다른 왕비와는 달리 인현왕후의 언간에서는 정치적 성격의 언간이 보이지 않는 것 역시 그와 무관하지 않을 것이다.

Ⅳ. 사도세자빈 혜경궁홍씨, 화순옹주에게 안부전하고 아들 정조의 건강을 염려하다

1. 혜경궁홍씨와 언간

혜경궁홍씨(惠慶宮洪氏, 1735~1815)는 조선 제22대 국왕 정조의 생모, 제21대 국왕 영조의 며느리, 그리고 뒤주에 갇혀서 세상을 떠난 사도세자(思悼世子)[나중에 장조(莊祖)로 추존]의 빈(嬪)이다. 1744년(영조 20) 세자빈에 책봉되었으며, 1762년(영조 38) 사도세자가 죽은 뒤 혜빈(惠嬪)에 추서되었다. 아들 정조가 즉위하자(1776) 궁호가 혜경궁(惠慶宮)으로 격상되었다. 1899년(고종 36) 사도세자는 장조(莊祖), 혜경궁홍씨는 헌경왕후(獻敬王后)로 추존되었으나 혜경궁으로 널리 알려져 있다. 혜경궁홍씨는 영조대는 세자빈으로, 정조대는 왕의 생모로, 그리고 순조대는 왕의 조모로 70여 년을 궁중에서 지냈다.

사도세자의 참사와 친정 풍산홍씨 가문의 신원 등을 중심으로 자신의 일생을 되돌아보면서 기록한 『한중록』을 남겼다. 자전적인 내용을 담고 있다는 점에서 주목할 만하다.[1] 『한중록』이 그녀의 삶과 생활세계를 알 수 있게 해주는 귀중한 자료임에는 분명하다. 그런데 잘 알려지지는 않았지만 혜경궁홍씨에게는 『한중록』외에도 한글로 쓴 편지[諺簡]가 전해지고 있다. 그들 언간은 그녀의 일생을 이해하는데 마찬가지로 중요한 자료가 된다고 하겠다. 언간은 전통시대의 문자와 언어의 자료가 될 뿐만 아니라 일상의 감정을 전하는 일반적인 수단으로 개인적이고 인간적인 삶의 결을 엿볼 수 있는 자료라 할 수 있기 때문이다.

혜경궁홍씨가 남긴 한글 편지, [혜경궁홍씨 언간]은 현재 두 편이 전해지고 있다. 한 편은 추사 김정희 가문에 소장되어 있었다.[2] 2002년 서울서예박물관에서 처음으로 소개되었으며,[3] 현재 국립중앙박물관에서 구입해 소장하고 있다. 다른 언간은 간송미술관에 소장되어 있다.[4] 이를 정리하면 [표 4]와 같다.

첫 번째 [혜경궁홍씨 언간]은 시누이 화순옹주[和順翁主, 1720(숙종 46)~ 1758(영조 34)]에게 보낸 것이다. 이 편지가 추사 가문에 전해진 것은 화순옹주가 추사 김정희의 증조모이기 때문이다. 화순옹주는 영조의 첫째 딸로 어머니는 정빈이씨(靖嬪李氏), 그리고 효장세자의 동복 누이동생이기도 하

---

1 『한중록』은『인현왕후전』,『계축일기』와 더불어 궁중문학을 대표하는 작품으로 평가 받고 있다.『한중록』은 어떤 단일한 책에 붙여진 책 제목이 아니며 출판된 책이 아니다. 이본에 따라『한듕록』,『한듕만록』,『한중록(閑中錄)』,『한중만록(閒中漫錄)』,『읍혈록(泣血錄)』,『보장(寶藏)』등 다양한 이칭으로 전하며 여러 기관과 개인이 소장하고 있다. 이 같은 여러 제목의 책들을 통칭해서『한중록』이라 부른다.

2 황문환·임치균·전경목·조정아·황은영 엮음,『조선시대 한글 편지 판독자료집2』, 역락, 2013, 414쪽.「추사가 언간」은 95건이 전해지고 있으며, 추사의 언간은 40건이다. 작성 시기가 가장 이른 것이 혜경궁홍씨의 언간이다.

3 예술의 전당 서울서예박물관,『조선왕조어필(朝鮮王朝御筆)』, 한국서예사특별전, 2002.

4 이 언간을 혜경궁홍씨 언문교서로 보고 있는데(수원화성박물관,『정조대왕 을묘년 수원행차 220주년 기념 특별기획전: 혜경궁홍씨와 풍산홍씨』, 2015, 91쪽) 이는 언간으로 보아야할 것이다.(이남희,「혜경궁홍씨(1735~1815)의 삶과 생활세계: 언간과 언교를 중심으로」,『열린정신인문학연구』21-1, 2020, 234쪽)

[표 4] 혜경궁홍씨 언간

순서	개별 명칭	발신자	수신자	관계	연대	소장처
①	츄긔 고르디 못 항온디 긔후 평안항오신	혜경궁	화순옹주	올케 → 시누이	1754년 7월~ 1757년 가을	국립중앙박물관 (추사가언간)
②	쥬상이 지통 듕 돌포 심녀로 디내옵시고	혜경궁	채제공	정조의 생모 → 우의정	1789년	간송미술관

다. 13세 되던 1732년(영조 8) 판서 김흥경(金興慶)의 아들 김한신(金漢藎)과 혼인했다. 김한신은 부마가 되어 월성위(月城尉)에 올랐다. 김한신은 추사 김정희의 증조부이다.

　1758년 김한신이 세상을 떠나자, 화순옹주는 따라 죽기를 결심하고 물한 모금도 먹지 않았다. 그 말을 듣고 영조가 설득했으나 듣지 않았다. 그로부터 14일 만에 세상을 떠났다.[5] 영조는 화순옹주의 정절을 기리면서도 아비가 자식을 정려할 수 없다고 하여 열녀문을 내리지 않았다. 정조는 각 도의 효열을 포상하는 때를 맞아, 화순옹주가 살던 마을 어귀에 정려(旌門), 그러니까 열녀문을 세우도록 했다.

　　하교하기를, "사람이 제 몸을 버리는 것은 모두 어려워한다. 그렇기 때문에 신하가 그리하였을 경우에는 충신이 되고 자식이 그리하였을 경우에는 효자가 되고 부녀자가 그리하였을 경우에는 열녀가 되는 것이다. 어떤 사람은 '지어미가 지아비를 따라 죽는 것은 교훈으로 삼기 어렵다'고 하였다. 그러나 자식이 생명을 잃은 것을 성인이 경계하였지만 거상(居喪)을 끝내지 못하고

5　『영조실록』 권91, 34년 1월 갑진.

죽어도 효도에 지장이 없고 보면 지어미가 지아비를 위하는 것에 있어서 무엇이 이와 다르겠는가. 부부의 의리를 중히 여겨 같은 무덤에 묻히려고 결연히 뜻을 따라 죽기란 어렵지 않는가, 매섭지 않은가. 여염의 일반 백성들도 어렵게 여기는데 더구나 제왕의 가문이겠는가. … 화순귀주는 평소 성품이 부드럽고 고우며 덕의(德義)가 순일하게 갖추어져 있었으니, 대체로 본디부터 죽고 사는 의리의 경중을 잘 알고 있으므로 외고집의 성품인 사람이 자결한 것과는 비교가 되지 않는다. 참으로 어질도다. 화순귀주와 같은 뛰어난 행실이 있으면 정문(旌門)의 은전(恩典)을 어찌 베풀지 않을 수 있겠는가. 내가 이를 잊은 적이 없었으나 미처 거행하지 못하였다. 지금 각도의 효열을 포상하는 때를 맞아 슬픈 감회가 더욱더 일어난다. 유사로 하여금 화순귀주의 마을에 가서 정문을 세우고 열녀문이라고 명명하라"고 하였다.[6]

화순옹주홍문(和順翁主紅門)은 충청남도 예산군 신암면 용궁리 799-2에 있으며, 지방유형문화재 제45호로 지정되었다[그림 4-1] 참조]. 그녀는 남성이 여성을 통제하기 위해 만들어낸 '열녀(烈女)' 개념에 얽매여 강요당한 것이 아니었다. 유교적인 덕목, 도덕적인 실천 내지 도덕적 인격체의 완성이라는 커다란 틀 안에서 주체적으로 그리고 자발적으로 죽음을 선택한 것이다. 부부의 의리를 중히 여겨 같은 무덤에 묻히기 위해 결연히 죽음을 택한 것이다. 여염의 일반 백성들도 어렵게 여기는데 하물며 왕의 딸에 있어서랴. 정조가 '여중군자'라 높이 평가한 것 역시 그 때문이라 하겠다. 묘는 예산군 신암면 용궁리에 있으며, 남편 김한신과 합장되어 있다.

두 번째 「혜경궁홍씨 언간」은 영의정 채제공[蔡濟恭, 1720(숙종 46)~1799(정

6 『정조실록』 권15, 7년 2월 정묘.

[그림 4-1] 화순옹주홍문, 충청남도 시도유형문화재 제45호, 충남 예산군

조 23)]에게 보낸 것이다. 그는 1743년(영조 19) 문과에 급제하여 승문원권지 부정자에 임명되면서 관직 생활을 시작했다. 사도세자와 영조의 사이가 악화되어 세자 폐위의 비망기가 내려지자 죽음을 무릅쓰고 막아 이를 철회시켰다. 훗날 영조는 정조에게 채제공을 가리켜 "진실로 나의 사심 없는 신하이고 너의 충신이다."라고 말했다. 정조가 대리청정 하는 동안 호조판서 · 좌참찬으로 활약했다.

정조가 즉위한 후 사도세자 죽음에 연루된 책임자들을 처단할 때, 채제공은 형조판서 겸 판의금부사로서 옥사를 처결했다. 1788년(정조 12) 우의정에 특채되었다. 1793년(정조 17) 영의정에 임명되었을 때는 사도세자를 위한 단호한 토역(討逆)을 주장했다. 그래서 노론계의 집요한 공격을 받기도 했다. 그는 주로 화성 조성 사업 맡았으며, 1798년(정조 22) 사직했다. 이듬 해(1799) 세상을 떴으며, 시호는 문숙(文肅)이다[그림 4-2~3] 참조).

[그림 4-2] 채제공 초상, 210x94cm,
보물 제1477-3호, 국립부여박물관소장

　그의 삶은 사도세자 및 정조와 깊이 얽혀 있다. 정조에게 있어서 그는
믿을만한 원로대신이었다. 채제공의 죽음을 애도하여 정조는 친히 뇌문(誄
文)을 지어 보냈다. 뇌문이란 죽은 이의 명복을 천지신명께 비는 글이다. 그
문장을 새긴 비가 전해지고 있다[그림 4-3] 참조). 바로 그런 채제공에게 혜
경궁홍씨가 아들 정조의 건강을 걱정하면서 편지를 보낸 것이다. 그 언간
을 통해서 혜경궁홍씨의 내면세계의 일단을 엿볼 수 있다.

[그림 4-3] 정조 어제 채제공 뇌문비,
경기도 유형문화재 제76호, 경기도 용인시

2. 혜경궁홍씨의 생애

혜경궁홍씨의 본관은 풍산(豐山), 홍봉한(洪鳳漢)의 차녀이다. 풍산홍씨 가
계를 보면, 시조 홍지경(洪之慶)은 고려의 국학 직학(國學直學)을 지냈으며, 이
로부터 대대로 현인이 나왔다.[7] 조선에 들어서 홍이상(洪履祥)이 크게 현달

---

7   「혜경궁지문(惠慶宮誌文)」(『순조실록』 권19, 16년 1월 신축).

해서 벼슬이 대사헌(大司憲)에 이르렀으며, 영의정에 증직되었다. 시호는 문경(文敬)이다. 영안위(永安尉) 문의공(文懿公) 홍주원(洪柱元)은 선조의 딸 정명공주(貞明公主)에게 장가들었다. 혜경궁홍씨는 정명공주의 후손이라는 것을 무척 자랑스러워했다. 고조부 홍만용(洪萬容)은 예조 판서, 증조부 홍중기(洪重箕)는 사복시 첨정을 지냈으며 좌찬성에 증직되었다. 조부 홍현보(洪鉉輔)는 예조 판서를 지냈으며, 영의정에 증직되었다. 시호는 정헌(貞獻)이다. 어머니는 한산 이씨(韓山李氏)로 고려의 대학자 한산백(韓山伯) 이색(李穡)의 후손으로, 관찰사 이집(李潗)의 딸이다.

혜경궁홍씨는 1735년(영조 11) 6월 18일 반송방(盤松坊) 지금 서울 서대문 밖 평동에 있는 외가에서 태어났다.[8] 위로는 오라비 홍낙인(樂仁)과 일찍 죽은 언니가 한 명 있고, 아래로는 홍낙신(洪樂信), 홍낙임(洪樂任), 이복일에게 시집 간 여동생, 홍낙윤(洪樂倫)이 있다. 그녀는 작은어머니 평산신씨에게 한글을 배웠다. 신씨는 편년체의 한국 역사서인 『동국역대총목(東國歷代總目)』을 한글로 번역할 정도로 문식이 높은 여성이었다.[9]

1744년(영조 20) 10세의 나이로 장헌세자 세자빈으로 간택되어 입궁했으며, 1750년 의소세손(懿昭世孫)을 낳았다. 하지만 두 돌 만에 세손이 죽는 아픔을 겪었으며, 이어 1752년 정조를 낳았다. 그래서 왕실과 조정의 칭송을 받았다. 이어 청연공주(清衍公主)와 청선공주(清璿公主) 두 딸을 낳아 궁중 어른의 총애를 받았다. 혜경궁홍씨가 가례를 올리던 해(1744) 정시문과에 합

---

8 전날 저녁 익정공(翼靖公)의 꿈에 흑룡(黑龍)이 침실 위에 서려 있어 금비늘이 빛나는 것을 보았는데, 그 이튿날 태어났다.

9 『의유당관북유람일기(意幽堂關北遊覽日記)』의 저자 의령남씨(宜寧南氏)는 평산신씨의 올케다. 부친 홍봉한의 외조부는 조선 최초의 야담집인 『천예록(天倪錄)』의 편찬자 임방(任埅)이다.(정별설, 『혜경궁 홍씨, 회한의 궁중생활 칠십년』, 한국학중앙연구원출판부, 2014, 19쪽)

격한 부친 홍봉한은 어영대장 직에 특별 임용되는 등, 풍산홍씨 친정이 번성의 길로 들어서게 되었다.

영조를 대신해 1749년(영조 25)부터 대리청정을 하던 장헌세자는, 1762년(영조 38) 윤5월 20일 영조의 노여움을 사서 뒤주에 갇혀 죽었다[임오화변]. 영조는 세자를 폐하고, 한밤중에 혜경궁홍씨와 열 한 살의 세손 정조를 친정인 홍봉한의 집으로 내보냈다. 장헌세자가 죽은 뒤에야 그녀는 궁궐로 돌아올 수 있었다. 영조는 세자가 죽었다는 소식을 듣고 왕세자의 호를 회복시켜 주었으며, 사도(思悼)라는 시호를 내렸다. 그녀에게는 혜빈(惠嬪)이라는 존호와 옥인(玉印)을 내렸다.

그 해(1762) 7월 세손 정조가 동궁에 책봉되고, 1775년(영조 51) 12월 8일 동궁 정조의 대리청정이 시작되었다. 1776년 3월 5일 영조가 승하하자, 3월 10일 정조가 즉위했다. 정조가 즉위한 뒤에는 혜경궁(惠慶宮)으로 존호를 올렸다.

일찍이 혜경궁홍씨는 여중군자(女中君子), 여성 중의 군자라는 칭송을 받았다.

삼가 생각건대 우리 태모(太母)의 아름다운 법도는 진정 옛날 훌륭한 후비들의 뛰어난 생각을 능가하고 계신다 하겠다. 충신한 곤덕(坤德)으로 존엄한 건극(乾極)의 배필이 되심에 무녀성(婺女星)에 상서로움이 응하였고, 여관이 궁중 다스리시는 덕을 드러냄에 여중군자(女中君子)라는 칭송이 널리 전해지게끔 되었다. 선조 때에는 훌륭한 계책으로 협찬하셨고, 오늘날에는 하늘과 같은 자애로움을 입게 하고 계신다. 그리하여 만세토록 종묘사직이 공고해지게 하면서 덕이 모자란 나를 보우하시고, 세밀한 내용으로 교시하시어 대의를 일으켜 세우셨다.[10]

여중군자는 유학적 세계관 속에서 지극한 목표로 여기는 도덕적인 실천 내지 도덕적 인격체의 완성이라는 커다란 틀 안에서 살다가 간 여성들에 대한 최대의 찬사라고 해야 할 것이다. 혜경궁홍씨는 한 번 보거나 들은 것은 종신토록 잊지 않아 궁중의 옛일부터 국가 제도, 다른 집 족보에 이르기까지 기억하지 못한 바가 없었다.[11] 정조가 의심스러운 바가 있어 질문하면 가르치지 않은 적어 없어 총명과 박식함을 정조가 감히 따라 갈 수 없었다고 한다.

1816년(순조 15) 혜경궁홍씨는 81세의 나이로 창경궁 경춘전에서 세상을 떠났다[그림 4-4] 참조). 70여 년간의 궁중생활을 마감한 것이다. 경기도 화성의 융릉(隆陵)에 사도세자와 함께 합장되었다. 1899년(고종 36) 10월 헌경

[그림 4-4] 혜경궁홍씨가 거주하던 창경궁 경춘전, 사적 제123호

---

10 『정조실록』 권42, 19년 1월 경자.

11 『순조실록』 권19, 16년 1월 신축.

왕후(獻敬王后)로 추존되고, 같은 해(1899) 12월 헌경의황후(獻敬懿王后)로 추존
되었다. 혜경궁홍씨의 연보를 정리하면 [표 5]와 같다.[12]

[표 5] 혜경궁홍씨(1735~1815) 연보

연도(나이)	내용
1735년 6월 18일	서울평동 외가에서 출생
1743년 11월 13일(9세)	삼간택에 뽑혀 가례 전까지 어의동 별궁에서 지냄
1744년 1월 9일(10세)	세자빈으로 책봉됨
1744년 1월 11일	사도세자와 가례 올림
1744년 10월	홍봉한 정시 문과에 합격
1749년 1월 22일(15세)	사도세자 대리청정 시작
1750년 8월(16세)	정(琔, 의소세손) 득남, 원손에 봉해짐
1752년 3월(18세)	의소세손 죽음
1750년 9월 22일	성(祘, 정조) 득남, 원손에 봉해짐
1754년 7월 14일(20세)	청연공주 득녀
1755년 8월(21세)	어머니 이부인 죽음
1756년 윤9월(22세)	청선공주 득녀
1759년 윤6월 22일(25세)	원손(정조) 세손에 책봉됨
1762년 윤5월 20일(28세)	사도세자 승하
1762년 윤5월 21일	영조, 혜빈(惠嬪)이라는 존호와 옥인(玉印) 내림
1762년 7월	세손 정조 동궁에 책봉됨
1764년 2월(30세)	정조 부친을 효장세자로 삼는 갑신처분(甲申處分) 내림
1764년 7월 7일	사도세자 삼년상 마침
1775년 12월 8일(41세)	동궁 정조 대리청정 시작
1776년 3월 5일(42세)	영조 승하
1776년 3월 10일	정조 즉위 혜경궁으로 격상
1778년 3월 15일(44세)	효강(孝康) 존호를 받음
1778년 12월 4일	홍봉한 죽음
1784년 8월 3일(50세)	정조, 홍봉한에게 익정(翼靖) 시호를 내림
1784년 9월 18일	문효세자 책봉 기념하여 정선(貞宣) 존호 받음
1789년 10월 17일(55세)	사도세자 묘소를 수원 화산으로 옮김(현륭원)
1790년 6월 18일(56세)	순조 집복헌에서 태어남

---

12 수원화성박물관, 앞의 책, 136-137쪽을 참조하여 정리했다.

연도(나이)	내용
1791년(57세)	정조, 홍봉한문집 『어정홍익정공주고(御定洪翼靖公奏藁)』 편찬 시작
1795년 1월 17일(61세)	회갑기념으로 휘목(徽穆) 존호받음
1795년(61세) 윤2월 13일	『한중록』 제1편 집필
1801년(67세)	『한중록』 제2편 집필
1802년 7월(68세)	『한중록』 제3편 집필 딸 청선군주 죽음
1805년 4월(71세)	수빈박씨(가순궁)의 요구로 『한중록』 제4편 집필
1806년 후반기(72세)	『병인추록』 집필
1814년 3월(80세)	사도세자문집 『능허관만고(凌虛關漫稿)』, 정조문집 『홍재전서(弘齋全書)』 편찬
1815년 12월 15일(81세)	창경궁 경춘전에서 81세로 승하
1816년 1월 19일	헌경(獻敬) 시호 받음
1899년 10월 10일	사도세자 장조, 혜경궁홍씨 헌경왕후로 추존
1899년 12월 23일	사도세자 장조의황제, 혜경궁홍씨 헌경의황후로 추존

3. 화순옹주에게 원손 남매의 안부를 전하다

왕실의 여성들은 거의 평생을 궁궐에서 보내야만 했다. 궁궐에서 지내다 보니 행동과 그 반경에 많은 제약이 따랐다. 궁궐 바깥소식을 듣거나 자신의 생각을 바깥에 알릴 수 있는 방법이 그리 많지 않았다. 왕실 여성들이 궁궐 바깥세상과 소통할 수 있는 방법 중의 하나는 글로 쓴 편지 주고받기였다.

혜경궁홍씨가 남긴 두 편의 언간은 수신자에 따라 크게 다른 양상을 보여주고 있다. 화순옹주에게 보낸 편지가 개인적이고 일상적인 성격을 띠고 있는데 비해서, 채제공에게 보낸 편지는 공적이며 일정한 정치적인 의의를 지니고 있다고 하겠다.

어린 나이에 대궐 안에 들어와 살았던 혜경궁홍씨는 친정집과 서찰 왕복이 아침저녁으로 있었다.[13] 친정집에는 필적이 많이 있었을 것이다. 그의 경계대로 종이 머리에 답장을 써 보냈고, 집에서도 대궐에서 온 편지를 돌아다니게 하지 마라 훈계하고 편지를 모아 세초하여 글자를 다 씻어내 버렸다. 혜경궁홍씨의 필적이 친정집에 전하는 것이 없게 되었다.[14] 때문인지 오고간 편지가 전하지 않는다. 전해지는 혜경궁홍씨의 언간은 2편이며, 다른 왕후들에 비해서 적은 편이다. 하지만 적다고 해서 의미가 없는 것은 아니다. 문맥을 잘 살펴보면 더 큰 의미를 지니는 것일 수도 있다. 그것을 읽어내는 것이 역시 중요하다.

먼저 화순옹주에게 보낸 언간을 보기로 하자. 그녀의 나이 20~24세, 화순옹주 35~37세, 그러니까 1754년에서 1757년 사이에 보낸 것이다. 사도세자는 1754년(영조 30)부터 대리청정하기 시작했다. 사도세자의 대리청정 시기라는 점이 주목된다.

[혜경궁홍씨 언간①]

츄긔 고르디 못ᄒ온디 긔후 평안ᄒ오신 문안 아옵고져 ᄇ라오며 오래 봉셔도 못ᄒᆞᆸ고 나가옵선디도 둘포 되오니 암암 그립ᄉ와ᄒᆞᆸ다니 덕ᄉ오시니 밧ᄌ와 보옵고 뵈옵ᄂᆞᆫ 듯 든든 못내 반갑ᄉ와 ᄒ오며 원손 남미ᄂᆞᆫ 됴히 잇ᄉᆞᆯᄂᆞ이다 빙궁

[가을 기운이 고르지 못하온대 기후 평안하신지 문안 아옵고져 바라오며 오래 봉서(封書)도 못하옵고 나가신지도 달포 되오니 암암 그립다고하시며

---

13 혜경궁홍씨 · 정병설옮김, 『한중록』, 문학동네, 2010, 159쪽. 여기서 『한중록』과 관련된 내용은 이 책에 의거했다. 이하 『한중록』으로 적기로 한다.

14 조카 홍수영(洪守榮)에 의하면 "본집에 고모님 글씨 남은 것이 없어 후손에게 전해줄 것이 없으니 한 번 친히 써내리시면 가보로 간직하겠다."고 요청했다.(『한중록』, 159-160쪽) 혜경궁홍씨는 회갑을 맞아 『한중록』을 집필하게 된 것이다.

적으시니 받아 보고 뵈옵는 듯 든든하여 못내 반갑사와 하오며 원손(元孫) 남매는 잘 있습니다. 빈궁(嬪宮)]

정조는 1752년(영조 28) 9월 22일에 출생했으며, 1759년(영조 35) 2월에 세손에 책봉되었다. 따라서 원손(元孫)이라는 지칭으로 미루어, 1759년 2월 이전에 쓴 편지임을 알 수 있다. 원손 남매라고 표현했으므로 원손인 정조가 세손이 되기 이전으로 보아야 한다. 혜경궁홍씨와 사도세자의 첫 아들 의소세손은 태어나자마자 바로 세손이 되었으므로 원손이라 할 수 없다. 의소세손은 1752년 3월 두 돌도 넘기지 못하고 죽었다. 정조는 1759년 2월에 세손이 되었다. 편지에 '츄긔'라는 표현이 있으므로 가을이라는 것을 알 수 있다. 앞에서 말한 것처럼 화순옹주는 남편 월성위 김한신이 죽자 곡기를 끊고서 그 뒤를 따랐다. 1758년 봄의 일이다. 그러니 1757년 가을까지로 볼 수 있다. 남매라는 표현에서 정조의 동생이 태어난 것을 알 수 있다. 청연공주가 1754년 7월 14일에 태어났으므로, 작성 연대는 1754년 7월 여름에서 1757년 가을 사이로 추정된다.

1749년(영조 25) 1월 22일 혜경궁홍씨가 관례를 올리고 합례를 치르기로 한 날 영조는 세자의 대리청정(代理聽政)을 공표했다. 대리청정이란 국왕을 대신하여 세자가 국정을 맡는 것으로 왕위를 물려주는 것에 버금가는 중요한 결정이다.[15] 15세의 세자가 감당하기에는 힘겨운 일이었다. 그런데 1752

---

[15] 조선시대의 국왕은 국가의 수장이자 최고 권력자로서 막강한 권력을 행사하지만, 국왕을 대신해서 다른 정사를 처리하는 경우가 있었다. 대리청정이다. 왕이 나이가 많거나 병이 들어서 국정을 전담하기 어려울 때 후계자 왕세자나 왕세손, 왕세제가 대신 정사를 처리하는 것을 말한다. 후계자에게 왕의 업무를 미리 실습할 수 있는 기회가 되었다. 대리청정이 시작되면 왕은 대조(大朝), 대리청정의 주인공을 소조(小朝)라 했다.(김석근·김문식·신명호, 『조선시대 국왕 리더십 관(觀)』, 역사산책, 2019, 51-54쪽)

년 10월 사도세자는 영조에게 크게 꾸지람을 들었다. 사건의 발단은 노론 정언 홍준해가 소론 영의정 이종성을 간교하고 언로를 막고 있다는 이유로 탄핵했다. 당시 대리청정을 하던 세자는 상소를 되돌려주는 것으로 가볍게 처리했다. 뒤늦게 알게 된 영조는 세자를 책하여 엄하게 징계하지 않으면 임금이 제 구실을 하지 못하게 될 것이라며 홍준해를 귀양 보내라고 명했다. 그리고 그 해(1752) 12월 영조는 사도세자에게 양위한다는 전위 소동을 일으켰다. 세자는 홍역이 회복되지 않은 몸으로 침식을 전폐하고 눈 속에서 꿇어 앉고 용서를 빌어야 했다. 그로부터 세자의 병은 더욱 깊어갔다.

1755년 나주괘서(羅州掛書) 사건이 터졌을 때, 세자는 영조가 수많은 소론 인사를 살육하는 것을 곁에서 지켜봤다. 그는 계속해서 영조의 꾸지람을 들었다. 더욱이 1757년 초에는 세자의 뒷받침이 되어주었던 대왕대비 인원왕후와 정성왕후가 연이어 죽음을 맞이했다. 이런 과정을 겪으며 1757년 6월부터 세자는 마침내 사람들을 죽이기 시작했다.

혜경궁홍씨가 손위시누이 화순옹주에게 보낸 문안 편지는 바로 대리청정 시기, 그런 와중에 보낸 것이다. 일상적인 성격을 띤 문안편지이기는 하지만 정치적으로 소용돌이치는 시기에 보낸 언간이니만큼, 예사롭지 않게 보인다. 그 무렵 영조의 심기도 편치 않았던 듯하다. 영조는 화평옹주(和平翁主)를 지극히 사랑했다. 화평옹주는 영빈이씨 소생으로 사도세자의 동복누이가 된다. 예조참판 박사정의 아들 금성위(錦城尉) 박명원(朴明源)과 혼인했다. 심성이 곱고 너그러웠던 화평옹주는 영조의 사랑을 받아 금성위와 함께 궁궐에서 살도록 했다. 1748년(영조 24) 화평옹주는 22세의 나이로 요절했다.

영조는 딸의 죽음을 슬퍼하여 건강을 돌보지 않을 정도였다. 혜경궁홍씨에 의하면, 영조가 세자에게 대리청정 시킨 이유는 화평옹주의 죽음으로 인해 슬픈 마음을 가눌 길 없었기 때문이라고 보았다.[16] 이후 영조의 사랑은 화순옹주를 향하게 된다. 화순옹주는 영조의 첫째 딸로 효장세자(孝章世子)의 동복누이동생이다. 어머니는 정빈이씨(靖嬪李氏)이다.[17] 화순옹주는 1732년(영조 8) 월성위 김한신과 혼인했다. 영조는 어머니 숙빈최씨의 사당[육상궁]에 나갔다가 화순옹주 집에 들리기도 했다.[18] 1758년(영조 34) 남편이 죽자 화순옹주는 곡기를 끊고서 죽으려고 했다. 7일 동안 곡기를 끊었다는 소식을 들은 영조는 음식을 권하지 않고 좌시하면 어찌 아비 된 도리라 하겠는가 하며 화순옹주 집에 친히 거둥한 적도 있다.[19]

화순옹주는 부도(婦道)를 가졌고 정숙하고 유순함을 겸비했다. 검약을 숭상하여 복식에 화려하고 사치함을 쓰지 않았으며, 남편과 더불어 서로 경계하고 힘써서 항상 깨끗하고 삼갔다. 사람들이 이르기를 어진 도위와 착한 옹주가 아름다움을 짝할 만하다고 했다.[20] 그런 평판을 받았으며, 또한 영조의 사랑을 받았던 화순옹주에게 혜경궁홍씨가 언간을 보낸 것이다. 그 언간은 1754년에서 1757년 사이에 보낸 것으로 여겨진다. 그 사이 1755년 8월 혜경궁홍씨는 어머니 이씨부인의 죽음을 맞이하기도 했다.

혜경궁홍씨가 손위시누이 화순옹주에게 문안편지를 보내고 가까이 지내려 한 것은 당연한 것으로 여겨질 수 있다. 하지만 그 무렵은 사도세자가 대리청정 하는 시기였고, 또한 영조의 꾸지람을 들으면서 대립과 갈등이 심화되고 있었다. 혜경궁홍씨는 "억만사(億萬事)가 대리청정 후에 난 탈이니 어찌 섧고 섧지 않겠는가."라며 『한중록』에서 한탄하기도 했다.[21] 그 같은

---

16 『한중록』, 41–45쪽.

17 『영조실록』 권32, 8년 11월 임자. 1725년(영조 1) 2월 18일에 화순옹주로 봉해졌다.

18 『영조실록』 권69, 25년 3월 무오;『영조실록』 권71, 26년 3월 기사.

19 『영조실록』 권91, 34년 1월 을미.

20 『영조실록』 권91, 34년 1월 갑오.

시점에서 혜경궁홍씨는 영조의 사랑을 받는 화순옹주를 통해서 세자와 원손남매의 안정을 도모하려는 간절한 마음이 없지는 않았을 듯하다.

흔히 알려진 것과 달리 혜경궁홍씨는 10세(1744) 때 세자빈으로 입궁한 이후 10여 년간 행복한 시절을 보냈다.[22] 28세 때, 그러니까 1762년 임오화변으로 인해 남편을 잃은 것이다. 세자가 죽은 뒤 영조는 왕세자 호를 회복시켜 주고, 사도(思悼)라는 시호를 내렸다. 이듬 해(1763) 혜경궁홍씨의 부친 홍봉한을 영의정으로 임명했다. 홍봉한이 정순왕후의 오빠 김귀주(金龜柱, 1740~1786)[23] 등의 탄핵을 받아 벼슬을 빼앗기고 도성에서 내쫓겼을 때에도, 영조는 일 년 만에 그를 서용하고 관직을 되찾게 해주었다. 혜경궁홍씨에 대한 배려로 볼 수도 있겠다.

남편 사도세자는 세상을 떴다. 하지만 아들 정조가 국본(國本)으로 확정되고 부친 홍봉한이 그를 보호하는 임무를 맡게 되었다. 그로써 혜경궁홍씨는 안정을 얻게 되었다. 아들 정조의 즉위와 더불어 그녀의 입지는 한층 더 굳건해졌다.

하지만 혜경궁홍씨에게 다시 한 번 불행이 닥쳤다.[24] 그것은 정조가 갑작스레 죽고 어린 순조가 즉위해 정순왕후(貞純王后, 1745~1805)가 수렴청정

---

21 『한중록』, 39-40쪽.

22 정만조, 「혜경궁의 삶과 영조대 중·후반의 정국」, 『조선시대사학보』 74, 2015, 7쪽.

23 金龜柱는 혜경궁홍씨의 『한중록』에 김귀주라고 적혀 있으나(『한중록』, 229쪽), 『한국민족문화대백과사전』, 『두산백과사전』 등에는 김구주로 등재되어 있다. 『경주김씨 학주공파 세보』에 한자음을 김구주라고 달아 놓았다. 여기서는 그 시대의 기록인 『한중록』에 따라 김귀주로 적는다. 이하 같다.

24 당시 그녀는 이렇게 탄식한다. "정조가 아니면 내 어찌 오늘날이 있으며, 내 없으면 정조께서 어찌 보전하여 계셨으리오. 모자 둘이 겨우겨우 의지하여 온갖 변고를 다 겪고, 늦게야 영화와 복록을 받아 나라의 무궁한 복을 보기를 기다렸는데, 하늘이 무슨 뜻으로 중간에 정조를 앗아가시니, 세상에 이런 혹독한 참화가 어이 있으리오. 내 경모궁 돌아가실 때 죽지 아니함은 정조를 보호하기 위함이라."(『한중록』, 297-298쪽)

할 때였다. 정순왕후는 영조의 계비로 본관은 경주(慶州), 오흥부원군(鰲興府院君) 김한구(金漢耉)의 딸이다. 1759년(영조 35) 15세 때 66세의 영조와 혼인하여 정성왕후에 이어 왕비가 되었으며, 어린 순조가 즉위한 후에는 대왕대비로서 수렴청정을 행했다.

혜경궁홍씨와 정순왕후김씨 두 집안의 반목은 정순왕후가 계비로 입궁하면서 시작되었다. 그녀는 며느리의 도리를 다해서 정성왕후를 섬기던 것처럼 모셨다.[25] 하지만 얼마 후 두 외가(外家) 사이에 불화가 생기게 되었다. 가난한 선비 김한구가 갑자기 국구가 된 후 모든 일이 생소했다. 혜경궁홍씨의 부친 홍봉한이 가르쳐주고 돌보아 서로 가까운 친척처럼 화목했다. 그러다 점차 기세가 높아진 정순왕후 친정이 혜경궁홍씨 친정을 공격하게 되었다. 그 때의 일을 적은 「정순왕후언간」이 전해지고 있다.[26] 정순왕후가 유배가 있는 오빠 김귀주에게 보낸 것이다. 정조는 즉위하자(1776) 김귀주가 방자하다면서 흑산도로 유배 보냈다.[27] 사건의 발단은 영조대로 거슬러 올라간다. 1772년(영조 48) 영조가 병이 들었을 때 홍봉한이 경상도산 고급 삼[羅衫]을 쓰지 않고 공물로 받은 공삼(貢蔘)을 섞어 쓰도록 한 것에 대해서 김귀주가 상소를 올린 것이다. 영조는 김귀주의 상소에도 문제가 있음을 지적했다. 이어 그를 파직시키고 다시는 요직에 추천하지 말라고 명했다.[28] 홍봉한을 직접적으로 공격한 정순왕후의 친정 일가는 혜경궁홍씨 집안의 원한을 사는 계기가 되었다. 이 사건은 정순왕후 경주김씨가와 혜경궁 풍산홍씨가 사이의 심한 반목을 가져다 준 것으로 여겨진다. 1786년

---

25 『순조실록』 권19, 16년 1월 신축.

26 이 책 V장 4절 참조.

27 『정조실록』 권2, 즉위년 9월 정축.

28 『영조실록』 권11, 48년 7월 임술.

(정조 10) 윤7월 김귀주는 나주 유배지에서 삶을 마감했다.

정순왕후는 심히 침통해 했으며 원망은 가시지 않았다.[29] 1800년 6월 갑작스레 정조가 세상을 떠났으며, 순조가 왕위에 올랐다. 정순왕후가 수렴청정을 하게 되었다. 정순왕후의 집안은 정조 집권기에 피해를 입었다. 새로운 왕의 즉위와 더불어 경주김씨 집안은 다시금 정계로 진출하게 되었다. 혜경궁홍씨 집안은 시련을 겪지 않을 수 없었다. 정순왕후는 서차(序次)에서 며느리이자 왕대비였던 효의왕후보다 혜경궁홍씨가 뒤로 밀려나기도 했다. 동생 홍낙임은 사약을 받아 죽었다. 훗날 순조는 친정을 하게 되자 홍낙임의 관작을 회복시키고 홍봉한을 신원하는 등 혜경궁홍씨 가문을 복원시키고자 했다.

4. 채제공에게 정조의 건강을 우려하는 편지를 보내다

현재 전해지고 있는 혜경궁홍씨의 두 번째 언간은 우의정 채제공에게 보낸 것이다. 정조가 즉위한 뒤에 혜경궁홍씨가 아들 정조의 건강을 걱정하면서 보낸 편지다. 이 편지는 혜경궁홍씨가 55세 되던 1789년(정조 13), 정조가 사도세자의 묘를 수원 화성으로 옮길 때 써서 보낸 것이다. 간송미술관에 보관되어 있다. 판독문과 현대역을 보면 다음과 같다.[30]

---

29 정순왕후는 "이 몸이 10년 넘도록 살면서 이 참척(慘慽)을 보는 일을 만나서 통탄하고 근심을 이겨낼 길이 없다"고 탄식했다.(박재연, 「정순왕후 한글 편지」, 『문헌과 해석』 69, 2014, 176쪽)

30 [혜경궁홍씨 언간②]는 『판독집』에 수록되어 있지 않다. 그래서 판독문은 수원화성박물관, 앞의 책, 91쪽, 현대역은 박정숙, 『조선의 한글 편지: 편지로 꽃피운 사랑과 예술』(다운샘, 2017, 273쪽, 400쪽)을 참조해서 정리했다.

[혜경궁홍씨 언간②]

쥬상이 지통 듕 돌포 심녀로 디내ᄋᆸ시고 ᄌ로 미령ᄒᆞᆸ셔 셩톄 손샹ᄒᆞᆸ
시기 니ᄅᆞᆯ 거시 업ᄉᆞ온ᄃᆡ 츌현궁ᄒᆞ오시ᄂᆞ 일을 보ᄋᆞ시게 ᄒᆞᆸ기 ᄎᆞ마 졀박
ᄒᆞᆸ고 지통을 겸ᄒᆞ와 병이 이러 위듕ᄒᆞ올 분 아니오라 셩궁 위ᄒᆞᆸᄂᆞᆫ 넘녀
가 ᄀᆞᆫ졀ᄒᆞ와 붓드ᄋᆸ고 못 가시게 ᄒᆞ오니 이제 즉시 가려 ᄒᆞᆸ시니 지졍을
ᄉᆡᆼ각ᄒᆞ셔 동가 젼의 셩빙ᄒᆞᆸ고 알외게 ᄒᆞᆸ쇼셔

[주상이 지통(至痛) 중 달포 심려로 지내시고 자주 편찮으셔서 성체(聖體)
를 손상하시기에 이를 것이 없사온데, 관을 꺼내는 일을 보시게 하기가 몹시
절박하고 지통을 겸하여 병이 이렇듯 위중할 뿐 아니라 성궁을 위하는 염려
가 간절하여 붙들고 못 가시게 하는 데도 이제 즉시 가려 하시니, 지극한 정
을 생각하셔서 거둥하시기 전에 성빈(成殯)하고 아뢰게 하십시오]

혜경궁홍씨는 아들 정조의 건강을 크게 걱정했다. 이장하기 위해 사도세
자의 현궁(玄宮)을 꺼내야 했는데 그 장면을 정조가 보지 못하게 하려고 한 것
이다. 근래 건강이 좋지 않은 정조가 직접 개봉(開封)에 임하여 지나치게 슬퍼
할까 염려된다며, 정조가 움직이기 전에 성빈(成殯)하라고 했다. 정조는 직접
개봉에 임하지 않겠다고 어머니에게 아뢴 후 비로소 출궁을 허락받았다.

사도세자는 양주 배봉산(현재 동대문구 휘경동)에 안장되었으며(1762) 수은
묘(垂恩廟)라 불렀다. 정조는 즉위한 후 사도세자에게 장헌(莊憲)이라는 시호
를 올리고 영우원(永祐園)으로 격상시켰다(1776). 이어 1789년 묘를 화성으로
옮기면서 현륭원(顯隆園)이라 했다.[31] 사도세자의 묘를 화성으로 옮길 때 사
향(祀享)을 정지하고 혼인과 장사를 금지하게 했다. 모든 향사는 성빈하는

---

31 현륭원은 사도세자가 장조, 혜경궁홍씨가 헌경왕후로 추존되면서 융릉(隆陵)으로 격상
    되었다[그림 4-5~7] 참조).

[그림 4-5] 장조와 헌경왕후 융릉 전경. 사적 제206호. 경기도 화성시

[그림 4-6] 장조와 헌경왕후 융릉 능침

[그림 4-7] 장조와 헌경왕후 융릉 상석

날부터 현실을 내리는 날까지 정지시켰으며 조정과 시장을 정지시키는 일
도 그에 준하도록 했다.[32]

　혜경궁홍씨의 언간에 의하면, 정조가 사도세자의 묘를 옮기는 일에 대해
너무나도 심려한 나머지 병이 위중한 상태가 되었다는 것이다. 아울러 정
조가 직접 빈전을 차리고자 하여 대궐 바깥 나가고자 하니, 채제공에게 미
리 빈전을 설치해 놓으라고 당부했다.

　이 사안과 관련해서 혜경궁홍씨는 화평옹주의 부마 금성위 박명원에게
봉서(封書)를 내려 보냈다. 아쉽게도 그 봉서는 현재 전해지지 않는다. 하지

32　『정조실록』 권28, 13년 8월 갑자.

만 그와 관련된 기사가 『정조실록』에 실려 있어 대략적인 상황을 짐작할 수 있게 해준다. 그 봉서 내용을 전해 듣고서 정조는 다음과 같이 말했다.

> 자궁(慈宮)의 이 말씀은 어제 저녁에 떠나올 적에 백 번도 더 넘게 들었으니, 내 속이 금석 같지 않은 바에 어찌 억제할 수 있겠는가. 내가 직접 현궁(玄宮)을 꺼낼 때 살펴보느라 신경 쓰고 애태울 것을 염려하시어 이제 또 의빈(儀賓: 금성위 박명원)에게 글을 보내왔다. 만약 자궁의 마음을 누그러지게 하려면, 천고에 처음 당하는 이 상사(喪事)에 나의 정례(情禮)를 다할 수가 없게 되고, 현궁을 뵐 때에 슬픔을 쏟아내려 하면 자궁의 편찮은 증세를 즉시 진찰해서 처방할 수 없는 실정이니, 예전이나 앞으로나 어찌 나의 오늘 같은 정리(情理)가 있을 것인가. 개봉(開封)할 즈음에 한 차례 곡조차 할 수 없게 되는 것은, 경들 역시 인정을 갖고 있으니 어찌 차마 나로 하여금 이렇게 할 수 있겠는가.[33]

국왕이 된 아들 정조에게 일찍이 세상을 뜬 아버지 사도세자의 묘를 이장하는 일은 그야말로 애달픈 한 편의 사부곡(思父曲)과도 같은 것이었다. 이장 과정에서 정조는 자식으로서의 도리를 다하고자 했다. 하지만 어머니 혜경궁홍씨는 정조가 직접 현궁(玄宮)을 꺼낼 때 살펴보느라 신경 쓰고 애태울 것을 염려하지 않을 수 없었다. 그런 어머니의 마음을 누그러지게 하려면 "천고에 처음 당하는 이 상사(喪事)에 나의 정례를 다할 수가 없게" 되는 것이다. 현궁을 뵐 때에 슬픔을 쏟아내려 하면, 다시 말해서 아버지에게 효를 다하고자 하면, 자궁의 편찮은 증세를 즉시 진찰해서 처방할 수 없는

---

33 『정조실록』 권28, 13년 10월 갑인.

실정이 된다. 어머니를 마음을 편치 못하게 하는 것이다. 그러니 정조가 느꼈을 현실적인 고심이 보인다.

아마도 그런 사정이 전해졌으며, 그래서 혜경궁홍씨는 박명원에게 특별히 봉서를 보냈던듯하다. 박명원이 울먹이면서 아뢰기를, "자교(慈敎)가 또 내렸습니다. 전하께서 환궁을 하지 않으시면, 장차 무슨 말로 복명하겠습니까." 했다. 또한 궁을 지키던 각신(閣臣) 이복원이 "혜경궁의 신기가 자꾸만 어지러워지고 있는데 환궁하신 후에야 수라를 들겠다고 한다."고 치계했다. 지금 환궁을 했다가 오후에 환가(還駕)를 하시면, 충분히 개봉하기 전에 올 수가 있다고 아뢰었다.

정조는 총호사 채제공에게 "반드시 내가 돌아올 때까지 기다리도록 하여 나로 하여금 천고에 슬픔을 머금게 하지 말라."고 명하고 창경궁으로 돌아왔다. 다음날 아침에 출궁하고 7일에 새 원소(園所)에 나아가겠다고 했다. 아버지 사도세자의 능 이전을 손수 챙기려는 아들의 효심, 그리고 그런 아들이 몸이 상할까 걱정하는 혜경궁홍씨의 모성애가 이 언간을 통해서 생생하게 전해지고 있다.

5. 혜경궁홍씨 언간의 의미

혜경궁홍씨가 남기고 있는 언간은 두 편에 그치고 있어 아쉬움이 없지는 않다. 하지만 혜경궁홍씨는 궁중문학의 걸작이라 할 수 있는 『한중록』의 저자이기도 하다. 그런데 『한중록』을 보면, 그녀가 친정 식구들과 활발하게 편지를 주고받았다는 것을 알 수 있다. 그저 소식과 내용만 파악하고는 대부분 편지는 글씨를 씻어내 버리거나 없애버리곤 했다는 것이다. 왕실의 사정이 담겨 있는 언간이 혹시라도 새나가서 퍼지게 되거나 하는 일을 지극히 경계했던 것이다. 혜경궁홍씨가 처한 정치적 상황, 특히 노론과 정조와의 긴장관계 등으로 인해서 한층 더 경계했을 것으로 생각된다.

현재 전해지는 혜경궁홍씨의 언간 두 편은 각각 화순옹주에게 보낸 것과 우의정 채제공에게 보낸 것이다. 첫 번째 편지를 썼을 때, 그녀의 나이는 20~24세, 그러니까 1754년에서 1757년 사이에 보낸 것이다. 두 번째 편지를 썼을 때 나이는 55세 되던 1789년(정조 13), 정조가 사도세자의 묘를 수원 화성으로 옮길 때 써서 보낸 것이다. 시간상으로는 약 30여 년의 편차가 있다.

화순옹주에게 보낸 편지의 내용은 아주 간략하다. 안부를 묻는 문안 편지라 할 수 있다. 끝부분의 "원손 남매는 잘 있습니다."라는 구절을 통해서 편지를 쓰는 당시의 혜경궁홍씨의 상황을 짐작해볼 수 있다. 그런데 그 짤막한 편지를 실마리로 삼아 추적해 보면 흥미로운 역사적 사실과 만날 수 있다.

무엇보다 그 편지를 받았을 화순옹주는 예사롭지 않은 삶을 살았다. 그녀는 영조의 첫째 딸로 어머니는 정빈이씨, 그리고 효장세자의 동복 누이동생이기도 하다. 그런데 화순옹주는 13세 때 김한신과 혼인했다. 그런데 불의의 사고로 김한신이 세상을 떠나자, 그녀는 따라 죽기를 결심하고 물한 모금도 먹지 않았다. 심지어 아버지 영조가 설득해도 듣지 않았다. 마침내 14일 만에 세상을 떠났다. 영조는 화순옹주에게 열녀문을 내리지 않았다. 하지만 정조는 화순옹주가 살던 마을 어귀에 열녀문을 세워주었다.

손위시누이 화순옹주에게 보낸 언간은 일상적인 성격을 띠는 것이었다. 하지만 그 언간은 사도세자가 대리청정하면서 영조와 갈등하는 시기에 보낸 것이다. 영조의 사랑을 받는 시누이에게 세자와 원손남매의 안정을 도

모하려는 마음이 담겨 있었던 것으로 여겨진다.

혜경궁홍씨의 두 번째 편지는 우의정 채제공에게 보낸 것이었다. 채제공에게 보낸 언간은 일종의 정치적인 함의를 지니고 있다. 언간을 보낸 시점은 정조가 즉위한 이후, 혜경궁홍씨가 55세 되던 1789년(정조 13)이다. 정조가 사도세자의 묘를 화성으로 옮길 무렵에 보낸 것이다. 아들 정조의 건강을 걱정하는 어머니의 간절한 마음을 보여주고 있다.

정조가 불행하게 세상을 떠난 아버지를 얼마나 그리워했는지는 잘 알려져 있다. 사도세자의 묘를 옮기는 것, 그 과정에서 직접 나서서 하는 것 등은 역시 그 같은 그리움의 또 다른 표현이기도 했을 것이다. 그렇게 깊이 마음 쓰는 아들을 곁에서 지켜보는 어머니 혜경궁홍씨의 눈에는 한편으로 걱정스러운 일이었다. 너무나도 마음 쓴 나머지 병에 걸릴 정도로 혜경궁홍씨는 우의정 채제공에게 편지를 보낸 것이다.

왕이 직접 빈전을 차리고자 하여 대궐 바깥 나가고자 하니, 미리 빈전을 설치해 놓으라고 당부하는 것이다. 어머니로서의 걱정은 거기에 그치지 않았다. 특별히 금성위 박명원에게 봉서를 내려 보내기도 했다. 혜경궁홍씨의 한글 편지는 아들의 효심을 충분히 이해하면서도, 그 아들이 몸이 상할까 걱정하는 모성애를 지금까지도 생생하게 전해주고 있다.

우리는 혜경궁홍씨 하면 『한중록』을 떠올리게 되고, 『한중록』이 혜경궁홍씨의 모든 것인 것처럼 여겨지고 있다. 하지만 시기적으로 보면 이 책에서 주목한 언간은 한중록을 집필하기 이전에 나온 자료라 할 수 있다. 이 점이 중요하다고 생각한다. 언간에는 수신자가 분명하게 있고 그 이후에 자신의 일생을 돌아보면서 한중록을 썼다고 하겠다. 그 시점은 1795년 정조의 수원 행차와 혜경궁 홍씨의 회갑연이라 하겠다. 회갑을 맞은 혜경궁 홍씨에게 조카 홍수영이 일생을 회고하는 글을 써달라고 요청했다.

하지만 혜경궁홍씨에게 다시 한 번 파고가 닥쳐왔다. 아들 정조가 갑작스레 세상을 떠난 것이다. 어린 순조가 그 뒤를 이었으며, 실권은 수렴청정하게 된 정순왕후에게 가 있었다. 이 시기 순조의 생모 가순궁(嘉順宮) 수빈 박씨는 혜경궁홍씨에게 사도세자의 죽음의 시말을 알려줄 것을 요청했다. 어린 순조가 사건의 진상을 알 수 있도록 해달라고 부탁한 것이다. 혜경궁홍씨는 1802년(68세) 봄, 동생 홍낙임이 사사된 이후 초를 잡기 시작해 1805년(71세) 4월에 완성했다. 정순왕후가 타계(1805년 1월)한 후에 탈고했다는 점은 시사적이다. 이어 그 무렵 혜경궁홍씨는 친정의 원통함과 정순왕후 오빠 김귀주 등의 모략을 알리기 위해 1802년(68세)에 전편을 썼다. 그리고 정순왕후가 사망한 지 일 년 후인 1806년(72세) 다시 보충해서『병인추록(丙寅追錄)』을 남겼다. 친정의 신원에 관한 글이다. 이전에 못한 말을 할 수 있는 시기가 되었기 때문일 것이다. 이처럼 혜경궁홍씨가 1795년부터 1896년에 이르는 글들은 저작 시기만 하더라도 십년 이상의 차이가 나며, 대상도 서술 동기도 차이가 있다는 것을 알 수 있다.

[표 6] 혜경궁홍씨 언교

일자	내용
13년 10월 갑인	혜경궁이 금성위 박명원에게 봉서를 내리니 정조가 언교를 열람하다
17년 11월 신해	영의정 홍낙성이 자전과 자궁의 탄신일 의례 문제를 혜경궁에 아뢰다
18년 1월 무신	영의정 홍낙성 등 백관이 경모궁 참배를 중지토록 혜경궁에 호소하다
18년 1월 무신	시임·원임 대신들이 경모궁 참배를 중지하도록 혜경궁에 호소하다
18년 6월 무오	빈청에서 혜경궁에게 글을 올려 탄신 진하 허락을 요청하다
18년 6월 무오	빈청에서 혜경궁에게 글을 올려 탄신 진하 허락을 거듭 요청하다
21년 윤6월 무진	홍낙신의 상사로 인해 날짜를 소급하여 혜경궁에 진찬하다

궁중에서 70여 년을 왕실 여성의 한 사람으로 파란 많은 삶을 산 혜경궁 홍씨의 일생을 적확하게 포착하기 위해서는 언간을 위시해서 그녀가 내렸던 언문 교서, 즉 언교를 같이 보아야 할 것이다. 조선왕조실록에서 혜경궁 홍씨가 내린 언교와 언서를 확인할 수 있다. 그녀가 내린 언교는 7건이 확인된다[표 6] 참조).

이들은 모두 정조대, 구체적으로는 1789년에서 1797년 사이에 내려진 것이다. 이는 왕의 생모라는 신분과 지위 때문에 가능했던 것이라 할 수 있다. 그 이전 영조 대에는 보이지 않는다. 뿐만 아니라 순조 대에도 기사가 보이지 않는다.[34] 그리고 나아가서는 언문저작이라 할 수 있는 『한중록』을 아울러 살펴보아야 할 것이다. 그럴 때 혜경궁홍씨의 삶과 생활세계에 대해 좀 더 입체적으로 파악할 수 있지 않을까 한다.

---

34 이들에 대한 자세한 검토는 이남희, 앞의 논문(2020a)을 참조.

V. 영조비 정순왕후, 오빠 김키주와 조카 김노서에게 편지를 보내다

1. 정순왕후와 언간

　정순왕후(貞純王后, 1745~1805)는 제21대 국왕 영조(英祖)의 두 번째 비이다. 시호는 예순 성철 장희 혜휘 익렬 명선 수경 광헌 융인 정현 소숙 정헌 정순왕후(睿順聖哲莊僖惠徽翼烈明宣綏敬光獻隆仁正顯昭肅靖憲貞純王后)이다. 본관은 경주(慶州). 오흥부원군 김한구(金漢耉)의 딸이다. 1757년, 정성왕후(貞聖王后, 1692~1657)가 세상을 뜨자, 영조는 숙종의 유지에 따라 후궁들 중에서 새 왕비를 택하지 않았다. 1759년, 정식 중전 간택을 통해서 왕비로 맞아들이게 된 것이다.

　혼인 당시 영조는 66세, 정순왕후는 15세로 나이 차이가 큰 혼인이었다. 전해지는 간택 당시의 일화들을 통해서 그녀가 무척 총명했다는 것을 알 수 있다. 영조의 아들 사도세자(1735~1762)와 며느리 혜경궁홍씨(1735~1815) 보다 10살이나 어렸다. 영조의 총애는 깊었지만 두 사람 사이에 소생은 없었다. 영조는 1776년 세상을 떠났다. 정조가 그 뒤를 이었다. 당시 정순왕후는 30대 초반이었다. 정순왕후는 정조의 할머니로서, 정조가 효장세자(孝章世子)에게 입후되어 즉위할 때, 효장세자를 진종(眞宗)으로 추숭하였기 때문에 이미 정조대에 대왕대비(大王大妃)가 되었어야 했다. 그러나 정조는 당시 왕실에 웃전이 없다는 이유로 왕대비로만 존숭하였다.[1] 정치적인 구도로 보자면 정순왕후는 정조와 이해를 달리했다. 노론 세력은 정순왕후를 중심으로 혜경궁홍씨 가문, 풍산홍씨와 연합해서 정조의 아버지 사도세자를 죽음으로 몰아갔다. 사도세자의 아들로서 왕위에 오른 정조는 김귀주, 즉 정순왕후의 오빠를 귀양 보냈다. 하지만 역사의 흐름은 그녀를 가만히 그렇게 내버려두지 않았다. 어느 날 그녀는 권력의 정면에 등장하게 되기 때문이다.

1800년 정조가 갑작스레 세상을 떠나자, 계보상으로 정순왕후의 증손자에 해당하는 순조가 11세의 어린 나이로 즉위하게 되었다. 왕실과 권력의 핵심에 자리하게 되었다. 정순왕후는 왕실의 가장 큰 어른으로 대왕대비로 존숭되었으며, 순조가 어렸기 때문에 4년 동안 수렴청정(垂簾聽政)을 하게 되었다.[2] 왕실 여성으로 공식적으로 정치에 참여할 수 있는 최고의 직위에 오른 것이다.[3] 정순왕후의 친정, 경주김씨 가문이 득세했다. 그것은 이른바 세도정치와도 무관하지 않다.

수렴청정 하던 시기에 정순왕후는 하교(下敎)하면서 자신을 여군(女君), 여

---

1 『정조실록』 권1, 즉위년 3월 신사.

2 정순왕후는 이전의 전례를 바탕으로 「수렴청정절목(垂簾聽政節目)」을 제정하여 왕과 대왕대비의 권한과 위상을 규정, 수렴청정을 제도적으로 완비했다.(『순조실록』 권1, 즉위년 7월 갑신)

3 조선 왕조 정치체제의 특성상 수렴청정 하는 대왕대비로서 실질적인 권력을 장악한 것이다. 나이어린 왕은 정치적인 상징에 머물러 있었다고 할 수도 있겠다.(김석근 · 김문식 · 신명호, 『조선시대 국왕리더십 관(觀)』, 역사산책, 2019, 329-330쪽)

주(女主)로 칭하기도 했다.[4] 그 기간 동안, 정조 사후의 정계와 당쟁을 주도해 갔다. 천주교에 대해서 호의적이었던 정조와는 달리, 그녀는 천주교를 탄압했을 뿐만 아니라, 그와 관련해서 대립하는 당파를 숙청하기도 했다. 정순왕후는 벽파와 함께 분명한 정치적 지향성을 보여주면서 정치력을 발휘했던 것이다.[5]

흥미로운 것은 정순왕후가 언문으로 편지를 쓰기도 했으며 한글 교서를 내리기도 했다는 점이다. 근래에 정순왕후의 언간 묶음이 발굴, 소개되었다.[6] 정순왕후 관련 언간은 총 18건에 이르고 있다.[7] 왕실 여성이 언문으로 쓴 편지글로서, 발신자와 수신자를 분명하게 알 수 있는 만큼 귀중한 자료라 하겠다. 정순왕후 언간에 대해서 국어학계에서 주목, 판독과 현대어 번역 등의 작업을 해왔다.

여기서는 영조→ 정조→ 순조로 이어지는 왕위 교체와 정치 변동의 시

---

4 『순조실록』권1, 즉위년 7월 20일; 『순조실록』권4, 2년 10월 27일. 정순왕후와 헌종과 철종 2대에 걸쳐 수렴청정을 했던 순원왕후에 대해 여사라고 칭했다.(이남희, 「조선 후기의 '여사'와 '여중군자(女中君子)'개념 고찰: 지식인 여성 연구를 위한 시론적 접근」, 『역사와 실학』 47, 2012)

5 박주, 「조선후기 정순왕후 김씨의 정치적 리더십에 대한 재조명」, 『여성과 역사』 15, 2011; 임혜련, 「순조 초반 정순왕후의 수렴청정과 정국변화」, 『조선시대사학보』 15, 2000; 「순조초기 정순왕후 수렴청정기의 관인 임용양상과 권력관계」, 『한국학논총』 41, 2014; 「19세기 수렴청정 연구」, 숙명여자대학교 박사논문, 2008; 정만조, 「혜경궁의 삶과 영조대 중·후반의 정국」, 『조선시대사학보』 74, 2015.

6 허윤희, 「"우의정과 상의하거라" 상소 방법까지 지시한 女人」, 『조선일보』, 2014.6.13.

7 정순왕후 언간에 관한 정보는 서울서예박물관, 『조선왕조어필』, 예술의 전당, 2002; 황문환·임치균·전경목·조정아·황은영 엮음, 『조선시대 한글 편지 판독자료집3』, 역락, 2013; 이종덕, 「정순왕후의 한글 편지」, 한국학중앙연구원 어문생활사연구소 제17회 공개강독회, 2013.4.17; 박재연, 「정순 왕후 한글 편지」, 『문헌과 해석』 69, 2014; 최어진·박재연, 「정순왕후 한글 편지의 내용과 가치」, 『열상고전연구』, 2015; 이남희, 「정순왕후의 정치적 지향성과 생활세계: 언교와 언간을 중심으로」, 『원불교사상과 종교문화』 84, 2020을 참조할 수 있다.

대를 살았던 정순왕후의 정치적 지향성과 내면세계를 그녀가 남긴 언간에 주목하여 검토하고자 한다. 영조 대에는 왕후, 정조 대에는 왕대비, 순조 대에는 대왕대비로 정치적 영향력을 가졌다. 수렴청정 기간 동안에는 실질적 정치적 권력을 행사하기도 했다. 대왕대비의 수렴청정과 그 정치적 지향성은 조선왕조의 법제적 정치권력 구조에서는 잘 드러나지 않은 측면이다.

이하에서는 정순왕후가 행했던 수렴청정과 그녀의 언간을 종합적으로 검토해보고자 한다. 역사학과 국어학 분야의 기존의 연구 성과가 출발점이 되어 줄 것이다. 두 분야에서 이루어진 연구 성과를 기초로 삼아 정순왕후의 정치적 행위와 위상, 그리고 언간을 알 수 있는 내면세계에 한 걸음 더 다가서보고자 한다. 겉으로 드러난 역사적 서술의 이면을 통해서 실제 역사가 어떻게 방향 지워지고 흘러갔는지 가늠해볼 수도 있을 것이다. 이 같은 학제적 연구를 통해서 정순왕후가 살았던 시대의 역사상이 보다 더 입체적으로 드러날 수 있기를 기대한다.

2. 정순왕후의 생애

1) 정순왕후의 간택(揀擇)

정순왕후의 아버지는 경주김씨 김한구(金漢耉, 1723~1769), 어머니는 원주원씨(原州元氏) 원명직(元命稷)의 딸 원풍부부인(原豊府夫人, 1722~1769)이다. 충헌공(忠憲公) 김한구는 영돈녕부사 오흥부원군 증영의정을 지냈다. 조부는 호조참의 증영의정 김선경(金選慶), 증조부는 증좌찬성 김두광(金斗光), 고조부는 황간현감 증이조판서 김계진(金季珍), 그리고 숙부로 김한기(金漢耆)가

[그림 5-1] 정순왕후 생가, 충청남도 시도기념물 제68호, 충남서산시

있다. 형제로 오빠 김귀주(金龜柱, 1740~1786), 동생 김인주(金麟柱, ?~1775)가 있다. 오빠 김귀주에게는 김노충(金魯忠, 1766~1805)과 김노서(金魯恕, 1772~1804) 두 아들이 있으며,[8] 동생 김인주에게는 김노은(金魯誾, 1773~1793)이 있다. 이들은 정순왕후에게는 친정 조카가 되는 셈이다. 6촌으로는 (김한록의 아들) 김관주(金觀柱), 김일주(金日柱)가 있다. 「정순왕후 언간」과 관련하여 오빠 김귀주와 조카 김노서를 특별히 기억해둘 필요가 있다.

당시 15세의 어린 나이의 그녀가 영조의 계비로 간택된 것은, 경주김씨 집안에 중요한 계기가 되었다. 66세의 신랑과 15세의 신부. 아들, 며느리보다 더 어린 어머니, 이후 젊은 대왕대비의 수렴청정 등 드라마틱한 장면

---

8 김노충의 생모는 공조좌랑 이춘빈(李春彬)의 딸 증 정부인(貞夫人) 덕수이씨(德水李氏, 1741~1767), 김노서의 생모는 박사경(朴師經)의 딸 반남박씨(潘南朴氏)이다.

이라 아니할 수 없다. 정순왕후와 그 시대를 다룬 드라마는 이미 일찍부터 나오기 시작했으며,[9] 또한 뮤지컬[<정조대왕>(2007)]과 영화[<역린>(2014), <사도>(2015)] 등을 통해서도 그녀와 그 시대를 만날 수 있다.

　왕비를 배출한다는 것은 더할 나위 없는 가문의 영광이었다. 왕비는 내명부를 총괄하는 지위에 있었다. 정비가 세상을 떠나 그 뒤를 잇는 왕비로서의 계비. 상대는 왕이라고 하지만 66세, 고희 가까운 할아버지뻘 나이

[그림 5-2] 영조의 어진, 보물 제932호, 국립고궁박물관소장

9　2000년 이후에 나온 작품으로 <한성별곡-正>, <이산>, <바람의 화원>, <무사 백동수>, <비밀의 문: 의궤 살인 사건>, <옷소매 붉은 끝동> 등이 있다.

이다. 정순왕후가 그런 간택 기회를 아무런 내적인 반감 없이 받아들였는지는 정확히 알 수 없다. 그 깊은 내면을 들여다 볼 수 있는 자료는 전하지 않는다.

정순왕후가 왕비로 간택될 당시의 일화가 전해진다.[10] 왕비 후보 규수들에게는 각자 앉을 자리가 정해져 있었다. 그 자리에는 아버지의 이름이 적혀 있었다. 다른 규수들은 다들 정해진 자리에 앉았는데, 정순왕후는 그 옆에서 머뭇거리고 있었다. 당연히 그 까닭을 물었을 것이다. 그러자 그녀는 아버지의 함자를 깔고 앉을 수 없어서 그러고 있다고 답했다 한다. 그녀의 사려 깊은 모습을 볼 수 있다. 이어 영조는 세상에서 가장 깊은 것이 무엇이라 생각하느냐고 물었다. 다른 후보 규수들은 물이나, 산이 제일 깊다고 했다. 하지만 정순왕후는 사람 마음이 가장 깊다고 답했다 한다. 게다가 이 세상에 가장 아름다운 꽃이 무엇이라 생각하느냐는 질문에 대해서 정순왕후는 '목화 꽃'이라 답했다. 그 물음에 대한 답은 이러했다, "목화 꽃은 비록 멋과 향기는 빼어나지 않으나 실을 짜 백성들을 따뜻하게 만들어 주는 꽃이니 가장 아름답습니다." 백성들을 따뜻하게 만들어준다는 것이다. 이 세상에서 제일 힘든 고개가 무엇이냐는 질문에 다른 후보들이 문경새재, 추풍령, 대관령 등을 말했지만, 정순왕후는 보릿고개라 답했다 한다. 보리가 익을 때까지 가난한 백성들이 겪는 어려움을 말한 것이다. 흔히 백성의 부모로 여겨지는 국왕으로서는 그 말이 귀에 쏙 들어왔을 것이다.

이런 일화들 외에도 두어 가지 이야기가 전해진다. 간택이 이루어지는 그 날 때마침 비가 내렸다. 그래서 갑작스레 던져진 질문이 왕궁에는 행랑이 몇 개나 있다고 생각하느냐 하는 것이었다. 후보 규수들은 당황해 하면

---

10 강효석, 『대동기문(大東奇聞)』, 한양서원, 1926.(신병주, 『66세의 영조 15세 신부를 맞이
    하다』, 효형출판, 2001, 145-146쪽에서 재인용)

서, 궁궐의 지붕을 쳐다보면서 세기 시작했다. 그런데 단 한 사람, 정순왕후는 머리를 숙이고 침묵했다. 영조가 그 숫자를 알아 봤느냐고 물었다. 그러자 정순왕후는 "처마 밑으로 떨어지는 물줄기를 보면 행랑의 수를 알 수 있습니다"라며 답했으며, 이어 정확한 숫자까지 말했다 한다. 과연 어디까지가 사실이고 어디까지가 전해지는 이야기인지 정확하게 알 수는 없다.[11] 간택 과정에서 그 사람됨을 시험하기 위해서 즉석 문답이나 기습 질문이 있었을 것이다. 분명하게 알 수 있는 사실은 그녀가 지극히 명민하고 사려 깊었다는 것이다.

영조는 1759년(영조 35) 6월 15세의 어린 왕비를 맞이했다. 영조는 그녀의 위상을 높여주고자 했다. 중전이 되고 한 달도 되지 않아 수두에 걸렸다. 병이 낫자 중전의 치유에 힘쓴 관원들과 의관들에게 후하게 상을 내리고 가자(加資)했다.[12] 나아가 중전의 병이 나았다는 것을 종묘와 사직에 고유하라고 명하고 창덕궁 인정전에 나가서는 백관의 하례를 받았다.[13] 또한 국가 의례를 통해서 정순왕후의 위상을 강화하고자 했다. 1767년(영조 43) 광해군 대 이후 시행되지 않았던 친잠례(親蠶禮)를 200여 년 만에 치렀다.[14] 정순왕후는 세손빈 효의왕후와 혜경궁, 후궁, 공주 등 내명부를 거느리고 친잠례를 주관했다. 정순왕후에 대한 영조의 총애는 깊었지만 두 사람 사이에 소생은 없었다.

그녀의 삶을 이해하기 위해서 한 가지 덧붙여두기로 하자. 영조의 정비

---

11 왕비로 책봉된 이후에도 상궁이 옷의 치수를 재기 위해 잠시 돌아서 달라고 했다. 그러자 그녀는 단호한 어조로 "네가 돌아서면 되지 않느냐"고 추상같이 답했다 한다. 이미 어린 나이에도 위엄과 체통을 지키는 왕비로서의 면모를 여실히 보여주었던 것이다.

12 『영조실록』 권93, 35년 윤6월 을미.

13 『영조실록』 권93, 35년 윤6월 정유; 윤6월 무술.

14 한형주, 『밭가는 영조와 누에치는 정순왕후』, 한국학중앙연구원출판부, 2013 참조.

정성왕후는 경기도 고양시 서오릉지구 북서쪽 능선 홍릉(弘陵)에 잠들어 있다. 정성왕후가 세상을 떠나자 영조는 그곳에 장지를 정하면서 나중에 자신도 함께 묻히고자 했다. 그래서 왕비 능의 오른쪽 정형(正穴)에 십자(十字) 형태를 새긴 한 자 크기의 돌을 묻도록 했다. 자신의 터를 잡아두는 허우(虛右)의 수릉(壽陵)을 조성한 것이다.[15] 하지만 영조는 거기에 묻히지 않았다. 그는 경기도 구리시 동구릉 내 건원릉 서쪽 두 번째 능선인 원릉(元陵)에 계비 정순왕후와 같이 잠들어 있다[그림 5-3] 참조).[16] 두 개의 무덤이 나란히 있는 쌍릉 형식이다. 살아서 같이 오래 지내지 못했으니 죽어서라도 같이 오래 지내고 싶어 한 것이라 할 수도 있겠다.

[그림 5-3] 영조와 정순왕후 원릉. 사적 제193호, 경기도 구리시

---

15 이창환, 「신의 정원 조선왕릉 33: 살아선 왕실의 살림꾼 죽어선 시부모 다섯 분 모셔」, 『주간동아』 766, 2010.12.13, 82-84쪽.

16 경기도 구리시 인창동 산2-1 동구릉내 건원릉 서쪽 두 번째 능선이다.

2) 정순왕후의 가계

정순왕후는 경주김씨 태사공파 22세손으로 중시조는 김홍욱(金弘郁)이다. 후손 중에서도 관직에 나아간 자들이 드문 김계진(金季珍, 1646~1709) 계열에 속하며,[17] 정순왕후의 아버지 김한구는 김계진의 3세손으로 한미한 선비 집안이라 하겠다. 가난한 선비 집안에서 갑작스레 임금의 장인이 되어 뜻하지 않게 존귀하게 된 것이다.[18]

왕비 책봉과 더불어 경주김씨가의 위상 변화가 드러나기 시작했다. 1759년(영조 35) 6월 9일 김한구는 돈녕도정을 제수 받았으며, 이틀 후(11일)에는 오흥부원군에 봉해졌다.[19] 김한구에 국한된 것은 아니었다. 숙부 김한기는 1766년(영조 42) 정시(庭試) 문과에 병과로 급제, 교리를 거쳐 1776년에는 공조판서에 임명되었다.[20] 오빠 김귀주는 1763년(영조 39) 급제하자마자 도당록(都堂錄)에 이름을 올렸으며, 그 해(1763) 12월 홍문관 교리에 임명되었다.[21] 이후 강원감사, 승지, 공조참판 등을 역임했다. 6촌 오빠 김관주는 1765년(영조 41)에 문과에 급제했으며, 정언, 수찬, 부교리, 교리 등을 역임했다.[22]

---

17 김세진(金世珍, 1621~1686) 계열이 있는데 그 계열에서는 관직에 활발하게 진출했다. 경주김씨 가문의 정계 진출에 대해서는 김인경, 「조선후기 경주 김문의 형성과 성장」, 『조선시대사학보』 64집, 2013 참조.

18 혜경궁 홍씨는 『한중록』에서 이렇게 언급하고 있다. "1759년 정순왕후가 들어온 후 오흥부원군 김한구가 임금의 장인이 되니, 가난한 선비였던 김한구가 뜻하지 않게 존귀하게 되니 모든 일이 생소하니라."(혜경궁홍씨, 『한중록』, 정병설 옮김, 문학동네, 2010, 217-218쪽. 『한중록』의 쪽수는 이 책에 의한다. 이하 같다.)

19 『영조실록』 권93, 35년 6월 무오; 6월 경신.

20 『영조실록』 권107, 42년 8월 기해; 『영조실록』 권127, 52년 3월 갑술.

21 『영조실록』 권102, 39년 11월 을묘; 12월 갑진.

22 『영조실록』 권110, 44년 2월 을축, 5월 기축, 6월 갑자; 『영조실록』 권111, 44년 11월 경인.

왕비를 배출한 이후 경주김씨 집안에서는 과거 합격을 통해 정계에 진출, 가문의 입지가 부상하게 된다.

정조가 즉위하면서 정순왕후의 경주김씨가는 혜경궁홍씨 풍산홍씨가와 갈등을 빚게 되었다. 오빠 김귀주는 1776년(정조 즉위년) 흑산도로 귀양 갔다가 1786년 유배지에서 생을 마감했다. 위축되었던 정순왕후는 1800년 7월 순조가 즉위 후 수렴청정을 하면서 도약을 맞게 되었다. 어떻게 보면 정순왕후 경주김씨 가문이 권세를 얻게 되는 것은 순조 대에 이르러서였다.

영의정 심환지는 김귀주를 이조판서로 추증할 것을 청했고,[23] 6촌 오빠 김관주는 순조가 즉위한 후 비변사 제조, 승지, 이조참판, 병조판서, 형조판서, 예조판서, 이조판서를 거쳐, 1802년(순조 2) 우의정에 올랐다. 이듬 해(1803)에는 비변사 당상이 되었다.[24] 김귀주의 큰아들 김노충은 1800년 종9품 참봉에 지나지 않았지만, 승진을 거듭하여 1801년 상의원주부, 동부승지, 공조참의, 총융사 등을 역임하고, 1802년에는 승지가 되었다. 그도 역시 비변사 당상이 되었다(1803).[25]

가까운 일족이라 해서 모두 고위직에 진출한 것은 아니었다. 김귀주의 둘째 아들 김노서, 김인주의 아들 김노은은 관직과는 거리가 멀었다. 김노서는 1802년(순조 2) 동몽교관에 임용되었으며, 1803년 부사용을 거쳐 내섬시 봉사, 사옹원 봉사, 선공감 봉사 등 하급직을 지냈다.[26] 김노은은 관직에 아예 나아가지 않았다. 정순왕후의 친척들이 관계에서 빨리 승진한 것은

---

23 『순조실록』 권2, 1년 1월 신사.

24 『순조실록』 권2, 1년 2월 병진; 『순조실록』 권3, 1년 5월 경인, 5월 계사, 6월 계유, 11월 갑신; 『순조실록』 권4, 2년 10월 을축.

25 『순조실록』 권3, 1년 7월 병신, 9월 무인; 『승정원일기』 순조 2년 8월 4일.

26 『승정원일기』 순조 2년 8월 14일; 10월 2일; 10월 14일; 10월 20일.

부인할 수 없는 사실이라 하겠다. 하지만 다른 왕대의 외척의 득세에 비하면 그렇게 많았다고 할 수 있을지는 의문이다. 그런데 정순왕후의 수렴청정 기간은 길지 않았다. 1803년(순조 3) 12월 정순왕후는 수렴청정을 거두고 정치에서 물러났다. 그리고 1805년(순조 5) 창덕궁 경복전에서 61세로 세상을 떠났다.[27]

3. 정순왕후 언간: 내역과 함의

현재 전해지는 정순왕후 관련 언간은 18건에 이른다.[28] 전체 18건에 적힌 편지 내용을 발신자와 수신자별로 살펴보면 정순왕후 언간은 16건이 된다. 오빠 김귀주에게 보낸 것 1건, 조카 김노서에게 보낸 것 15건이다. 15건 중에는 정순왕후전의 궁녀가 대필해서 김노서에게 보낸 1건이 포함된다.[29]

조카 김노서가 고모 정순왕후에게 보낸 것은 15건이다. 15건 중에서 13건은 김노서가 정순왕후에게 보낸 언간이며, 바로 그 언간에 정순왕후가 답신을 써서 보낸 것이다. 나머지 2건은 김노서가 정순왕후에게 보낸 언간이다. 그에 대한 정순왕후의 답신은 없다. 이를 정리하면 [표 7]과 같다.[30]

---

27 경기도 구리시 원릉(元陵)에 영조와 같이 잠들어 있다.

28 현재 이들 언간 중에서 17건은 국립한글박물관에 소장되어 있으며 나머지 1건은 원소장자인 안백순사장이 소장하고 있다.(최어진·박재연, 앞의 논문, 7쪽) 국립한글박물관 소장 정순왕후 언간은 e뮤지엄(https://emuseum.go.kr)에서 원문 이미지를 확인할 수 있다. 이 글에서 사용한 정순왕후 언간 그림 자료는 국립한글박물관에서 공공누리로 개방한 저작물을 이용했으며, 해당 저작물은 'e뮤지엄(https://emuseum.go.kr)'에서 무료로 이용할 수 있다.

29 이 책에서는 궁녀대필 언간을 별개의 것으로 분류했다. 하지만 이 건의 경우에는 김노서가 보낸 언간에 답신을 써서 보낸 형식이다. 따라서 궁녀 대필 언간이나 그 점을 감안해서 정순왕후언간으로 보았다.

[표 7] 정순왕후 관련 언간

순서	발신자↔수신자	관계	작성 년대
①	정순왕후↔김노서	고모↔조카	1802년~1804년
②	정순왕후↔김노서	고모↔조카	1802년~1804년
③	정순왕후↔김노서	고모↔조카	1802년~1804년
④	정순왕후↔김노서	고모↔조카	1802년~1803년
⑤	정순왕후→김노서	고모→조카	1797년
⑥	정순왕후↔김노서	고모↔조카	1802년~1804년
⑦	김노서→정순왕후	조카→고모	1802년~1804년
⑧	김노서→정순왕후	조카→고모	1802년~1804년
⑨	정순왕후↔김노서	고모↔조카	1802년~1804년
⑩	정순왕후↔김노서	고모↔조카	1802년~1804년
⑪	정순왕후↔김노서	고모↔조카	1802년~1804년
⑫	정순왕후↔김노서	고모↔조카	1802년~1804년
⑬	정순왕후↔김노서	고모↔조카	1802년~1804년
⑭	정순왕후→김노서	고모→조카	1802년~1804년
⑮	정순왕후↔김노서	고모↔조카	1802년~1804년
⑯	김노서→정순왕후 정순왕후전 궁녀 대필→김노서	고모↔조카	1802년~1804년
⑰	정순왕후→김귀주	누이동생→오빠	1786년
⑱	정순왕후↔김노서	고모↔조카	1802년~1804년

언간을 보낸 시기와 관련해서 보자면, 이미 앞에서 본대로 대부분 수렴청정 시기에 쓰여진 것이라 할 수 있다. 18건 중에서 16건으로 88.9%에 이

---

30 전해지는 편지 원본에는 연필로 번호를 적어놓았으며, 이종덕은 그대로 따르고 있다. (이종덕, 앞의 발표문(2013), 2쪽) 그 번호는 누가 그리고 어떤 기준으로 매겨진 것인지는 알 수 없다. 그 번호가 시대 순으로 매겨진 것도 아니다. 편지 내용을 보면 발신 시기와 선후 관계를 짐작해볼 수 있는 것도 더러 있다. 더 면밀한 판독과 선후 관계의 비정을 거쳐 정리할 필요가 있다. 이 책에서 정순왕후 관련 언간 번호는 이종덕의 그것을 따랐다. 박재연(2014), 최어진 · 박재연(2015)도 동일하다.

른다. 나머지 2건은 [언간⑤]와 [언간⑰]이다. [언간⑤]는 김노서의 아들 김후재의 백일을 축하하는 편지로 김후재가 태어난 1797년(정조 21)에 보낸 것이며, [언간⑰]은 정조 10년(1786) 김귀주에게 보낸 것이다. 그리고 나머지 16건은 모두 정순왕후가 수렴청정 하는 기간, 순조 즉위년(1800)부터 철렴한 직후인 순조 4년(1804) 6월 김노서가 사망하기 전까지 보낸 것이다.[31]

[표 7]에서 발신자와 수신자가 정순왕후↔김노서로 명기된 13건 언간 [①~④, ⑥, ⑨~⑬, ⑮~⑯, ⑱]은 정순왕후가 조카 김노서와 주고받은 것이며, 조카가 먼저 보낸 언간의 여백에 정순왕후가 답을 써 보낸 것이다. 그 중 [언간⑯]은 정순왕후전 궁녀가 대필해서 답신을 보냈다. 그래서 오빠 김귀주의 둘째 아들, 김노서와 주고받은 것이 대부분이다. 이 같은 측면은 주목할 만하다. 다른 왕후의 언간에서는 보기 어려운 부분이다. 보낸 답신들 중에서 1건 만이 필체가 다르다[언간⑯]. 그 내용으로 미루어보면 정순왕후의 궁인이 대필한 것으로 여겨진다.

정순왕후 관련 언간 18건 중에서 나머지 5건을 보면, 2건은 정순왕후가 김노서에게 보낸 것이며[언간⑤, ⑭], 다른 2건은 김노서가 정순왕후에게 보낸 것이다[언간⑦, ⑧]. 그리고 1건은 정순왕후가 오빠 김귀주에게 보낸 것이다[언간⑰]. 따라서 거의 대부분이 둘째 조카 김노서와 주고받은 것이다.

그러면 왜 김노서인가. 그리고 왜 수렴청정 기간 동안에 그렇게 언간을 주고받았을까. 정순왕후는 어린 나이에 왕비가 되었지만, 그리고 영조의 사랑을 받았지만 영조와의 사이에 후사가 없었다. 역대 국왕 중에서 가장 오랫동안 재위하고 또한 가장 장수한 영조에게는 자손이 귀했다. 정성왕후는 34년간 자식이 없어 애태우다 세상을 떠났다. 영조와 영빈이씨 사이에서 태

---

31 김노서는 『승정원일기』 1804년 3월 10일자에 신병으로 대왕대비전에 승후(承候) 드리지 못했다는 기사가 나오며 그로부터 석 달 후인 6월 4일 사망했다.

어난 아들이 바로 사도세자이다. 어려서 궁궐에 들어왔던 정순왕후는 사도세자의 비극과도 얽혀 있을 뿐만 아니라 사도세자의 비 혜경궁홍씨의 친정, 남양홍씨와도 갈등을 빚고 있었다. 김귀주와 김관주 등이 홍봉한을 공격한 일이 있었기 때문이다. 혜경궁홍씨는 『한중록』에서 이렇게 개탄했다.

> 1772년 7월 21일 관주와 귀주가 연이어 상소하여 아버지를 무함으로 공격하니 아니 흉함이 없는지라",[32] "귀주가 7월 몸소 한록이의 아들 관주를 데리고 함께 상소를 하니, 제 비록 중궁전 뵙는 지위라 해도, 만고 천지간에 어찌 이런 일까지 하리오. 정순왕후와 나의 고부 사이를 이간하는 이런 흉악한 일을 하니, 이놈이 내 집의 불공대천지수일 뿐 아니라, 나라의 역적이요, 또한 세손의 역적이며 정순왕후께도 죄인이라.[33]

이 같은 정치적인 대립과 갈등을 영민한 정순왕후가 몰랐을 리 없다. 정조 시대가 열리면서 김귀주는 흑산도로 유배당하게 되었다. 그런 사정이다 보니 역시 믿을 것은 친정 식구들 뿐이었다. 1786년(정조 10) 김귀주가 죽었다. 그 이후 정순왕후가 믿고 의지할 만한 인물은 김귀주의 아들 김노충과 김노서, 그리고 6촌 오빠 김관주[34] 정도였다. 자식이 없는 고모에게 두 조카는 큰 의지가 되었을 것이다. 특히 관직에 나아가 있던 김노충과 김관주가 가문의 기둥과 같았다고 할 수 있겠다. 동생 김인주의 관직은 평시령에 그쳤으며, 그의 아들 김노은은 아예 관직에 나아가지 않았다.

---

32 『한중록』, 229쪽.

33 『한중록』, 346쪽.

34 김한구의 사촌 동생 김한록이 아버지, 어머니는 서옥업(徐玉業)의 딸이다. 사촌 오빠로 본 연구도 있다.(최어진·박재연, 앞의 논문, 9쪽)

그런데 정순왕후와 편지를 주고받은 김노서의 경우, 몸이 약한 탓인지 관계에 입문해 높은 관직에 오르지 모했다. 하지만 수렴청정을 하는 대왕대비 고모와 편지를 주고받을 정도는 되었던 듯하다. 또한 자식이 없는 고모로서는 오빠의 두 아들, 다시 말해서 두 조카가 무척이나 사랑스러웠을 것이다. 더구나 김노충은 아들이 없어 동생 김노서의 아들 김후재(金厚載, 1797~1850)를 양자로 들이기까지 했다.[35]

정순왕후가 집안의 기둥과 같았던 김노충과 김관주에게 편지를 보내지 않은 데에는 아마도 그들이 당시 관직에 나아가 있다는 점과 관련되어 있는 듯하다. 김관주는 이조참판으로 순조 1년(1801) 3월 비변사 당상이 되었다. 또한 김귀주의 아들 김노충도 같은 해 10월 공조참판으로 비변사 당상이 되었다.[36] 실제로 정순왕후의 언간을 보면 관직에 있는 '형'(김노충)과 '우상'(우의정, 김관주)이 자주 등장한다. "형에게 보여라," "우의정과 상의하거라" 등. 심히 병약했지만 오히려 관직에서 자유로울 뿐만 아니라 능력과 자질을 갖춘 김노서가 아마도 편지를 주고받기에 제일 적절했을 것이다. 따라서 김노서를 통해서 정순왕후와 김노충, 김관주의 정치적인 커뮤니케이션이 이루어지고 있었다고 여겨진다.

정순왕후가 김노서에게 언간을 보낸 시기가 대부분 1802년(순조 2)부터 철렴 직후인 1804년(순조 4) 사이라는 것 역시 주목된다. 수렴청정은 말 그대로 대왕대비가 정치에 참여해서 최고 결정을 내리는 과정이다. 정순왕후는 많은 정치적 사안에 대해서 비밀리에 의견을 구하는 것이 요청되었다.

---

35 자신의 외아들을 형의 양자로 보낸 김노서는 6촌 동생 김노헌(金魯憲, 1778~1851)의 둘째아들 김경재(金璟載, 1801~1870)를 양자로 들였다.

36 『비변사등록』 좌목; 임혜련, 앞의 논문(2014), 229쪽. 19세기 국가 운영의 중추는 비변사였으며, 비변사 당상이 주도하고 있었다. 유력 성관들의 인물들이 참여하면서 가문으로 권력이 집중되어 있었다고 하겠다.

대왕왕비의 가문이 득세할 수밖에 없는 세도정치 하에서는 가문의 안위를 그들의 생각과 보조를 같이해서 나아가야 할 필요도 있었을 것이다. 가문을 통해서 막후에서 권력을 행하기 위해서도 그러했다.

4. 수렴청정 이전에 보낸 언간

김노서의 언간에서는 정순왕후에게 보낸 편지를 봉셔[封書], 그리고 정순왕후의 편지를 어찰(御札)이라 표현했다. 어찰은 임금의 편지를 가리키는 말이다. 그리고 봉서는 임금이 종친이나 근신에게 사적으로 내리던 서신, 또는 왕비가 친정에 사적으로 보내던 서신을 칭한다. 하지만 김노서의 편지에서 봉서라 한 것은 말 그대로 겉봉을 봉한 편지를 뜻하는 듯하다.

정순왕후의 언간들 중에서 시기적으로 제일 빠른 것은 유배되어 있는 오빠 김귀주에게 보낸 것이다. 김귀주는 정조 즉위년(1776) 9월 9일 전라도 나주목 흑산도로 정배되었다.

1772년(영조 48) 영조가 병이 들었을 때 홍봉한이 경상도에서 나는 최고급 인삼인 나삼(羅蔘)을 쓰지 않고 공물로 받은 공삼(貢蔘)을 섞어 쓰도록 한 것에 대해 김귀주와 김관주 등 경주김씨가에서 처벌을 청하는 상소를 올린 것이다.[37] 영조는 상소에도 문제가 있음을 지적하며 김귀주를 파직시켰다.

---

[37] 『영조실록』 권119, 48년 7월 갑인. 정순왕후의 정치적인 위상과 관계를 생각할 때에 빼놓을 수 없는 인물과 집안이 혜경궁홍씨와 풍산홍씨 가문이다. 두 가문은 서로 은원(恩怨)이 얽히게 되었다.(이남희, 「혜경궁홍씨의 삶과 생활세계」, 『열린정신 인문학연구』 21-1, 2020, 241-242쪽) 경주김씨가와 풍산홍씨가의 반목은 1759년(영조 35) 정순왕후가 계비로 입궁하면서 시작되었다. 가난한 선비 김한구가 갑자기 국구가 된 후 모든 일이 낯설었는데, 혜경궁홍씨의 아버지 홍봉한이 가르쳐주고 돌보아 서로 처음에 가까운 친척처럼 화목했다. 하지만 점차 기세가 높아진 정순왕후 가문에서 혜경궁홍씨 가문을

홍봉한이 김귀주 등의 탄핵을 받아 벼슬을 빼앗기고 도성에서 내쫓겼을 때에도, 영조는 일 년 만에 그를 서용하고 관직을 되찾게 해주었다. 홍봉한을 공격한 이 사건은 정순왕후 경주김씨가에서 혜경궁홍씨가문의 원한을 사는 계기가 되었다. 사건의 여파는 정조가 즉위한 후에도 계속되었다. 김귀주를 1776년 9월 즉위한 뒤 바로 흑산도로 유배 보냈다. 정조는 이렇게 말하고 있다.

> 김귀주의 죄는 특히 방자하여 꺼리는 것이 없을 뿐만이 아니다. 대저 김귀주의 임진년 상소는 아주 놀라고 두려워할 곳이 있었으니 … 임진년 7월 21일부터 금년 3월 초5일 이전까지 내가 자전을 모시면서 말이 김귀주의 일에 이르면 김귀주의 외람되고 교활한 죄상은 결코 용서하기 어렵다는 뜻으로 매양 우러러 진달하면서도 오히려 경등에게 밝게 유시하지 않은 것은 차마 못했기 때문이며, 오늘에 와서 환히 유시하는 것은 일이 손 밑에 이르러 한결같이 침묵만을 지킬 수 없기 때문이다.[38]

김귀주의 죄를 논하고 엄중하게 벌하라는 요청이 연이었으며, 심지어 사형에 처하라는 상소까지 나왔다. 정조는 1784년(정조 8) 김귀주를 출륙시킬 것을 명했다.[39] 홍문관과 승정원 등에서 출륙을 정지해달라는 요청이 이어졌으나 정조는 듣지 않았다. 김귀주는 나주목으로 이배되었으나 1786년 유

공격하게 되었다.

[38] 龜柱之罪 不特放恣無忌憚. 大抵龜柱壬辰之疏 有萬萬驚懍處 … 自壬辰七月二十一日至今年三月初五日以前 予侍慈殿 語到龜柱事 則以龜柱濫猾之罪 決難赦之之意 每每仰陳 而猶不明諭於卿等者 不忍故也 今日之洞諭 事到手底 不可一向泯默故也.(『정조실록』 권2, 즉위년 9월 정축)

[39] 『정조실록』 권18, 8년 8월 병술.

배지에서 사망했다.[40]

1786년(정조 10) 5월 유배가 있는 김귀주에게 보낸 정순왕후의 언간이 전해지고 있다. 현전하는 언간 중에서 내용이 제일 길다.[41]

[그림 5-4] 정순왕후 언간⑰, 45.2x31.8cm, 국립한글박물관소장

[정순왕후 언간⑰]

둘포 병환이 위황이 디내오시니 쳔 니 밧긔셔 듀야 쵸황ᄒ 넘녀 근졀ᄒ오니 병의 니홀 도리룰 홀 길 업습고 왕인은 간 젹마다 욕만 취ᄒ오니 분히ᄒ

40 『정조실록』권22, 10년 윤7월 계사.

41 정순왕후 관련 언간은 『판독집』에 수록되어 있지 않다. 이종덕, 「정순왕후의 한글 편지」(2013)의 판독문 및 현대역에 의거해서 정리했다. 현대역의 단락 구분은 필자가 내용에 따라 분리한 것이다.

오며 국운이 블힝ᄒ와 오 년을 나라 위ᄒ야 근심을 놋습고 반셕갓티 굿습던
셰ᄌ 참척을 당ᄒ오니 하 이통 망단ᄒ오니 형용ᄒ야 므슨 말슴을 ᄒ오리잇가
대뎐의셔도 참척을 보오시고 과도이 이쳑ᄒ오시니 곱곱 쵸민ᄒ오더 대의ᄅᆞᆯ
깁히 싱각ᄒ오샤 줌도 여상이 ᄒ오시옵고 블힝 듕 만힝ᄒ온 긔미가 올 ᄂᆡ로
는 이실 ᄃᆞᆺᄒ오니 만힝힝ᄒ와 듀야 하늘만 ᄇᆞ라와 옹망츅텬을 ᄒ오며 의외
침통ᄒ온 일을 만나와 비통ᄒ옵ᄂᆞᆫ 듕 이 블힝을 병환듕 ᄃᆞᆺᄌᆞ오시고 오직 샹
통ᄒ오샤 ᄌᆞᆺ득ᄒᆞᆫ 긔운의 원긔ᄅᆞᆯ 일코 오직ᄒ오시랴 ᄉᆞᄉᆞ의 블힝 원통ᄒ오니
몸이 십 년 넘도록 사라 이 참척을 보옵ᄂᆞᆫ 일 만낫디 통탄ᄒ고 근심이 이긔
여 견딜 길히 업ᄉ오니 곱곱이 산 거시 답답ᄒ오며 봉셔ᄅᆞᆯ 년ᄒ야 왕인이 가
져가던 공환ᄒ오니 졍의ᄅᆞᆯ 통ᄒᆞᆯ 길 업고 ᄆᆞᄋᆞᆷ이 믜여지는 ᄃᆞᆺ 타갑스오며 ᄀᆞ
만ᄒᆞᆫ 길히 잇ᄂᆞᆫ가 ᄒ야 흉악히 막아 젼고의 업ᄉᆞᆫ 거조로 방슈ᄅᆞᆯ ᄒ고 ᄉᆞᄉᆞ
냥도ᄅᆞᆯ 통티 못ᄒ오니 일이 구챠ᄒ나 그러타고 져히게 맛뎌 굼겨 죽게 못 ᄒ
고 냥도는 내보내는 거슨 내 혼자 ᄯᅳᆺ으로 임의로 보낸 거시 아니오니 보낸
거시 져히 조종ᄒᆞᄂᆞᆫ 거시 통히ᄒ오나 글노 아니 밧고 이 압 졈졈 흉이만 굴
고 길게 먹을 도리가 업ᄉ니 희포 젹샹ᄒᆞᆫ 원긔에 엇디 먹디 못ᄒ고 죽물이나
밥술이나 되ᄂᆞᆫ대로 먹고 살 거시 아니온대 내보내는 거슬 아조 막으면 ᄒᆞᆯ 일
업거니와 제 발 ᄲᅡ디고 오라바님 아니 바들 줄 알고 브러 그리ᄒᆞᄂᆞᆫ 거슬 그
계교ᄅᆞᆯ 마뎌 아니 밧고 엇디ᄒ야 사라갈가 시브오니잇가 져히 계교 마뎌 죽
기는 아니 우스온 일이오니잇가 사는 거시 즐거온 거시 아니오디 브디 지팅
ᄒ야 텬명과 왕명을 바다 나죵을 보디 져히 꾀의 감겨 과격ᄒᆞᆫ 고집은 셰샹이
다 아오니 브러 분을 도도고 죠롱ᄒ야 아니 밧도록 ᄒ고 져히는 왕명을 공경
ᄒᆞᆫ 톄ᄒ고 발 ᄲᅡ디랴 ᄒᆞᄂᆞᆫ 거슬 그대로 조타 ᄒ오시니 이편만 살 도리가 업
고 의리의는 크게 볼 거시 업ᄉᆞᆫᄂᆞᆫ대 져히 ᄆᆞ임만 도도와 졈졈 궁극히 구오니
쥬인인들 견디여 급ᄒᆞᆫ ᄌᆡᆫ들 길게 돌보기 쉽습ᄂᆞ니잇가 녜 셩인도 권도와

정도롤 두어 째의 쓰게 혼 일이오니 큰 의리가 아니오면 몸이 살고 보와 수
년만 더 견더디 므엇호라 브디 진호야 죽고 말가 시브오니잇가 심녀가 극심
호니 살 쓴이 업서 이러호오디 흉혼 놈들의 날 죽기 기드리옵는 일이 분호고
뎌견 괴혼호시니 그 일이 감격호고 의지가 둣터워 사오디 오라바님 굼주려
병나고 병의 니호게 홀 길 업고 위황이 디내오시는 일 싱각고 밥이 목의 느
리디 아니호야 밥을 둘포 못 먹스오니 내 넘녀 싱각호야 구챠호나 간 노즈
그리 머므러스오니 다시 노즈 보내거든 아조 슈욕호야 막는 일 업거든 구챠
홀디라도 내 넘녀 싱각호야 밧즈오셔야 싱도 숨이여니와 식보롤 홀셰 아니
안낙도 힝호고 지팅홀 도리가 되옵느니잇가 냥도롤 어더 노하야 내가 밥을
먹게스오니 스셰와 내 지졍을 싱각호야 내 말슴을 듯즈오쇼셔 내가 계유 잇
고 병난 굿디 아니호여스오나 밥도 못 먹고 가국의 됴혼 일은 업고 엇디 견
디랴 호옵 하늘이 도으샤 다시 방경이나 브라고 디내오니 내 넘녀롤 싱각고
공연이 우스온 죽임이 되기는 아니 졀통 홀가 시브오니잇가 신편이 못 되야
봉셔 못 호옵더니 노즈 아모리 가도 졍의 통티 못호고 하 급급호야 봉셔호오
니 보오시고 브디 조심 보듕호오샤 내 졍을 싱각호오심 브라옵 가력은 말 못
되오디 뎐장을 다 프라도 숨은 니우게 호오나 긍극한 염문의 이 길힌들 길게
엇기 쉽습느니잇가 만젼지도가 못 되오니 왕인 편을 트면 다시 막아도 이편
이 말홀 터히 아니 잇습느니잇가 저히 막디 아니노라 호니 통분은 호야도 내
여셰올 말이 업습느이다 나라 놀라온 일노 크게 경동호야 병환이 엇더호오신
줄 몰라 안타갑스오이다 브디 약을 싱각호야 안길을 엇즈오시긔 호옵

[달포 병환(病患)이 위중하고 황급하게 지내시니 천 리 밖에서 주야(晝夜)
초조하고 당황스러운 염려(念慮) 간절하오니, 병에 이로울 도리를 할 길이 없
고 심부름꾼은 갈 적마다 욕(辱)만 취하니 분(忿)해하오며, 국운이 불행하여 5
년을 나라 위하여 근심을 놓고 반석같이 굳던 세자의 참척(慘慽)을 당하니 너

무 애통하고 망단(望斷)하오니 형용하여 무슨 말씀을 하오리까. 주상께서도 참척을 보시고 과도하게 슬퍼하시니 갑갑하고 초조하며 민망하되, 대의를 깊이 생각하시어 잠도 여상(如常)하게 주무시고 불행 중 천만 다행한 기미(機微)가 올 안으로는 있을 듯 하니 두루 다행하여 주야(晝夜)로 하늘만 바라보며 간절히 바라고 축원하며, 의외에 침통 한 일을 만나 비통한 중, 이 불행을 병환 중에 들으시고 오죽 슬퍼하시어 가득한 기운에 원기를 잃고 오죽하시랴.

일마다 불행하여 원통하니 몸이 10년 넘도록 살아 이 참척을 보는 일 만났기에 통탄하고 근심을 이기어 견딜 길이 없으니 갑갑하게 산 것이 답답하며, 봉서(封書)를 연(連)하여 심부름꾼이 가져가되 헛되이 돌아오니 뜻을 통할 길이 없고 마음이 미어지는 듯 안타까우며, 은밀한 길이 있는가 하여 흉악하게 막아 전고(前古)에 없는 거조(擧措)로 막고 매사에 양식을 전하지 못하니 일이 구차하나 그렇다고 저희에게 맡겨 굶겨 죽게 하지 못하고 양식은 내보내는 것은 나 혼자의 뜻으로 임의로 보낸 것이 아니니 보낸 것이 저희 조종하는 것이 너무 이상하고 놀라우나 그것으로 아니 받고 이후에 점점 흉하게만 굴고 오래 먹을 도리가 없으니 해가 넘도록 마음을 썩인 원기(元氣)에 어찌 먹지 못하고 죽물이나 밥술이나 되는대로 먹고 살 것이 아닌데 내보내는 것을 아주 막으면 하릴없거니와 저희 발은 빼고 오라버님이 아니 받을 줄 알고 일부러 그리하는 것을 그 계교(計巧)를 맞히어 아니 받고 어찌하여 살아갈까 싶습니까. 저희 계교 맞히어 죽기는 우스운 일이 아닙니까.

사는 것이 즐거운 것이 아니되 부디 지탱하여 천명(天命)과 왕명(王命)을 받아 나중을 보지, 저희 꾀에 감겨 과격한 고집은 세상이 다 아오니 일부러 분을 돋우고 조롱하여 아니 받도록 하고 저희는 왕명을 공경하는 체하고 발 빼려 하는 것을 그대로 좋다고 하시니 이편만 살 도리가 없고 의리에는 크게 볼 것이 없는데, 저희 미움만 돋우어 점점 궁극하게 구니 주인인들 견디어 급한 때인들 돌보기 쉽습니까.

옛날 성인(聖人)도 권도(權道)와 정도(正道)를 두어 때에 맞게 쓰도록 한 일이니 큰 의리가 아니면 몸이 살고 보아 수년만 더 견디지 무엇 하려고 부디 진(盡)하여 죽고 말까 싶습니까. 심려(心慮)가 극심하니 살 뜻이 없어 이러하되 흉한 놈들이 내가 죽기를 기다리는 일이 분하고 우두커니 서서 바라보시고 정신이 아득해지시니 그 일이 감격하고 의지(依支)가 두터워 살되, 오라버님 굶주려 병나고 병에 이롭게 할 길 없고 위급하고 황망하게 지내시는 일 생각하고 밥이 목에 넘어가지 아니하여 밥을 달포 못 먹으니, 내 염려(念慮) 생각하여 구차하나 간 종놈(奴子) 그리 머물었으니 다시 종놈 보내거든 아주 모욕을 당하여 막는 일 없거든 구차할지라도 내 염려(念慮) 생각하여 받으셔야 삶도 삶이거니와 식보(食補)를 하여야 안락(安樂)도 행하고 지탱할 도리가 안 되겠습니까.

양식을 얻어 놓아야 내가 밥을 먹겠으니 사세(事勢)와 내 지극한 정을 생각하여 내 말씀을 들으소서. 내가 겨우 있고 병으로 인한 고생 그치지 않았으나 밥도 못 먹고 집안과 나라에 좋은 일은 없고 어찌 견디려 합니까. 하늘이 도우시어 다시 나라의 경사(慶事)가 있기를 바라고 지내니 내 염려를 생각하고 공연히 우스운 죽음을 당하는 것은 절통하지 않을까 싶습니까. 믿을 만한 인편이 못 되어 봉서하지 못하였는데 종놈이 아무리 가도 뜻을 통하지 못하고 너무 갑갑하여 봉서하니 보시고 부디 조심하고 보중하시어 나의 뜻을 생각하기 바랍니다.

집안 형편[家力]은 말이 못 되지만 전장(田莊)을 다 팔아도 삶은 잇게 하나 지극히 딱한 가문에 이 길인들 오래 얻기 쉽습니까. 아주 완전한 길이 못 되니 심부름꾼 편을 트면 다시 막아도 이편이 말할 것이 아니 있습니까. 저희가 막지 않았노라 하니 통분(痛忿)은 하여도 내세울 말이 없습니다. 나라의 놀라운 일로 크게 놀라서 병환이 어떠하신 줄 몰라 안타깝습니다. 부디 약(藥)을 생각하여 안길(安吉)을 얻으시도록 하십시오.]

편지 첫머리에 "국운이 불행하여 5년을 나라 위하여 근심을 놓고 반석 같이 굳던 세자의 참척을 당하니 너무 애통하고 망단하오니 형용하여 무슨 말씀을 하오리까."라는 구절이 나온다. 세자의 죽음 소식을 전한 것이다. 문효세자(文孝世子, 1782~1786)는 정조와 의빈 성씨 사이에 1782년 10월 13일 출생한 장자로, 1784년 7월 세자에 책봉됐으나 1786년 6월 6일 홍역으로 짧은 생을 마감했다. 그 직후에 보낸 것으로 보인다.

그리고 오랫동안 유배지에 가 있는 오빠의 건강과 식사에 대한 정순왕후의 깊은 걱정과 염려가 드러나고 있다. "일마다 불행하여 원통하니 몸이 십 년 넘도록 살아 이 참척을 보는 일 만났기에 통탄하고 근심을 이기어 견딜 길이 없으니 갑갑하게 산 것이 답답하며"라고 했듯이 유배가 십 년에 이르렀음을 알 수 있다. 정순왕후는 김귀주가 굶주려 병나고 병에 이롭게 할 길 없고 위급하고 황망하게 지내는 일 생각하고 밥이 목에 넘어가지 아니하여 밥을 달포 못 먹고 있다고 하며 진심으로 걱정하고 있다. "구차할지라도 내 염려 생각하여 받으셔야 삶도 삶이거니와 식보를 하여야 안락도 행하고 지탱할 도리가 안 되겠습니까?" "나라의 놀라운 일로 크게 놀라서 병환이 어떠하신 줄 몰라 안타깝습니다. 부디 약을 생각하여 안길을 얻으시도록 하십시오"라고 요청했다.

게다가 "봉서를 연하여 심부름꾼이 가져가되 헛되이 돌아오니 뜻을 통할 길이 없고 마음이 미어지는 듯 안타까우며, 은밀한 길이 있는가 하여 흉악하게 막아 전고에 없는 거조로 막고 매사에 양식을 전하지 못하니"라고 했듯이, 정순왕후와 김귀주 사이에 편지도 제대로 오고가지 못하는 것을 한탄한다. 심지어 양식 보내는 것 까지도 방해했다는 식의 서술이 보인다. 이는 터무니없는 사실은 아니었던 듯하다. 1801년(순조 1) 김귀주의 숙부 김한기가 올린 유소에 다음과 같은 구절들이 보인다.

지난번에 신의 조카인 김귀주는 거듭 죄려(罪戾)에 걸려들어 도배(島配)되어 천극의 벌을 받기에 이르렀었는데 … 다만 신의 조카를 양이(量移)한 것은 진실로 조금이나마 가까운 도리(道理)에 있어 가끔 소식을 통할 수 있게 함으로써 자전의 성의(聖意)를 받들어 위로하려는 데에서 나온 것인데, 저 무리는 오로지 이로 인해 은혜를 베풀어 양이하게 되면 살아서 돌아오게 될 날이 있을 것을 두려워하였습니다. 그래서 널리 회수(劊手)를 모집하여 번갈아 뽑아 보내어 방금(防禁)을 단단히 단속함이 섬에 있었던 때보다 10배나 더하였고 여러 차례 협박을 받아 목숨이 경각에 달려 있었으니, 생사존몰(生死存沒)을 전해들을 길도 없었습니다. 자전께서는 지극히 간절한 마음을 차마 어찌할 바가 없어서 특별히 함서(緘書)를 내려 안부를 묻게 하셨는데, 해당 목사 오재문은 도신 이재학에게 서첩(書牒)을 보내어 은밀히 의논하고는 명을 띤 노자(奴子)를 방자한 마음으로 잡아 가두었으며, 받들어 가지고 온 서찰은 위조한 것이라고 일컬어 이교(吏校)에게 분부해서 그로 하여금 봉한 것을 뜯어서 그 진위를 징험하게 하였습니다. 그리고 이어서 죄인으로 하여금 뜰아래에 꿇어앉아 이를 받게 한 다음 이졸(吏卒)들로 하여금 둘러싸고 서 있게 하였으며, 또 기첩(妓妾)으로 하여금 곁에서 참섭하여 그 내용을 염탐하고 그 지의(旨意)를 살펴보게 함으로써 마치 음모와 비밀스런 계획을 은밀하게 서로 통보하고 있는 것처럼 하였습니다.[42]

---

42 『순조실록』 권1, 1년 1월 계사.

정조와 풍산홍씨 가문에 대한 깊은 원망을 엿볼 수 있다. 하지만 정조재위 기간에 어떻게 할 수 없었으며 경주김씨 가문은 정계에서 제외되고 큰 타격을 입게 되었다. 김귀주의 죽음이 정순왕후가 적극적으로 정치에 관여하게 되는 계기가 되었다.[43]

정순왕후가 10년이나 귀양 가 있는 오빠 김귀주를 염려하는 마음과 풍산홍씨 집안에 대한 원망이 담겨 있는 이 편지를 쓴 것은 1786년(정조 10) 6월이다. 그로부터 얼마 되지 않아 같은 해 윤7월, 김귀주는 귀양살이의 삶을 마감했다. 전라도 관찰사 심이지가 "나주에 정배된 죄인 김귀주가 물고(物故)하였다"고 보고했다. 정조는 "그의 죄가 비록 중하지만 자전의 마음을 위로해 주는 도리에 있어서 어찌 죽은 채로 방치해 둔 채 용서해 주지 않을 수 있겠는가"라며 특별히 그의 죄명을 도류안(徒流案)에서 지우도록 했다.[44] 나주 목사로 하여금 후하게 염습하여 본가에게 내주도록 했다. 이어 쌀과 무명을 넉넉히 주어 반장(返葬)하게 했다. "이는 바로 자전의 마음을 위로하는 뜻이라고 회유하라."고 특별히 강조했다.

그렇다 하더라도 정순왕후의 침통과 원망은 그다지 가셔지지 않았던 듯하다. 그런 참에 갑작스레 정조가 세상을 떠났으며(1800년 6월), 어린 순조가 왕위에 올랐다. 1800년 순조 즉위년부터 정순왕후는 수렴청정을 하게 되었다. 정조 집권기에 정순왕후의 경주김씨 집안은 많은 피해를 입었다. 하지만 새로운 왕(순조)의 즉위와 더불어 김씨 세력은 다시금 정계로 진출하게 되었다. 자연스럽게 혜경궁홍씨 일가는 시련을 겪지 않을 수 없었다. 정순

---

43 정순왕후가 정조대 내린 19건의 언교를 보면, 정조 10년(1786)을 기점으로 언교의 빈도가 늘어나고 있다. 1786년 이전 3건, 그 이후 16건이다. 오빠 김귀주의 죽음이 중요한 계기가 된 것 같다.(이남희, 앞의 논문(2020b), 385쪽)

44 『정조실록』 권22, 10년 윤7월 계사.

왕후는 서차(序次)에서 혜경궁홍씨가 며느리이자 왕대비였던 효의왕후보다 뒤로 밀려나게 했다. 혜경궁홍씨의 동생 홍낙임은 사약을 받아 죽었다.

영조 대 홍봉한의 정국주도에 대해서 불만을 가진 사류들은 새로이 하나의 정치 세력으로 성장한 계비 김씨 정순왕후의 외척집안과 연계했다. 그들은 척신정권 타도를 기치로 내걸고 홍봉한을 공격했다. 1770년(영조 46)에 있었던 최익남의 상소로 인해서, 홍봉한에 대한 영조의 의심이 깊어졌다. 혜경궁홍씨에게 친정아버지의 몰락과 위기는 새로운 근심꺼리가 되었다. 위기에 처한 친정을 구하기 위해서 혜경궁홍씨는 막후에서 정치적 수완을 강구하게 된다.[45] 홍봉한 공격의 배후에 정순왕후의 오빠 김귀주와 화완옹주의 아들 정후겸이 있음을 알고서 두 사람을 떼어놓고자 했다.

또한 동생 홍낙임으로 하여금 정후겸에 접근해 사귀게 했다. 홍낙임과 정후겸은 1765년(영조 41) 식년시 생원시와 진사시 시험에 동시 합격한 동기생이기도 했다.[46] 화완옹주의 주선을 통해서 홍봉한에 대한 영조의 의심과 노여움을 풀도록 했다. 혜경궁은 친정의 참화를 구할 수 있었다. 동생 홍낙임에게 편지를 보내서 권유했다고 한다. 현재 이 편지는 남아 있지 않지만 『한중록』을 통해서 그 대략이나마 알 수 있다.

내 동생에게 편지하여 "옛사람은 위친(爲親)하여 죽는 효자도 있으니 지금 경색(景色)이 어버이를 위하여 후겸을 사귀어 문호(門戶)의 화(禍)를 구하는 것이 옳고 … 일시 후겸에게 염적(染跡)하기를 어려워하여 아비 위태함을 구

---

45 정만조, 앞의 논문, 12쪽.
46 생원시와 진사시는 하루걸러 치러지기 때문에 양시 합격이 가능했다. 양시 합격은 쌍중(雙中), 구중(具中)이라 하여, 사마방목(司馬榜目) 권말에 양시 합격자 명단을 수록했다.

하지 아니하면 어찌 인자(人子)의 도리리오.” 하고 간절히 권하니라.[47]

삼십여 년 동안 궁중 생활을 했으며, 또 무엇보다 남편 사도세자를 여의는 세파를 통해서 터득한 혜경궁홍씨의 정치적 경험이 빛을 발했다고 할 수 있겠다. 그러나 홍낙임의 그 같은 행동은 정순왕후의 미움을 사게 되었다. 정조 즉위 후 모함으로 인해서 그는 국문을 당하기도 했다. 결국 그는 순조가 즉위한 후, 정순왕후가 수렴청정하던 시절 죽임을 당하게 된 것이다.[48]

그 다음으로 오래된 것은 [정순왕후 언간⑤], 즉 정순왕후가 김노서에게 보낸 편지라 할 수 있겠다. 그 내용을 보면 다음과 같다.

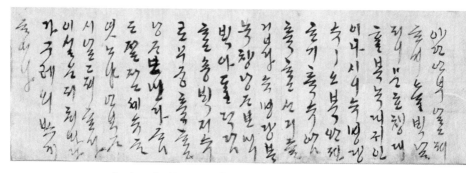

[그림 5-5] 정순왕후 언간⑤, 41.4x13.3cm, 국립한글박물관소장

[정순왕후 언간⑤]

야간 안부 알고저 ㅎ며 오늘 빅날 되니 문호 창대홀 복녹 대귀인이 나시니

---

47 『한중록』, 401쪽.

48 훗날 친정을 하게 되자 순조는 홍낙임의 관작을 회복시키고 홍봉한을 신원하는 등 혜경궁홍씨 가문을 복원시키고자 했다.

슈명 댱슈댱슈 오복 완전흐기 츅슈 암츅흐고 신긔 즐겁다 수명댱 복녹챵 낭
즈 보내니 빅 아들 덕담흐고 숑빅지슈로 무궁 츅흐고 낭즈 보낸다 즘도 잘
자고 셰슈흐엿느냐 안부 즈시 알고져 흔다 이 실은 되치와다가 구레의 쁘게
흐여라

[야간(夜間) 안부(安否) 알고자 하며, 오늘 백일(百日) 되니 문호(門戶)가 창
대(昌大)할 복록(福祿) 대귀인(大貴人)이 났으니 수명이 매우 장수하고 오복(五
福)이 완전하기 축수하며 기원하고 신기하고 즐겁다. 수명장(壽命長) 복록창
(福祿昌) 주머니 보내니, 백일 아들 덕담하고 송백(松柏)처럼 무궁하기를 축원
하고 주머니 보낸다. 잠도 잘 자고 세수하였느냐. 안부 자세히 알고자 한다.
이 실은 도로 챙겼다가 구레에 쓰도록 하여라.]

이 편지는 무엇보다 "오늘 백일 되니 문호가 창대할 복록 대귀인이 났으
니"라고 하듯이 백일을 축하한다는 내용이다. 그러면 누구의 백일인가. 김
노서의 아들 김후재(1797~1850)가 주인공이다. 그는 1797년 태어났으니, 백
일이면 대체로 1797년, 아무리 늦게 잡아도 1780년 초로 볼 수 있지 않을
까 한다. 시기로 보아 김노서가 관직에 나아가기 전에 보낸 편지다.

사랑스런 조카의 아들, 그러니까 조카 손자가 태어나 백일을 맞았으니,
참으로 축하할 만한 일이었을 것이다. "문호가 창대할 복록 대귀인이 났으
니 수명이 매우 장수하고 오복이 완전하기 축수하며 기원"한다는 것이다.
그런 축하가 말로만 끝나는 것이 아니라 수명장 복록창 글자를 새긴 주머
니도 보내고, 이 실은 도로 챙겼다가 쓰도록 한 것으로 보아 장수를 염원하
는 실타래를 보낸 것을 알 수 있다. 온전히 일상적인 내용을 담고 있는 언
간이라고 하겠다. 그렇게 축복받았던 아이 김후재는 나중에 백부 김노충
(1766~1805)의 양자로 들어가게 된다.

정순왕후는 친정 가문을 이어가게 될 사랑스런 조카의 아들 김후재에 대해서 깊은 애정을 품었던 것 같다. 자식 없고 나이든 지체 높은 왕실 여성이라 더욱 그러했을 것이다. 그런 사랑을 느낄 수 있는 언간이 하나 더 전한다. [정순왕후 언간⑭]가 그것이다. 문제는 편지를 보낸 시점이 언제인가 하는 것인데, 천연두를 무사하게 치렀다고 한 걸로 보아 두, 세 살 때가 아닌가 싶다. [정순왕후 언간⑤]와 관련이 깊기에 수렴청정 이전의 언간 범주에 넣어두고자 한다.

[그림 5-6] 정순왕후 언간⑭와 피봉. 44.3x20cm, 4.9x21cm, 국립한글박물관소장

[정순왕후 언간⑭]

오늘은 슈명댱슈 만복 구젼홀 셩일이니 그득이 귀ᄒ고 든든ᄒ다 아ᄒ는 슌두롤 ᄒ고 오늘 츌쟝ᄒ니 집안의 큰 경ᄉ니 만만 경힝이 그음업ᄉ니 오늘 됴ᄒᆫ 날 죽히 즐겨 디내랴 만힝ᄒ기 무궁ᄒ다 벼로롤 달라 ᄒ던 거시니 나쓰던 벼로롤 필묵ᄒ고 비워 오늘 귀ᄒᆫ 날이오 경ᄉ 샹으로 보내니 뻐라 벼로가 됴키 묵도 ᄆᆞᆯᄃᆡ 아니ᄒ고 극키 됴타 아ᄒ 샹은 가지고 놀게 웃판 보낸

다 유난목 흔필 준다 낭즈 흐나 보낸다 아히 잘 잔느냐 오늘은 복 잇눈 날이기 벼로집이 남기로 너보낸다 타락 보내니 먹어라

[오늘은 수명장수(壽命長壽)하고 만복(萬福)이 두루 갖추어지는 생일이니 그득히 귀하고 든든하다. 아이는 천연두를 순하게 치르고 오늘 완전히 딱지가 떨어지니 집안의 큰 경사(慶事)니 만만(萬萬) 경사롭고 다행함이 그지없으니, 오늘 좋은 날 오죽 즐거워하며 지내랴. 두루 다행하기 무궁하도다. 벼루를 달라 하던 것이니 나 쓰던 벼루를 붓과 먹하고 비워서 오늘 귀한 날이요, 경사라 상(賞)으로 보내니 써라. 벼루가 좋기가 먹도 마르지 아니하고 극히 좋다. 아이 상은 가지고 놀게 윷판 보낸다. 유난목(유난목 한 필 보낸다. 주머니 하나 보낸다. 아이가 잘 잤느냐. 오늘은 복 있는 날이기에 벼루집이 남기로 내보낸다. 타락(駝酪) 보내니 먹어라.]

조카 아들의 수명장수하고 만복이 두루 갖추어지는 생일에 맞춰서 편지를 보낸 것이다. 특히 천연두를 순하게 치르고 딱지도 완전히 떨어졌다니까 집안의 큰 경사로 만만 경사롭고 다행함이 그지없으며 두루 다행하기 무궁한 일이라 했다. 조카에게는 자신이 쓰던 벼루와 붓과 먹을 보내고, 아이에게는 상으로 윷판을 보낸다는 것, 그 외에 유난목 한 필, 주머니, 벼루집, 그리고 우유[타락]를 보내준 것이다. 사적으로는 고모지만 지체 높은 왕대비가 보낸 것이니 만큼 모두들 좋아했을 것이다.

5. 수렴청정 이후에 보낸 언간

1) 언교(諺敎)와 언서(諺書)

정순왕후는 영조가 세상을 떠나고 정조가 왕이 된 후에는 왕대비가 되었다. 왕의 계통상 정조는 영조가 아니라 진종(효장세자)을 계승한 것으로 되어 있다. 정조의 할머니로서 정순왕후는 대왕대비가 될 수도 있었다. 그런 주장도 있었지만, 정조는 손자가 조부를 계승하면 조부는 예위(禰位)가 된다는 이유를 들어 정순왕후를 왕대비로 삼았다.[49] 정순왕후는 정조가 오래도록 후사를 얻지 못하자 후궁의 간택을 서둘렀으며,[50] 마침내 1790년(정조 14) 유빈(綏嬪) 박씨가 원자(순조)를 낳았다.

간택 과정에서 총명함을 과시했던 정순왕후는 정조 시대에 들어서도 중요한 사안에 언교(諺敎) 내지 언서(諺書)를 내려서 일정한 정치력을 행사하고는 했다.[51] 정조 초반에는 언서로 대신에게 왕의 후사가 없음을 지적하면서 빈 간택을 청하기도 하고,[52] 심지어 권력을 장악한 홍국영과 정조의 이복 동생 은언군(恩彦君)을 처벌하라는 언교, 한글 교지를 내리기도 했다.[53] 분명한 것은 정순왕후가 언교 내지 언서를 내리고 있다는 점이다. 다시 말해서 한글 문장을 통해서 자신의 의지나 정치적 지향성을 분명하고 밝히고 있다는 점이다.

---

49 『정조실록』 권1, 즉위년 3월 신사.

50 『정조실록』 권22, 10년 10월 신축.

51 『정조실록』 권1, 즉위년 3월 계미;『정조실록』 권5, 2년 5월 신유.

52 『정조실록』 권9, 4년 2월 경오

53 『정조실록』 권22, 10년 12월 경자.

정순왕후가 내리는 언서나 언교에서는, 자신의 말이 선왕인 영조의 뜻에 부합하는 것일 뿐만 아니라 국가를 위하고 정조를 보호하며 대의(大義)를 밝히는 일이라 주장했다. 영조의 뜻을 잇는다는 것은 정순왕후가 내세우는 명분이기도 했다. 그러다 보니, 자연히 정조와 부딪히지 않을 수 없었다. 특히 정조로서는 자신의 유일한 혈육 은언군을 처형하라는 요구는 받아들이기 어려운 것이었다. 정조가 은언군을 감싸고돌자 공의(公義)를 내세우며 정조를 압박하기도 했다.[54]

1800년 6월 정조가 세상을 떠나자 순조가 왕위에 올랐다. 순조는 11세의 어린 나이여서 제대로 정국을 운영할 수가 없었다. 정순왕후는 대왕대비로 왕실의 최고 어른으로, 수렴청정하게 되었다. 순조 즉위년 12월 18일, 정순왕후는 대신들에게 긴 언교를 내리고 있다. 자세한 내역은 생략하기로 하고, 조정 대신들의 발언을 다 들은 후, 이렇게 하교했다.

> 이 언교(諺敎)를 연석에서 물러간 뒤 상세히 돌려가면서 본다면, 반드시 천양할 방도를 생각하게 될 것이다. 자명(自明)하고 자수(自首)하는 일은 반드시 시일을 지체시키는 일이 없어야 할 것이다. 만일 주상이 어리고 여군(女君)이 임조(臨朝)했다고 해서 일 푼이라도 경홀히 여기는 마음을 품고 있다면, 방헌(邦憲)이 본시 있으니, 내가 일개 부인이긴 하지만 어찌 조처할 방도가 없겠는가. 모쪼록 각기 두려운 마음으로 거행토록 하라.[55]

당찬 모습을 보이고 있지만 어쩌면 그래서 더 사적인 네트워크를 중시했을지도 모르겠다. 정순왕후의 사적인 편지, 언간이 갖는 의미는 거기에

---

54 이남희, 앞의 논문(2020b), 386-387쪽.
55 『순조실록』 권1, 즉위년 12월 병인.

있다고 하겠다. 언간은 언교 내지 언서와 좋은 대조를 이룬다. 그런데 이미 앞에서 지적한대로 정순왕후의 언간은 오빠 김귀주의 둘째 아들, 김노서와 주고받은 것이 대부분이다.

편지에 등장하는 단편적인 어구로 보자면 더 많은 편지가 오고 갔을 가능성도 읽을 수 있다. 하지만 다 전해지지는 않는다. 편지에서는 김노서가 자신을 "쇼신"으로 지칭한 것들이 많다. 김노서는 1802년 8월 14일 동몽교관이 되어 벼슬을 시작했으며 1804년 6월 4일 사망했다. 따라서 그 사이에 오고간 편지로 여겨진다.

2) 수신자

정순왕후 언간의 내용 분석에 들어가기 전에 발신자, 수신자와 관련해서 주목할 만한 것들부터 보기로 하자. 우선 정순왕후전 궁녀 대필 언간이 눈에 띈다.

[정순왕후 언간⑯]

봉셔 밧즈와 야간 평안ᄒᆞᆸ신 일 아옵고 든든 몬내 알외오며 앗가 봉셔ᄒᆞ 엿ᄉᆞᆸ더니 못 보와 겨오신가 시브옵 그ᄉᆞ이ᄂᆞ 혼가지오시고 잡ᄉᆞ오시기ᄂᆞ 곽탕ᄒᆞᆸ고 죽진디 잡ᄉᆞ와 겨ᄋᆞ오시이다

[봉서 받고 야간 평안하신 일 알고 든든하여 못내 아뢰오며 아까 봉서하였는데 못 보셨는가 싶습니다. 그사이는 한가지시고 잡수시기는 곽탕(藿湯, 미역국)하고 죽진지를 잡수셨습니다.]

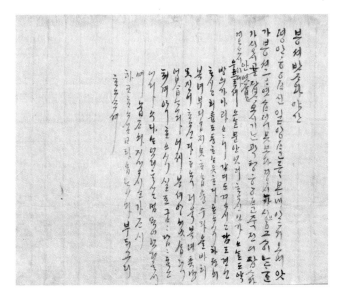

[그림 5-7] 정순왕후⑯←김노서⑬ 언간, 38.5x32.4cm, 국립한글박물관소장

이 언간은 김노서가 보낸 편지의 여백에 적어 보낸 것으로 미루어 볼 때, 정순왕후 쪽에서 답신한 것이 분명하다. 하지만 정순왕후가 병이 위중하여 답신을 직접 쓰기 어려워서 궁녀가 대신 답신을 써 보낸 것으로 보인다. 더구나 김노서가 보낸 [김노서 언간⑬]을 보면, 극진하게 문안을 여쭙고 있다. 점심도 못 드셨다는 소식도 들었다는 것, 더구나 편지를 보냈는데도 답신이 없어 "실로 궁금하고 답답합니다."라고 했다. 답신을 기다리고 재촉하는 조카, 하지만 건강 상태가 좋지 않은 정순왕후는 믿을만한 궁녀에게 답하도록 했을 것이다. 이에 궁녀는 답장에서 미역국과 죽을 드셨다는 내용을 전하고 있다.

[김노서 언간⑬]

　문안 엿줍고 우흐로셔 오늘 문안 엇더ᄒᆞ오신잇가 오늘도 약방의 가 아라
오오니 감긔도 겨오시고 담도 견인ᄒᆞ시고 회튱도 동ᄒᆞᄂᆞᆫ 듯ᄒᆞ다 ᄒᆞ오시니 하
졍의 복녀 부리옵지 못ᄒᆞᆸ 즁수라을 바히 못 진어ᄒᆞ오신다 ᄒᆞ오니 더욱 복
녀 측냥업ᄉᆞᆸᄂᆞ이다 어제 봉셔 알외엿ᄉᆞᆸ더니 회셔 아니ᄒᆞ오시니 실로 굼굼 답
답ᄒᆞ오이다 수라는 엇더ᄒᆞ시고 범빅이 엇더ᄒᆞ시며 눕ᄌᆞ와 지내오시ᄂᆞᆫ가 ᄌᆞ
시 하교ᄒᆞ오심 ᄇᆞ라옵ᄂᆞ이다 부ᄃᆡ 그리 ᄒᆞ오쇼셔

　[문안 여쭙고 대전(大殿)께서 오늘 문안(問安) 어떠하십니까. 오늘도 약방
(藥房)에 가 알아 오니 감기(感氣)도 계시고 담(痰)도 매우 단단하게 질기고 회
충(蛔蟲)도 움직이는 듯하다 하시니 하정(下情)에 염려 부리지 못합니다. 중수
라를 전혀 못 드신다 하니 더욱 염려 측량없습니다. 어제 봉서 아뢰었는데 답
서를 아니하시니 실로 궁금하고 답답합니다. 수라는 어떠하시고 범백(凡百)이
어떠하시며 누워 지내시는지 자세히 하교(下敎)하심을 바라옵나이다. 부디 그
리하소서.]

　다음으로 주목되는 언간은 [김노서 언간⑧]이라 하겠다. 이 언간은 발신
자가 누구인지 알기 어렵다는 것이 더 정확할 것이다. 이 언간의 필체가 다
른 김노서 언간의 필체와 조금 다르기 때문이다. 특히 "승지는 갈리니 곡
진하게 염려하시는 마마의 뜻에 감읍하오며"라고 한 것도 그렇고, 또한 동
기의 묘에 대해 의견을 말하는 것도 그렇다. 이런 점들을 감안하면 발신자
는 김노서가 아니라 승지를 지낸 김노충일 가능성도 크다고 하겠다.[56] 『승
정원일기』 1804년 3월 10일 신병으로 대왕대비전에 승후(承候) 드리지 못했

56　이종덕, 앞의 논문(2013), 30쪽. 김노서가 보낸 언간으로 보는 연구도 있다.(박재연, 앞
　　의 논문, 164쪽; 최어진·박재연, 앞의 논문, 13쪽)

다는 기사가 나온다.

따라서 본문에서 언급한 동기의 묘는 어쩌면 김노서의 묘를 가리키는 듯하다. 1804년 6월 4일, 김노서는 사망했기 때문이다. 그런 점을 감안한다면 김노서가 사망하여 장사지낸 뒤 천폄(遷窆)하는 일에 대한 조치와 관련된 것 같다. 만약 그렇다면 그 편지를 보낸 시기는 김노서가 사망한 후에 김노충의 승지 벼슬이 교체된 시기, 그러니까 1804년 말~1805년 정순왕후가 세상을 떠나기 이전으로 여겨진다. 그 내용을 보면 아래와 같다.

[그림 5-8] 김노서 언간⑧. 61.1x12.9cm, 국립한글박물관소장

[김노서 언간⑧]

ᄉ연 보옵고 승지는 갈니오니 곡념ᄒ오시는 셩의 감읍ᄒ오며 몸이 오날은 심히 알푸오니 답답ᄒ오며 뎡욱 보니 올 일은 아니 말니올 거시오나 츄호나 셩덕의 희롭ᄉ오면 쇼신이 현마 그리ᄒ쇼셔 ᄒ오며 아무리 위셰온들 못 말닐 디야 위셰 브리오리잇가 졍니로나 ᄉ셰로나 임ᄌ 업는 동긔의 뫼희 궁속 ᄒ나 보니여 보시는 거시 그리 실덕이 되오리잇가 ᄌ교 말슴 말고 그져 가 보기온들 못ᄒ오리잇가 숑ᄉᄅ 아모도 나가보ᄂᆞ니 업시 묘직만 ᄒ오니 되옵ᄂᆞ니잇가 뎡욱이가 ᄉ리로나 죡히 일너 보암즉ᄒ오니 못 보니올묘리 업ᄉ오니 이쩌져 쎠 구긔ᄒ올 무뎌가 죠곰도 업습고 그놈이 고이ᄒ 거시라도 사름이지

즘성이 아니오니 무슨 욕셜이 잇스오리잇가 쇼신의게 편지는 블손이 ᄒᆞ여스오나 욕셜ᄒᆞ온 일은 업습고 산소 옴겨 가라 말은 업습기 봉셔의는 그 말슴은 업는 말이니 ᄒᆞ지 말나 ᄒᆞ여습더니 ᄒᆞ여스오면 더 거우지 못홀 거슬아오실 듯ᄒᆞ오나 무슨 욕셜이 슬가슬가 보오니잇가 뎡욱이 아니 보니오시면 더 보리가 업스오니 이리 알외오나 못 보니시면 숑스 맛타 ᄒᆞ리도 업스오니 이 압횬 농미롤 눌러 뼈도 꼼작ᄒᆞ올 길이 업스오니 한심ᄒᆞ오이다 위셰로 ᄒᆞ쟈는 말슴이 아니올소이다 쳔펌 씨 궁쇽 보니는 거시나 다르지 아니ᄒᆞ옵고 가셔 츳츳 스리로 잘 일으기야 무엇시 희롭스오리잇가 이번 못 금ᄒᆞ오면 그는 못 합장이 무수이 일어나고 젼의 말녀던디 가 시로이 뼈도 ᄒᆞᆫ 말을 못 ᄒᆞ게스오니 이런 곱곱ᄒᆞ온 일이 어디 잇스오리잇가 여러 말슴이 실노 황숑ᄒᆞ오되 쇼신 뜻가지는 알외옵ᄂᆞ이다 뎡욱이롤 이졔 블너다가 나가라 ᄒᆞ오시면 죠케습ᄂᆞ이다

[사연 보고 승지(承旨)는 갈리니 곡진하게 염려하시는 마마의 뜻에 감읍(感泣)하오며 몸이 오늘은 매우 아프니 답답하오며, 정욱이 보낼 일은 아니 말릴 것이나 추호라도 마마의 덕에 해로우면 소신이 설마 그리하소서 하며, 아무리 위세인들 못 말릴 데야 위세 부리오리까. 정리로사 사세로나 임자 없는 동기(同氣)의 묘에 궁속(宮屬) 하나 보내어 보시는 것이 그리 실덕(失德)이 되오리까. 마마께서 가르쳐 하시는 말씀 말고 그저 가 보기인들 못하오리까. 송사를 아무도 나가보는 이 없이 묘직이만 하니 되겠습니까. 정욱이가 사리로나 충분히 일어 봄즉 하니 못 보낼 도리가 없으니 이때저때 거리낄 이유가 조금도 없고 그놈이 괴이한 것이라고 사람이지 짐승이 아니니 못흔 욕설(辱說)이 있사오리까. 소신에게 편지는 불손이 하였사오나 욕설한 일은 없고 산소 옮겨 가라는 말은 없기에 봉서(封書)에는 그 말씀은 없는 말이니 하지 말라 하였는데, 하였사오면 더 거역하지 못할 것을 아실 듯하오나 무슨 욕설이 있을

까 봅니까. 정욱이를 안 보내시면 더 볼 사람이 없으니 이리 아뢰오나 못 보내시면 송사 맡아 할 사람도 없으니 이후는 용미를 눌러 써도 꿈쩍할 길이 없으니 한심합니다. 위세로 하자는 말씀이 아니옵니다. 천폄(遷窆) 때 궁속 보내는 것이나 다르지 아니하고 가서 차차 사리로 알 이르는 것이야 무엇이 해롭사오리까. 이번에 금하지 못하면 그는 합장(合葬) 못한다는 의논이 무수히 일어나 전에 말리던 데에 가서 새로이 써도 한마디 말을 못 하겠으니 이런 갑갑한 일이 어디 있으리까? 여러 말씀이 실로 황송하되 소신의 뜻까지는 아뢰옵나이다. 정욱이를 이제 불러다가 나가라 하시면 좋겠사옵나이다.]

3) 편지 내용과 범주

정순왕후의 전해지는 언간에 담겨 있는 내용은 대략 다음과 같은 몇 가지 범주로 나누어 살펴볼 수 있지 않을까 한다. 언간이 지극히 사적인 편지이기는 하지만, 편지에 모든 것을 다 쓸 수는 없었을 것이다. 정말 중요한 사안은 빠져 있을 수도 있고, 또한 전해지지 않는 편지도 있었을 것이다. 이런 점을 감안하면서 읽어가기로 하자.

① 문안: 지극히 사적인 측면

편지의 성격상 지극히 사적인 것이며, 내용 또한 사적인 것이라 할 수 있는 것들이 많다. 우선 김노서가 약원에 신칙이 없음을 언급하며, 또한 자신을 '쇼신'으로 지칭했다. 따라서 관직에 있는 동안에 쓴 것으로 여겨진다. 편지에서는 형 김노충의 상소에 대해서도 언급하고 있다.[57]

---

57 김노충 상소에 대해서는 『승정원일기』 1802년 2월 24일과 1804년 1월 28일자 참조.

[그림 5-9] 김노서①→정순왕후① 언간, 52.1x13.5cm, 국립한글박물관소장

[김노서 언간①]

문안 엿줍고 야간 옥후 안녕ㅎ옵신 문안 아옵고져 ㅂ라오며 침슈 진어 범
절 엇더ㅎ오시며 졍섭 문안 졔졀 엇더ㅎ오시니잇가 하졍의 복녀 ㅂ리옵지 못
ㅎ와 ㅎ오며 오날 일의 약원의다 신칙 업스오니 탕졔을 의젼ㅎ여 드라ㅎ여
계오신지 ㅈ시 모르오와 답답ㅎ오며 형은 샹소을 오날이나 픠 나와 밧치오면
싀훤ㅎ옵게슴ㄴ이다 쇼신 일양 호가지로 지내오며 복분즈가 병의 죠타 ㅎ오
나 엇더 약으로 먹스올 길 업스오니 혹 복분즈 드옵거든 쥬오실가 ㅂ라옵ㄴ
이다 쥘븟쳐 업스오니 단오 흔 ㅈ르 무져 쥬오실가 ㅂ라옵ㄴ이다

[문안(問安) 여쭙고 밤사이 옥후 안녕하신 문안 알고자 바라오며, 침수(寢
睡) 진어(進御) 범절(凡節) 어떠하시며 정섭(靜攝) 문안 제절(諸節) 어떠하십니
까. 하정(下情)에 염려 부리지 못하여 하오며, 오늘 일찍 약원(藥院)에다 신칙
(申飭)이 없으니 탕제(湯劑)를 의정(議定)하여 들이라 하셨는지 자세히 몰라
답답하오며, 형은 상소를 오늘이나 패가 나와 바치면 시원하겠습니다. 소신
은 한결 같이 한가지로 지내오며 복분자가 병에 좋다 하오나 얻어 약으로 먹
을 길이 없으니 혹시 복분자 들거든 주실까 바라옵나이다. 쥘 부채 없으니 단
오(端午) 부채 한 자루를 마저 주실까 바라옵나이다.]

고모에게 약으로 좋다는 복분자, 단오부채를 요청하는 내용이 흥미롭다. 이 같은 조카의 편지에 대해서 정순왕후는 답신을 했다. 조카를 위해서 불공을 드리고 축원했다는 것, 그리고 과일도 보낸다, 그리고 원하는 부채도 보낸다는 내용이다.

[정순왕후 언간①]

<이전 결락> 고 답답ᄒ다 너 위ᄒ야 위축불공 디내엿더니 실과 보내니 너 먹어라 피접은 언제 나ᄂᆞ냐 네 형은 삼퍼 ᄶᆡ 진소ᄒ더면 죠흘더 오늘 펴 날 줄인들 어이 알니 일ᄎᆞ의ᄂᆞ 엇디 뎐ᄒ지 알 길 업다 부체 보낸다 신틱 업시 무시근 ᄒᄂᆞ 일이 우습고 고이ᄒ다 나는 어득ᄒ기 ᄒᆞᆫ가지로 디낸다 졈셔 보내니 보고 부억 블의 너치 말고 죠히 살오게 ᄒ여라 블공을 ᄂᆡ일가지 디내 ᄃᆞᆰ 잡거나 그리ᄒ지 말게 ᄒ여라

[<이전 결락> ……고 답답하다. 너를 위하여 불공(佛供)을 드리며 축원하였는데, 과일 보내니 너 먹어라. 비접(避接)은 언제 나느냐. 네 형은 삼패(三牌) 때 상소까지 하면 좋을 텐데 오늘 패(牌) 날 줄인들 어찌 알리. 일차(一次)에는 어찌 전하였는지 알 길 없다. 부채 보낸다. 신칙(申飭) 없이 무시근하게 하는 일이 우습고 괴이하다. 나는 어둑하기 한가지로 지낸다. 점서(占書)를 보내니 부엌 불의 넣지 말고 잘 불사르게 하여라. 불공은 내일까지 지내 닭 잡거나 그리하지 말도록 하여라.]

아마도 정순왕후는 점도 쳤던 모양이다. 그래선지 점서를 보내니 부엌 불에 넣지 말고 잘 불살라라고 했다. 아울러 "불공은 내일까지 지내 닭 잡거나 그리하지 말도록 하여라."는 당부도 했다. 아마도 금기 사항이었던 것 같다. 그와 관련해 [정순왕후 언간③]에는 이런 구절이 보인다. "내 사주

쓴 것 보낸다. 궁 밖 사람으로 물어라. 네 형의 사주도 보았느냐" 사주를 적어 보내면서 바깥사람들에게 한 번 물어보라고 하면서, 김노충의 사주도 봤느냐고 묻고 있다. 그녀 역시 사주와 운명 등에 대해서 궁금했던 것 같다. 대궐 바깥사람들에게 물어보라고 한 것은, 대궐 안에서는 사주쟁이가 누군지 금방 알아볼 것이기 때문이다. 그런 문제를 꺼렸던 것으로 보인다. 다시금 사주를 보려 한 것을 보아 사정이 그다지 여의치 않거나 답답한 일이 있었을 것으로 여겨진다.

위에서 본 것 이외에도 문안과 관련된 언간들이 많다. 조카로서 궁궐에 있는 고모의 건강을 걱정하는 것도 당연하다. 게다가 김노서 스스로 건강이 좋지 않았다. 그러니 자신의 건강과 병세, 그리고 약 처방 등에 대해서 말씀드리는 것은 당연한 일이었을 것이다.[58] 자상한 고모로서의 왕후는 여유가 있는 만큼 필요한 물품이나 약재 등을 기꺼이 보내주기도 했을 것이다.

② 부탁: 물건 매매와 논 관리

정순왕후는 조카 김노서에게 더러 개인적인 부탁도 했던 듯하다. 김노서가 고모 정순왕후에게 보낸 언간과 그에 대한 정순왕후의 답신을 보면 그런 사정의 일단이 드러난다. 논 관리와 물건 매매에 관한 것이다. 궁궐에 있다고는 하지만 개인적인 필요에 의해서 어떤 물건을 팔고 또 자신의 재산도 관리해야 할 것이다. 그런 개인적인 일들을 처리해주는 데에는 친한 조카만한 사람이 없었을 것이다. 편지에 "승후 쎠 드려가 즈시 알외오리이

---

58 "소신은 밤에 잠도 잘 자고 지난밤은 해소도 덜하였사옵나이다. 약은 날마다 먹으니 약보, 식보를 하면 차차 낫지 않겠습니까."[김노서 언간③]; "소신은 침을 맞은 해로 기운이 한 수일 못하여 지내기에 어제부터 녹용을 더하여 약을 먹으니 체기도 덜하고 음식도 잘 내려 오늘은 수일 전보다 약을 먹은 효험인지 조금 낫게 지내니 염려 지나치게 마소서."[김노서 언간⑤]

다"라고 한 것으로 미루어, 김노서가 벼슬길에 들어선 이후에 쓴 것으로 여겨진다.

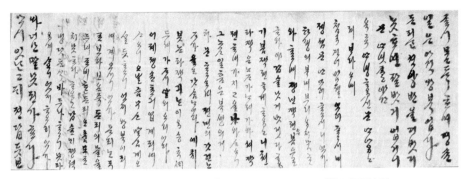

[그림 5-10] 김노서⑪→정순왕후⑪ 언간, 41.1x14.0cm, 국립한글박물관소장

[김노서 언간⑪]

문안 엿줍고 야간 옥후 안녕ᄒᆞ옵신 문안 아옵고져 브라오며 침슈 진어 범졀 엇더ᄒᆞ오시며 졍셥 문안 엇더ᄒᆞ오시니잇가 하졍의 복녀 브리옵지 못ᄒᆞ와 ᄒᆞ오며 쟝년 쟉젼은 봄으로 ᄒᆞ와야 갑슬 낫게 밧겟다 ᄒᆞ옵기 봄 쟉젼ᄒᆞ게 ᄒᆞ옵고 니쳔 타쟉은 노즈가 ᄂᆞ려가와셔 쟉젼ᄒᆞ여 가지고 올나와ᄉᆞ오니 그 노즈 일흠은 복셩의게 하문ᄒᆞ오쇼셔 젼년의 갓던 노즈가 올도 갓슴ᄂᆞ이다 예쥐 봇논 타쟉 긔ᄂᆞ이옵 승후 써 드려가 즈시 알외오리이다 어졔 졍슌 쵸긔 입계되여 ᄉᆞ오니 오날즘 무슨 말슴 계오실 듯ᄒᆞ오니 엇지 왕복이 되여 계오시니잇가 돈피는 두로 보와 보온즉 돈피의 플을 드려 죠비한 돈피요 품도 죠치 못ᄒᆞ다 ᄒᆞ옵고 갑슬 미쟝 셕 냥 닷 돈식 바드라 ᄒᆞ오니 못 파옵게ᄉᆞ오니 엇지 ᄒᆞ오리잇가

[문안(問安) 여쭙고 야간(夜間) 옥후(玉候) 안녕하신 문안 알고자 바라오며

침수(寢睡) 진어(進御) 범절(凡節) 어떠하시며 정섭(靜攝) 문안 어떠하십니까?
하정(下情)에 염려 부리지 못하여 하오며 작년 작전(作錢)은 봄으로 하여야 값
을 낮게 받겠다하기에 봄에 작전하게 하고 이천(利川) 타작(打作)은 종놈[奴
子]이 내려가서 작전하여 가지고 올라왔으니 그 종놈 이름은 복성에게 하문
하소서. 작년에 갔던 종놈이 올해도 갔습니다. 여주(驪州) 봇논 타작은 매우
어렵습니다. 승후(承候) 때 들어가 자세히 아뢰오리다. 어제 정순 초기가 입계
되었으니 오늘쯤 무슨 말씀 계실 듯 하니 어찌 소식이 전해졌습니까. 돈피(豚
皮)는 두루 보아 본즉 돈피에 물을 들여 만든 돈피요, 품질도 좋지 못하다 하
고 값을 매장 석 냥 닷 돈씩 받으라 하니 못 팔겠으니 어찌하오리까]

사안은 두 가지다. 하나는 작전과 타작, 즉 농사와 그 수확물 처리에 관
한 것이다. 다른 하나는 돈피(獴皮)에 관한 것이다. 돈피란 담비 종류 동물
의 모피를 통틀어 이르는 말이다. 그것을 처분하고자 했던 모양이다. 석 냥
닷 돈에는 팔 수 없을 듯하니, 어쩌면 좋겠느냐는 것이다. 이에 대한 정순
왕후는 답신은 이러하다.

[정순왕후 언간⑪]
글시 보고 든든ᄒ며 뎡슌 일은 아직 왕복 업다 돈피ᄂ 셕 냥 반을 더 밧디
못ᄒ면 팔 밧긔 업거니와 너모 말 못 된가 ᄒ다 모시 잇ᄂ 고디 뎐답 듯보와
닉년은 쓰게 ᄒ여라 녀쥐 봇논의 찰져ᄂ 비김 ᄒ야 올녀 오게ᄒ여라

[편지 보고 든든하며 정순(呈旬) 일은 아직 소식이 없다. 돈피(豚皮)는 석
냥 반을 더 받지 못하면 팔 수 밖에 없거니와 너무 말이 못 된가 한다. 못이
있는 곳에 전답(田畓) 듣고 보아 살펴서 내년은 쓰도록 하여라. 여주(驪州) 봇
논의 찰벼는 뱃김 하여 올려 오게 하여라.]

김노서가 보낸 편지의 여백에 답신을 적어 보내고 있다. 석 냥 반에라도 팔아야겠지만, 가격이 너무 싸다는 생각이 드는 모양이었다. 농토는 잘 살펴서 처리 해달라, 그리고 여주 봇논의 찰벼는 올려 보내라고 하는 지침을 전해주고 있다.

③ 상소와 인사 문제

정순왕후언간에서 두드러지는 측면 중의 하나는 경주김씨 가문 구성원들의 상소와 인사 문제에 관한 것이 많다는 점이다. 현존하는 [정순왕후언간] 16건 중에서 9건이 해당한다. 수렴청정을 통해서 직접 정치에 관여하는 과정에서 경주김씨가와 연관된 상소, 인사 문제 등에 대해서 관여하지 않을 수 없었을 것이다.[59] 먼저 김노서가 정순왕후에게 보낸 언간을 보면 다음과 같다.

[그림 5-11] 김노서③→정순왕후③ 언간, 57.9x13.5cm, 국립한글박물관소장

문안 여쭙고 야간 옥후 안녕하신 문안 알고자 바라올 차, 어찰(御札) 받자와 보고 하정(下情)에 든든하여 못내 아뢰오며, 어제 봉서(封書)와 초(草)는 미

---

59 실제로 수렴청정 시기에 정순왕후의 하교 내용 중에서 많은 부분을 차지한 것은 인사 문제였다.

처 우상에게 의논하지 않았으며 어제 저물었기에 형에게 미처 못 보내었으니 지금 형에게로만 내보내겠사옵나이다. 상소는 어제 재패(再牌)에 바치려 하였는데, 길 전도(前導)가 멀어 문안에 들어갈 길이 없어 못 바치고, 오늘 패(牌) 나오면 즉시 바치려 한다고 하옵나이다. 어제 창윤에게서 돈 백 냥이 건너왔기에 어찌된 돈인지 몰라 하였는데, 오십 냥을 우상에게 보내고 오십 냥을 창윤에게 도로 보내오리까. 눈뜬은 전 경기감사 집 계집종의 남편이라 하니 사학[邪學, 천주학]에 빠진 놈은 아니라 하옵나이다. 소신은 밤에 잠도 잘 자고 지난밤은 해소도 덜하였사옵나이다. 약은 날마다 먹으니 약보, 식보를 하면 차차 낫지 않겠습니까.[김노서 언간③]

여기서 주목되는 것은 우상을 언급하고 있다는 점이다. 우상은 1802년 10월 우의정에 임명된 김관주(1743~1806)를 가리킨다. 따라서 1802년 10월 이후에 쓰여진 것이라 할 수 있다. 내용에서 편지와 상소문의 초고는 아직 우상과 의논하지 않았다는 것, 형 김노충에게도 미처 보내지 못했다는 것, 상소는 오늘 바치려 한다는 것 등을 보고하고 있다. 아울러 창윤이 가져온 돈 백 냥을 어떻게 처리하면 좋을지 묻고 있다. 이에 대한 정순왕후의 답신은 다음과 같다.

밤에 잠 잘 잤다고 하니 기쁘다. 너는 서울 앉아서도 모르느냐. 안성(安城)은 어찌 알고 봉서가 왔으니 보아라. 어제 모든 승지 소비(疏批)는 어떠하고 그러할 제는 당소(堂疏: 홍문관의 상소)도 있을듯하니 칙교(飭敎)와 엄교(嚴敎)가 연하여 있어서 사세가 어려우면 보아서 상소를 하지. 시방 바로 말을 하는데 상소하기는 되지 못할 듯하니, 아직 바치지 말고 사세를 보아 하여라. 안성은 어찌 먼저 알았느냐. 마땅히 어제 승지들의 비답이 있었을 텐데 너는 모르느냐. 시골 멀리 있는 안성은 먼저 알아내게 봉서까지 하였으니 그 일이 어찌된 일인지 연유를 자세히 알고자 한다. 돈은 궁에서 꾸어낸 돈이 창윤에게 그저 있다가 갔다 하니 그는 네가 알 듯 하니 그리로 보내거나 알아서 하여라. 모든 승지 소비들이 있을 것이니 어떠한지 자세히 알고자 한다. 상소는 아직 바치지 말고 두고 보아라. 재패(再牌) 후에 상소를 바치고자 하느냐. 연하여 엄교와 칙교를 보아 하겠다.[정순왕후 언간③]

안성(安城)은 조선시대의 경기도 안성군, 오늘날의 안성시에 해당한다. 하지만 여기서는 김노서의 당숙이자 정순왕후의 4촌 동생 김용주(金龍柱, 1755~1812)를 가리킨다.[60] 그는 1789년(정조 13) 5월 26일에 안성 군수가 되었다. 정순왕후 언간에는 김용주가 많이 언급된다. 정순왕후 수렴청정기간인 1802년 6월 21일에 건원릉령(建元陵令), 6월 25일에 상의원 첨정, 그리고 1805년(순조 5) 1월 7일에 동부승지에 제수되었다.

이 언간을 통해서 안성 군수 김용주도 언간을 보냈다는 것을 알 수 있지만, 현재 전해지지 않고 있다. 정순왕후는 안성에 있는 김용주가 자세한 사정을 어떻게 알았는지 궁금해 하고 있다. 아울러 상소는 때를 보아서 하라는 조언을 해주고 있다. 그리고 창윤이 가져온 돈에 대해서는 궁으로 보내거나 알아서 처분하라고 일러주었다. 정순왕후언간 중에는 좌승지 교체 건과 관련해서, 김노서가 잘못 알고서 보낸 편지에 대한 해명을 만날 수 있다.

---

60 실록에 따르면 김용주가 김귀주의 동생으로 나온다. "김귀주의 관작을 회복시키자는 청으로 인하여 그의 아우 김용주와 아들 김노충".(『순조실록』 권9, 6년 6월 25일 신축) 하지만 김용주는 김노서의 당숙이면서 정순왕후의 4촌 동생이다.

[그림 5-12] 김노서④→정순왕후④ 언간. 59.3x13.9cm. 국립한글박물관소장

　　문안 여쭙고 아까 봉서 아뢰었는데 보셨습니까. 어젯밤에 온 분발(分撥)에
는 좌승지 교체하라 하신 줄로 알았더니 지금 조보(朝報)를 본즉 좌부승지를
교체하신 것을 기별서리(奇別書吏)가 잘못 써 놓았던가 싶습니다. 봉서 써 드
려 보낸 후 조보를 얻어 본즉 상소를 입계까지 되었으니 다행합니다. 소신은
즉시 아시게 하느라고 잘못 아뢰었습니다.[김노서 언간④]

　　김노서가 정순왕후에게 보낸 것이다. "아까 봉서 아뢰었는데 보셨습니
까"라고 한 걸로 미루어 보낸 후 얼마 되지 않아서 다시 보낸 것이라 하겠
다. 그리고 분발과 조보를 봤다고 하는 것으로 보아 벼슬하고 있을 때 보낸
것임을 알 수 있다. 분발은 승정원의 관보인 조보를 발행하기 전에 중요한
사항이 있을 때 초안을 만들어 회람하는 것을 말한다. 분발에는 좌승지를
교체하는 것으로 되어 있지만, 조보에는 좌부승지를 교체한 것으로 나와
있다고 했다. 이는 김노충과 관련된 것으로 여겨진다. 당시 김노충은 좌승
지로 있었기 때문이다. 좌부승지 교체 건은 많으므로 구체적인 시기를 알
기는 어렵다. 하지만 답신에서 정순왕후가 김노충의 빈번한 벼슬 교체를
언급한 것으로 볼 때, 대략 1803년 10월 중에 보낸 것으로 여겨진다.[61] 정
순왕후의 답신은 다음과 같다.

편지 보고 패를 보내어 재촉까지 하시고 잇달아 그리하고 교체되니 어이없고 남이라도 괴이하게 알 일 무색하더니, 상소까지 되었는가 싶으니 다행하다. 승비(承批) 후 숙사(肅謝)하고 나서는 즉시 벼슬을 갈고 다니지는 말고 집에나 들어와 있고 승후(承候)나 하면 든든하겠다. 아까 승지의 봉서가 왔기에 상소도 못 하고 교체되니 괴이하여 하고 어제 문밖에 나갈 봉서가 함께 들어왔기에 정신이 어떠하여 그리하는가 하고 염려한 일 웃는다. 이제는 마음 평안히 하여 조섭하고 피접(避接)은 어느 날 나느냐. 피접 나서 이달을 조섭(調攝)을 잘하여라.[정순왕후 언간④]

정순왕후는 잇달아 교체되니 어이없고 남이라도 괴이하게 알 일 무색하더니 상소까지 되었는가 싶으니 다행이라 했다. 김노서는 1802년 8월 동몽교관이 된 이후, 1803년 부사용, 내섬시 봉사를 거쳐서 10월 한 달 동안에만도 사용봉사, 선공봉사, 장흥봉사로 빈번하게 벼슬이 바뀌었다. 이 편지의 발신 시기는 1803년 10월 중으로 보인다. 이제는 마음 평안이 하여 조섭(調攝)하라는 것, 그리고 피접은 언제 가느냐고 물으며, 피접 가서 조섭 잘하는 말로 마무리한다. 피접이란 병을 앓는 사람이 다른 곳으로 옮겨 가서 요양하는 것을 말한다. 또한 정순왕후와 관련한 언간 중에는 내용으로 보아 김노충과 관련된 것도 있다. 승지 낙점과 관련된 것이다.

---

61 이종덕, 앞의 논문, 16쪽. 최어진·박재연은 김노충이 좌승지로 재직하던 1801년(순존 1) 9월 이후에 쓰인 것으로 추론했는데(최어진·박재연, 앞의 논문, 23쪽) 작성 시기를 더 압축시킬 수 있겠다.

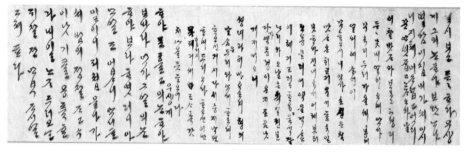

[그림 5-13] 김노서⑤→정순왕후⑥ 언간, 59.1x13.7cm, 국립한글박물관소장

문안 여쭙고 종놈이 오거늘 어찰(御札) 받아 보고 하정(下情)에 든든하여 못
내 아뢰오며, 아까 무수리 들어갈 때 봉서 아뢰었는데 보셨습니까. ⋯ 형의
말씀은 들어와 있게 하소서 하신 것이 다시 승지 낙점하여 들어오라고 하신
것만 못한 것이 저기서도 사사로운 부탁같이 알 듯합니다."[김노서 언간⑤]

김노서의 언간에서 형 김노충의 승지 낙점을 언급하고 있다. 김노충은
1801년 9월 22일 승지 낙점을 받은 이후, 1804년 6월 21일까지 승지 낙점
이 여러 번 있었다. 김노서가 소신이라 했으니, 벼슬에 있을 때 쓴 것임을
알 수 있다. 그런데 정순왕후의 답신에서 우상을 언급하고 있어 김관주가
우의정에 임명된 1802년 10월 이후임을 확인할 수 있다.[62]

편지 보고 든든하다. 우상에게 그 의논을 하여 보았느냐. 별감이 집에 가
서 있으니 지체가 어지럽고 어찌하여야 좋을지 우상에게 의논하여 보아라.
아까 그 말 의논하여 보라 하였는데 아무 말도 없으니 어찌된 일이니. 비접을

---

62 이종덕, 앞의 논문(2013), 22쪽.

나가서 밤에 잠 잘 자고 수이 낫기를 크게 빈다. 내일 종놈 들어오는데 잘 잔 안부 자세히 알고자 한다.[정순왕후 언간⑥]

여기서 우상은 앞서 언급한 정순왕후의 6촌 오빠 김관주이다. 중요한 사안을 우의정 김관주와 의논해보라고 했는데, 어떻게 되었는지 궁금하다는 뜻을 전하고 있다. 정치적인 논의가 이루어지고 있음을 확인할 수 있다. 뿐만 아니라 잘못 전달된 정보에 대해서 바로 잡는다는 것, 그리고 상소 올리는 것을 정순왕후가 궁금해할까봐 편지를 보낸다는 내용도 서술되어 있다.[63] 정순왕후는 아래와 같이 답신을 보낸다.

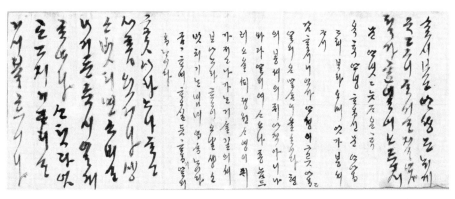

[그림 5-14] 정순왕후 언간⑧, 36.4x13.5cm, 국립한글박물관소장

편지 보고 안성도 누구에게 속고 그리하기는 잘못될까 한 일이요, 즉시 그릇 알았노라 하고 사람 왔더라. 상소 바치면 소비는 나거든 즉시 알 수 있게

---

63 아까 봉서 자세히 보셨습니까. 안성이 그릇 알고 아뢴 말씀이 올소이다. 형의 봉서에 패가 아직 아니 나왔다고 아뢰었사오나 종놈 들어올 때 정원사령이 패 가지고 나가는 것을 길에서 보았노라 하오니 오늘 상소 바치기는 염려 없습니다. 궁금하여 하실 듯하기에 아뢰옵나이다.[김노서 언간⑧]

하여라. 신칙과 엄교까지 기다리는 것이 옳으니라.[정순왕후 언간⑧]

앞에서 보았듯이 안성은 안성 군수로 있던 김용주를 가리킨다. 안성 김용주가 "그릇 알고 아뢴 말씀이 올소이다"라고 한 것으로 미루어 김용주도 자신이 잘못 알았노라고 연락을 했던 모양이다. 언간이 아니라 사람을 보낸 것 같다. 상소를 올리면 즉시 알려달라는 것, 신칙과 엄교까지 기다리는 것이 좋다는 지침을 내려준다. 정순왕후가 김용주, 김관주, 김노충 그리고 김노서 등 경주김씨 일족에게 상소에 대한 의견을 제시하고 벼슬이 교체되었을 때의 처신에 대한 의견을 말하고 있다. 그들의 정치적 행보에 직접적으로 관여 조율하고 있음을 알 수 있다. 수렴청정 하면서 다양한 정치적 사건에 대해 경주김씨 외척과의 긴밀한 관계를 유지했음을 엿볼 수 있다.

정순왕후는 선조에서는 척신을 등용하지 않았으나 지금은 주상이 어리고 국세가 위급하기 때문에 국왕을 보호하고 권도의 책임이 척신에 있다고 보았다. 척신들의 정계 진출 명분이라고 하겠다. 그녀의 이러한 국정 운영론에 따른 의리 천명과 척신의 등용으로 경주김씨 외척 가문의 비중이 점차 증가했다. 정순왕후와 경주김씨 가문이 순조 초반 정조년간에 정계에서 배제되었기에 그에 대한 반동이 있었다고도 하겠다. 그런데 순조 대에도 정조년간에 활동한 관료군이 와해 된 것이 아니었고 김조순 등을 중심으로 결국 벽파를 숙청하고 세도정치의 주역으로 정국을 이끌어 갔다는 점에서[64] 순조 초기 정순왕후 수렴청정기는 19세기 세도정국에서 과도기적인 시기였던 것이다.

---

64 임혜련, 앞의 논문(2014), 219쪽.

④ 천주교 관련 등

1801년 대규모 천주교 박해 사건, 신유사옥이 일어난다. 정순왕후가 사교(邪敎)를 엄금, 근절하라는 금압령을 내리는 것으로부터 시작되었다.[65] 정순왕후가 정국을 이끌어간 셈이다. 그것은 천주교도에 대해서 관대한 정책을 폈던 정조의 정책을 뒤집는 것이기도 했다. 그 박해로 인해서 이승훈·이가환·정약용 등 천주교도와 사상가들이 처형 또는 유배되었다. 주문모를 비롯한 교도 약 100명이 처형되고 약 400명이 유배되었다. 급격히 확대된 천주교 교세에 위협을 느낀 지배세력의 종교 탄압이자, 또한 이를 구실로 노론 등 집권 보수 세력이 당시 정치적 반대세력인 남인을 비롯한 진보적 사상가와 정치세력을 탄압한 권력다툼의 일환이었다고 할 수 있겠다. 정순왕후가 조카 김노서에게 보낸 언간에서 그 천주교도에 관한 내용의 일단을 엿볼 수 있다.

[정순왕후 언간③]

눈뜬 놈이 일홀 제 썩의 십즈룰 쓴다 ᄒ니 그런 거슨 샤혹은 십즈룰 쓴다 ᄒ니 그러훈가 시브다

[눈뜬이라는 놈이 일할 제 턱에 십자를 쓴다 하니, 그런 것은 사학(邪學)에서 십자를 쓴다 하니 그러한가 싶다.]

정순왕후는 "눈뜬이라는 놈이 일할 제 턱에 십자를 쓴다 하니, 그런 것은 사학[천주교]에서 십자를 쓴다 하니 그러한가 싶다"라고 하여 천주교도라고 여기는 근거를 제시하고 있다. 이 언간은 "눈뜬은 전 경기감사 집 계

---

65 『순조실록』 권2, 1년 1월 정해.

집종의 남편이라 하니 사학에 빠진 놈은 아니라 하옵나이다."라고 보낸 조카 김노서의 편지에 답한 것이다[그림 5-11] 참조. 편지에 나오는 경기감사는 이익운(李益運, 1848~1817)인 것 같다. 이익운은 그 집안 전체가 사학에 물들었으며, 그가 이가환 집 근처에 살았으며 자주 왕래했다는 사실을 최중규의 탄핵에서 엿볼 수 있다.[66]

정순왕후는 순조를 보호하여 의리를 지키고, 조정을 화합시키며, 백성들을 보호하고 돌보는 일을 급선무로 제시했다.[67] 하지만 실상은 영조의 정치와 의리를 강조했다. 영조의 유지를 따른다는 명분을 내세우면서 정조가 마련해 놓았던 체제와 인물들을 바꾸어버렸다. 영조가 임오년에 사도세자를 죽게 한 임오의리는 타당하며, 영조의 임오의리를 정조 역시 중시했다고 보았다. 게다가 정순왕후는 혜경궁홍씨의 부친 홍봉한을 임오년의 죄인으로 지목하고 그의 아들 홍낙임을 죽여 버렸다. 홍낙임은 임오년의 의리를 어겼으며, 영남만인소의 배후였으며, 천주교인이라는 죄목을 들었다. 은언군에게도 신유사옥과 연계시켜 죽음을 내렸다. 은언군의 부인 송씨와 며느리가 주문모 신부에게 세례를 받은 천주교도임이 드러났다. 정조의 측근 신하와 남인 청류도 처벌당했으며, 이미 사망한 홍국영과 채제공의 관작을 추탈하기도 했다.

6. 정순왕후 언간의 의미

조선 제21대왕 영조의 계비 정순왕후 김씨는, 1759년 중전 간택을 통해

---

66 『순조실록』 권2, 1년 4월 무신.
67 『순조실록』 권1, 즉위년 8월 무진.

서 왕비가 되었다. 당시 영조는 66세, 정순왕후는 15세. 아들과 며느리에 해당하는 사도세자와 혜경궁홍씨보다 10살이나 어렸다. 정조가 왕위에 올랐을 때 정순왕후는 30대 초반이었다. 정치적인 구도에서 정순왕후는 정조와 대적적인 자리에 있었다. 하지만 순조가 어린 나이로 즉위하게 되자, 그녀는 대왕대비로 승격되고, 4년 동안 수렴청정을 하게 되었다.

영특했던 그녀는 수렴청정 시기에 스스로 여군(女君), 여주(女主)라 칭하기도 했다. 정조 사후의 정계와 당쟁을 주도해 나갔다. 천주교를 탄압했을 뿐만 아니라 대립하는 당파를 대거 숙청하기도 했다. 하지만 그녀는 정조 시대에서도, 영조의 왕비로서의 위상을 빌어서 스스로 한글 교서를 내리기도 했다. 자신의 위치가 갖는 정치적 의미를 충분히 인식했던 것이다.[68]

---

68 역대 왕후 중에서 정순왕후는 제일 많은 언교를 남기고 있다. 정순왕후가 남기고 있는 언교 42건을 왕대별로 보면 영조 2건, 정조 19건, 순조 21건이다. 영조 대에는 왕후 자격으로, 정조 대에는 왕대비, 그리고 순조 대에는 대왕대비 자격으로 언교를 내린 것이다. 그리고 순조대의 21건은 수렴청정을 기준으로 보면 수렴청정 때 17건, 수렴청정을 거둔 이후가 4건으로 차이를 보인다.(이에 대한 자세한 검토는 이남희, 앞의 논문 (2020b); 백두현, 「조선시대 여성의 문자 생활 연구」, 『진단학보』 97, 2004 참조) 참고로 각 왕대별로 확인 가능한 언교를 정리해보면 다음 [표 8]과 같다.

[표 8] 조선시대 왕후의 언교 현황

왕대	왕후	합계	비고
세조	정희왕후 1건	1	
성종	정희대비 2건, 인수대비 외 15건	17	수렴청정
연산군	정현왕후 1건	1	
중종	자순대비 3건	3	
명종	문정대비 6건, 인순왕후 6건	12	수렴청정
선조	공의전 7건, 인순대비 1건, 인목왕후 2건	10	수렴청정
광해군	인목대비 3건	3	
인조	인목대비 16건	16	
현종	장렬대비 3건	3	

수렴청정 시기를 전후해서 그녀는 한글로 편지를 쓰기도 했으며, 그 일부가 전해지고 있다. 수렴청정과 세도정치 그리고 언간에 주목한 이 책에서는 다 다루지 못했지만, 언문 교서와 언문 편지를 종합적으로 검토해야 할 필요가 있다고 하겠다.

한미한 집안이었지만 그녀가 왕비가 됨으로써, 그리고 수렴청정 기간 동안에 그녀 가문의 일족들이 권세를 얻게 된 것은 분명한 거 같다. 하지만 그녀가 가장 가깝게 여겼던 오빠 김귀주는 정조 즉위년 흑산도로 귀양 갔다가, 이어 나주에 이배되었다. 그리고 거기서 일생을 마감했다. 김귀주의 큰아들 김노충의 경우 고속 승진을 이어가기도 했다. 가까운 일족이라 해서 모두가 다 잘 나간 것은 아니다. 김귀주의 둘째 아들 김노서, 김인주의 아들 김노은은 관직과는 거리가 멀었다. 그 외에 4촌 동생 김용주와 6촌 오빠 김관주가 있었다. 다른 왕대의 친인척의 득세에 비하면 과연 그렇게 많았다고 할 수 있을까 하는 의문을 던져봄직도 하다.

게다가 정순왕후의 수렴청정 기간도 그렇게 길지는 않았다. 1803년(순조

왕대	왕후	합계	비고
숙종	장렬대비 3건, 명성대비 13건, 인원왕후 1건	17	
경종	인원대비 5건	5	
영조	인원대비 10건, 정선왕후 1건, 정순왕후 2건	13	
정조	정순대비 19건, 혜경궁홍씨 7건	26	
순조	정순대왕대비 21건, 효의대비 3건	24	수렴청정
헌종	효의대왕대비 2건, 왕대비 1건	3	수렴청정
철종	대왕대비 1건	1	수렴청정

정순왕후에 선조 계비 인목왕후가 그 뒤를 잇고 있다[선조대 2건, 광해군대 3건, 인조대 16건]. 인조 대에 언교 기사가 많은 것은 인조반정에서 인목대비가 중요한 역할을 하면서 협력한 공이 있었기 때문이다. 왕후의 정치적 역할과 언교 내리는 횟수는 서로 연관성이 있음을 알 수 있다.

3) 12월 정순왕후는 수렴청정을 거두고 정치에서 물러났으며, 1805년(순조
5) 창덕궁 경복전에서 61세로 세상을 떴다. 정순왕후의 죽음과 더불어, 가문의 번성도 사그러들 수밖에 없었던 것 같다. 세도정치라는 측면에서도 면밀한 비교 검토가 필요한 부분으로, 앞으로 연구가 이루어지기를 기대해 본다.

현재 전해지는 정순왕후와 관련된 언간 총 18건을 자료로 삼아 어떤 내용을 담고 있는지에 대해서 살펴보고자 했다. 오빠 김귀주에게 보낸 편지 1건, 나머지 편지는 대부분 김귀주의 둘째 아들 김노서와 주고받은 것들이다. 오빠에게 쓴 편지는 유배가 있는 동안에 보낸 것이었다. 따라서 수렴청정을 기점으로 삼아 그 이전의 것들과 그 이후의 것들로 나누어볼 수 있다. 대부분은 정순왕후가 수렴청정 하는 기간, 즉 순조 1년(1801)부터 순조 3년(1804) 사이에 주고받은 것으로 여겨진다. 김후재의 백일을 축하하는 편지는 1797년 무렵, 김노충이 보낸 것으로 여겨지는 편지는 김노서가 사망한 후에 보낸 것으로 보인다. 편지 13건은 정순왕후가 둘째 조카 김노서와 주고받은 것인데, 조카가 보낸 편지의 여백에 정순왕후가 답을 써 보낸 형식으로 되어 있다. 보낸 편지와 그에 대한 답신을 같이 볼 수 있다는 점에서 왕비의 언간 중에서도 유난히 두드러진다고 할 수 있겠다.

현재 전해지는 정순왕후 관련 언간을 통해서 이들 이외에도 빈번하게 편지가 오고갔다는 것[예컨대 "문안 여쭙고 아까 봉서 아뢰었는데 보셨습니까" "아까 무수리 들어갈 때 봉서 아뢰었는데 보셨습니까"], 사촌동생 김용주도 편지를 보냈다는 것 등도 알 수 있었다. 언급된 자료들이 앞으로 더 발굴되기를 기대하지만, 전해지는 자료를 다각도로 잘 연구하는 작업이 진척되어야 할 것 같다. 볼 수 있는 언간들의 내용은 문안에서 시작해서 부탁, 상소 및 인사 문제 등 다양했다. 단편적이기는 하지만 천주교와 관련된 것도 있었다. 편

지들을 시대적으로 재구성하는 작업도 이루어지는 것이 좋겠다. 또한 상소와 인사 문제 편지에서는 상소의 시기나 방법 등에 대해서 지침을 두는 등, 오고가는 의사소통의 긴박함이 느껴지기도 했다. 구체적으로 어떤 맥락에서 어떤 사안과 관련된 것인지 다른 사료들과 함께 면밀하게 검토해보는 작업도 필요하다고 하겠다.

VI. 익종비 신정왕후, 덕온공주의 아들 윤용구 집안에 편지를 보내다

1. 신정왕후와 언간

신정왕후(神貞王后, 1809~1890)는 익종(翼宗, 1809~1830)의 비이며, 훗날의 문조(文祖)의 황후이기도 하다. 익종과 문조는 추존된 것이다. 살아서 국왕은 아니었지만 죽은 이후에 국왕으로 추존된 것이다. 그럼 문조는 어떻게 된 것인가. 대한제국 성립 이후 문조익황제(文祖翼皇帝)로 추존되었다(1899). 그러자 신정왕후도 신정익황후(神貞翼皇后)로 함께 추존되었다.

신정왕후 시호는 효유 헌성 선경 정인 자혜 홍덕 순화 문광 원성 숙렬 명수 협천 융목 수령 희강 현정 휘안 흠륜 홍경 태운 창복 희상 의모 예헌 돈장 계지 경훈 철범 신정왕후(孝裕獻聖宣敬正仁慈惠弘德純化文光元成肅烈明粹協天隆穆壽寧禧康顯定徽安欽倫洪慶泰運昌福熙祥懿謨睿憲敦章啓祉景勳哲範神貞王后)이다.[1] 전체 56자로 조선의 왕후 가운데 가장 긴 시호를 갖고 있다.

---

1 『고종실록』 권27, 27년 12월 임인.

익종은 순조의 아들로 태어났다. 효명세자가 바로 그다. 어머니는 순원 왕후이다. 1812년(순조 12) 왕세자에 책봉되었으며, 1819년 영돈녕부사 조만영(趙萬永)의 딸인 풍양조씨(豊壤趙氏)를 맞아들여 가례를 올렸다. 그리고 1827년 부왕 순조의 명으로 대리청정을 하게 되었다. 어진 인재를 널리 등용하고, 형옥을 신중하게 하는 동시에 백성을 위하는 정책에 힘썼다. 하지만 불행히도 대리청정을 수행한 지 4년 만에 죽고 말았다. 순조가 세상을 떠난 후 그의 아들이 왕위에 올랐다. 그가 바로 헌종이다. 헌종의 아버지이기 때문에 익종으로 추존된 것이다. 그런데 그가 다시 문조가 된 것이다. 그것은 대한제국 초대 황제가 된 고종이 그의 양자이기 때문이다. 다시 말해서 황제의 법적인 아버지로서 황제로 추존된 것이다.

신정왕후는 철종이 타계한 후 후사가 없는 상황에서 흥선군 이하응(李昰應)의 둘째 아들을 왕위에 올려놓는데 결정적인 역할을 한 바로 그 조대비이다. 조대비하면 많은 사람들에게 친숙할 것이다. 신정왕후는 풍은부원군(豊恩府院君) 조만영과 덕안부부인(德安府夫人) 송씨(宋氏) 사이에서 태어났다. 신정왕후는 왕비에 오르지는 못했다. 익종과 더불어 추존된 것이며, 대비까지 된 것이다. 그리고 더 나중에는 익종이 문조가 되면서 그녀 역시 신정익황후(神貞翼皇后)까지 올라간 것이다.[2]

신정왕후에 주목하는 것은, 우선은 조선 정치사에서 19세기 이후 집중적으로 나타났다고 할 수 있는 수렴청정이라는 비상시 정국 운영의 사례이기 때문이다. 왕실의 여성으로서 공식적으로 정치에 참여할 수 있는 최고의 직위라 할 수 있다. 신정왕후의 경우, 헌종과 철종 대를 지나면서 굳건하게 자리를 잡았던 안동김씨(安東金氏) 하의 세도정치(勢道政治)에서 고종 시대,

---

2 『고종실록』 권41, 38년 12월 25일.

더 구체적으로는 대원군의 등장으로 특징되는 전환기를 살았다. 또한 그같은 정치변동에 결정적인 역할을 했기 때문이다. 어떤 형태로든 세도정치와 무관하지 않다는 것이다.

신정왕후에 대해서 관심을 갖는 다른 이유는, 그녀와 관련해서 언간이 상당수 전해지기 때문이다. 우선 신정왕후가 보낸 언간 4건[궁인이 대필한 것], 신정왕후 곁에 있던 지밀나인 서기 이씨가 보낸 언간 4건, 마찬가지로 신정왕후를 모셨던 천상궁이 보낸 언간 3건이 전해진다. 이들은 신정왕후의 생활세계를 살펴볼 수 있는 자료들이라 할 수 있으며 종래 이들 언간의 수신자가 집안사람으로 여겨져 왔다.[3] 하지만 이 책에서는 전후 맥락을 검토해서 정경부인 김씨에게 보낸 것이라는 사실을 알 수 있었다. 그리고 정경부인 김씨는 바로 윤용구의 부인으로 볼 수 있다는 것이다. 자세한 내역과 논의는 다음 장에서 검토하기로 한다.

역사적으로 신정왕후가 처했던 정치적 위상과 변동, 그리고 수렴청정과 더불어 그녀가 남긴 한글 편지를 연결시켜 입체적으로 검토해보고자 한다. 역사학과 국어학 분야에서 이루어진 연구 성과를 토대로 신정왕후의 언간을 통해서 그녀의 정치적 행위와 위상, 세도정치, 그리고 내면적인 세계에 한 걸음 더 다가서보고자 한다. 겉으로 드러난 역사적 서술의 이면을 통해서 실제 역사가 어떻게 방향지우고 흘러갔는지 재구성해볼 수도 있지 않을까 기대한다. 이 같은 학제연구에 힘입어 신정왕후가 살았던 시대의 역사상이 보다 더 입체적으로 그리고 생생하게 드러날 수 있기를 기대한다.

---

3 신정왕후전 서기 이씨의 언간은 해관 윤용구에게 보낸 것으로 수신자가 드러나 있다.

2. 효명세자와 세자빈[신정왕후]

신정왕후는 풍은부원군(豊恩府院君) 조만영(趙萬永, 1776~1846)과 부인 송씨 (宋氏) 사이에서 태어났다. 증조부는 고구마를 조선에 들여온 이조판서 조엄 (趙曮)이다. 어머니는 송준길(宋浚吉)의 후손인 목사 송시연(宋時淵)의 딸이다. 그녀가 왕실과 연을 맺게 된 것은, 순조의 세자 효명세자와 혼인을 하면서 부터였다. 따라서 그녀의 삶에서 효명세자를 빼놓을 수 없다. 효명세자의 아내, 세자빈으로 왕실과 궁궐에 들어서게 된 것이다.

효명세자는 1809년(순조 9) 제23대 국왕 순조(1790~1834)와 순원왕후(1789~ 1857)의 장남으로 태어났다. 1812년(순조 12) 왕세자로 책봉되었다. 세 살 때 였다. 아홉 살 때(1817) 성균관에 입학했으며, 열한 살 때에 조만영의 딸과 혼인했다. 순조는 풍양조씨를 택한 것이다. 이는 안동김씨를 견제하는 의 미도 지니고 있었다.[4] 풍양조씨의 세자빈은 1827년(순조 27) 원손인 헌종을 낳았다. 세자와 세자빈 사이에 아들이 태어난다는 것은 왕위 계승을 근간 으로 하는 왕조 체제 하에서 그만큼 입지가 견고해진 것이다.

더욱이 1827년 2월, 순조는 건강 악화를 이유로 효명세자에게 대리청정 (代理聽政) 하도록 했다.[5] 효명세자 나이 19세(순조 38세). 효명세자는 영특했 다. 할아버지 정조를 닮았다는 얘기도 있었다. 효명세자는 나름 정치적 감 각도 뛰어났던 듯하다. 세자는 세도정치의 중심 김조순의 아들 김유근과 조카 김교근을 유배시켰으며, 그동안 배제되었던 남인과 소론을 다시 정계 로 불러들이기도 했다. 또한 입현무방(立賢無方), 현명한 인물을 널리 구하여

---

4   신정왕후 숙부 조인영(趙寅永)은 순조에게서 헌종의 보도(輔導)를 부탁받아 안동김씨와
    함께 외척으로서 정국에 영향력을 행사하였다.
5   『순조실록』 권28, 27년 2월 갑자.

높은 자리에 세우는 데는 어떤 차별 없이 인재를 등용해야 한다는 원칙 아래 과거와 관련된 비리와 부정을 혁파하기 위해 관련자를 엄격하게 처벌하기도 했다.[6] 원칙을 내세운 인재 등용을 근간으로 하는 개혁이라 할 수 있겠지만, 이는 안동김씨 세력에 대한 견제를 넘어서 비판, 배제해가려는 의도를 지닌 것으로 보이기도 했다. 홍기섭, 김노경이 측근에서 보좌하게 되었으며, 남공철, 박규수 등 새로운 인물들이 정계에 등장하게 되었다.

안동김씨의 세도정치를 지켜본 세자의 개혁 정치는 두 갈래 방향으로 전개되었다. 하나는 백성들에게 가까이 가는 방향이었다. 백성들이 왕에게 직접 청원할 수 있었던 상언(上言)과 격쟁(擊錚) 등의 제도를 적극 활용했다.[7] 다른 하나는 왕실의 권위와 전통을 확고하게 하는 것이었다. 세도정치에 밀려서, 그리고 나이어린 왕이 즉위함으로써 왕권은 상당히 약해진 듯 했다. 정치적 상징으로서의 위상은 유지했지만, 실질적인 권력은 세도가문에 넘어가 있는 지경이었다. 효명세자는 유교의 고래의 원칙에 따라 예악(禮樂), 즉 예와 악을 정립하는 것으로 왕실의 위험과 권위를 세우려고 했다. 이는 예와 악을 중시하는 덕망 있는 군주 이미지와 왕실 권위를 위한 것이기도 했다.

그는 문학과 예술에서 적지 않은 성취를 보여주었다. 신하들과 시를 주고받기도 하고 궁궐 안팎의 경치를 노래하기도 했다. 시문집으로는 『경헌집(敬軒集)』이 있으며([그림 6-1~2 참조]), 그 외에 『학석집(鶴石集)』, 『담여헌시집(談如軒詩集)』, 『예제(睿製)』 등이 남아 있다.[8] 『예제』는 음악과 시가를 모은 책으로, 1829년 2월 진학의(進學儀)에서 지은 치사(致詞), 전문(箋文), 악장(樂

---

6   『순조실록』 권30, 29년 10월 갑술.

7   대리청정 기간 동안 473건의 상언을 접수했으며, 절반 이상이 대리청정 한 첫 해에 실행되었다.

8   이종묵, 「효명세자의 저술과 문학」, 『한국한시연구』 10, 2002, 315-345쪽.

[그림 6-1] 익종의 시문집 경헌집 표지, 12권
6책, 장서각소장

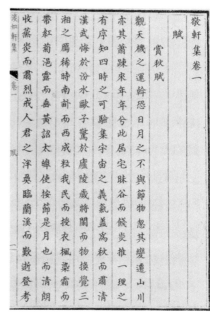

[그림 6-2] 익종의 시문집 경헌집 본문

章), 창사(唱詞) 등을 모은 것이다. 그는 궁중행사를 관장하면서 악장과 가사를 만들기도 했다. 그래서 궁중 무용 정재무(呈才舞)를 창작하기도 했는데, 자경전진작정례의(慈慶殿進爵整禮儀)[1827, 순조 존호를 올림], 무자진작의(戊子進爵儀)[1828, 순원왕후 40세 생일기념], 기축진찬의(己丑進饌儀禮)[1829, 순조 등극 30주년과 탄생 40년 기념] 등이 있다. 궁중무용으로 유명한 춘앵무(春鶯舞)[9] 역시 그가 창작한 노래와 무용이라 한다[그림 6-3~4 참조].[10]

9 순조 때 창작된 궁중정재의 하나이다. 효명세자가 순원왕후의 탄신 40주년을 기념해 지은 춤으로 버드나무 가지에서 맑게 지저귀는 꾀꼬리의 모습을 보고 만들었다고 한다. 궁중 대잔치 때 화문석 하나만 깔고 한 사람의 무기(舞妓)가 주악에 맞춰 추는 춤. 무산향과 더불어 궁중무용의 유일한 독무이다. 지극히 절제된 춤을 추기 때문에 움직임이 거의 느껴지지 않는다 한다.

[그림 6-3] 춘앵무 무복 전면   [그림 6-4] 춘앵무 무복 후면

이 책의 관심사와 관련해서 특별히 주목되는 것은 『학석집(鶴石集)』과 『익종간첩(翼宗簡帖)』이라 하겠다. 왜냐하면 『학석집』의 경우 한문본과 그것을 풀이한 한글본이 같이 전해지기 때문이다. 한글본 『학석집』은 윗부분이 화재로 훼손된 듯 검게 그을려 있어 원문이 다 보이지는 않는다. 상단에 한시의 음을 한글로 적고 작은 글씨로 토를 달았다. 그리고 하단에 한글로 풀이한 전문을 적었다. 전통적인 언해 방식을 따른 것이다. 한글본 『학석집』은 3명의 여동생, 명온공주(1810~1832), 복온공주(1818~1832), 덕온공주(1822~1844)를 위해서 한글로 언해한 것이다. 아마도 세자 자신이 직접 언해를 했을 것으로 여겨진다. 안타까운 것은 1830년(순조 30) 효명세자가 22살의 젊은 나이로 세상을 떠난 후, 2년 뒤인 1832년 명온공주와 복온공주가 세상

---

10   이 사진은 'http://encykorea.aks.ac.kr/MediaService'(한국민족문화대백과사전 사진 검색)에서 가져온 것이다.

을 떠났다. 막내 덕온공주 역시 1844년 23살의 젊은 나이로 세상을 떠났다.

한편 규장각에 소장되어 있는 『익종간첩』은 효명세자가 여동생들에게 보낸 한시에 음을 달고 다시 언해한 것이다.[11] 건(乾)과 곤(坤) 두 권으로 된 필첩이다. 편집 연대는 미상이나, 순조~헌종 연간에 이루어졌을 것으로 여겨진다. 남자 형제가 없는 효명세자로서는 세 명의 여동생들과 우애가 깊었다. 여동생들과 시를 주고받았으며, 한글로 편지를 보내어 자상하게 시를 고쳐주기도 했다. 그래선지 어려운 구절에는 한글로 주석을 달아놓았다. 한글 음과 번역문을 같이 싣고 있어 시문과 번역문 모음집이라 할 수 있겠다. 누이에게 보낸다는 의미의 기매씨(寄妹氏)가 여러 편 남아 있는데, 누이를 사랑하고 그리워하는 내용이 담겨 있다. 특히 그는 삼매연체(三妹連體)를 남겼는데, 거기서 세 여동생들의 성품을 비교했다.

내용을 보면, 바로 아래 동생 명온공주에 대해서는 성품이 명민하고 기골이 청수하며 시사도 섭렵하여 소식의 소매(小妹)에 비유했으며, 매란여사(梅蘭女史)라는 호를 붙여주었다. 둘째 복온공주에 대해서는 품성이 번화하고 기골이 풍영(豊盈)하여 수중연화(水中蓮花)의 자태가 있다고 했다. 막내 덕온공주에 대해서는 성격이 총혜(聰慧)하고 기상이 청명했는데 하루 종일 말없이 조용히 앉아 있었다. 이런 돈독한 우애는 여동생들이 혼인한 후에도 이어진 듯하다.[12]

궁궐에 들어온 세자빈, 훗날의 신정왕후는 그 같은 오누이의 깊은 우애와 사랑을 직접 목도했을 것이다. 세자빈과 세 시누이들과의 관계가 실제

---

11 규장각한국학연구원 『익종간첩』(古貴 3438-32-v.1-2) 해제 참조.

12 1827년 왕세자가 함흥, 영흥의 양본궁에 의폐와 향촉을 대신 전하고 환궁할 때에 명온공주의 집에 들르려고 하니, 승정원에서 그 계획을 거두기를 청하였으나 비답을 내리지 않았다는 실록 기사가 보인다.(『순조실록』 권28, 27년 3월 16일)

로 어떠했는지는 더 깊이 살펴보아야 하겠지만, 효명세자가 타계한 지 얼마 안 되어 두 시누이가 잇달아 세상을 뜨게 되어 슬픔이 더 컸을 것이다. 게다가 하나 뿐인 아들 헌종마저 후사를 남기지 못한 채 세상을 떠나고 말았다. 손아래 마지막 시누이 덕온공주가 가장 편하게 의지할 수 있는 가까운 사람이었을 법하다.

덕온공주(德溫公主)는 1837년 16세 때, 판관 윤치승(尹致承)의 아들 윤의선 (尹宜善, 1823~1887)과 혼례를 치렀다. 1834년, 그러니까 덕온공주가 13살 되던 해 순조가 세상을 떠났기 때문에 혼례가 늦어진 것이다. 결혼 생활을 채 몇 년도 하지 못한 채, 1844년(헌종 10) 덕온공주는 23세에 세상을 떠났다.[13] 부마 윤의선은 1887년(고종 24)에 죽었으니 덕온공주가 죽은 이후 43년이 되는 해였다. 두 사람 사이에 안타깝게도 소생은 없었다. 그녀가 죽기 전에 아이를 낳기는 했지만 사산이었다. 그래서 윤의선은 양자를 들이게 되었다. 그 양자가 바로 윤용구(尹用求, 1853~1939)이며, 그 부인은 연안김씨(延安金氏, 1873~1954)이다.[14] 그리고 그들 사이에 딸이 있었다. 윤백영(尹伯榮, 1888~1986). 그러니까 그녀는 덕온공주의 손녀인 셈이다. 신정왕후로서는 윤용구와 그 가족에 대해서 아주 가깝게 지냈던 것으로 여겨진다. 미리 말해둔다면, 이런 점이야말로 신정왕후 관련 언간들을 이해하는데 좋은 하나의 실마리가 된다고 하겠다.

---

13 1844년 5월 헌종의 둘째 부인을 뽑는 행사에 참석하였다가 점심으로 먹은 비빔밥이 채하여 같은 날 저녁 세상을 떠났다. 당시 둘째 아이를 임신 중이었으며 숨을 거두기전 아이를 낳았으나 아이도 바로 세상을 떠났다.(국립한글박물관, 『공쥬, 글시 덕으시니: 덕온공주 집안 3대 한글 유산』, 2019, 10쪽)

14 윤용구의 생부는 윤회선(尹會善), 생외조부는 민치언(閔致彦, 본관 驪興)이다.(『해평윤씨 대동보』, 2005; 한국역대인물종합시스템(http://people.aks.ac.kr))

3. 신정왕후와 세도정치 그리고 수렴청정

풍양조씨의 딸[훗날의 신정왕후]이 효명세자의 세자빈이 된 것은 1819년의 일이었다. 그로부터 8년 후 세자빈은 아들을 낳았다. 왕조 정치 하에서 원손을 낳았다는 것은 세자와 세자빈의 정치적 입지를 다져주는 것이기도 했다. 동시에 당시 세도를 장악하고 있던 안동김씨 세력에 대해서도 나름 견제하는 의미도 지니고 있었다. 더욱이 순조는 그에게 대리청정 하도록 했다.[15] 19세의 젊은 세자는 한편으로 안동김씨 세력을 견제하면서 다른 한편으로는 그동안 배제되었던 남인과 소론을 정계로 불러 들였다. 아울러 새로운 인물들이 정계에 등장하게 되었다. 대리청정 기간 동안 대사성, 병조판서, 이조판서를 역임한 김로(金鏴), 이인부(李寅溥), 홍기섭(洪起燮), 김노경(金魯敬) 등이 친위세력이었다. 세자의 처가라 할 수 있는 풍양조씨의 정계 진출도 활발해졌다. 조만영(趙萬永), 조종영(趙鐘永), 조인영(趙寅永)을 들 수 있겠다.

효명세자는 대부분의 국가 전례를 거행했으며, 순조는 사친(私親)이나 왕실 선조들의 제사를 거행하는 정도에 머물러 있었다. 하지만 대리청정은 극히 짧았다. 윤4월 22일 각혈을 하면서 정사는 중단되고 말았다. 5월 6일 세자는 너무나 젊은 나이에 세상을 뜨고 말았다. 김조순이 세자의 지문(誌文)을 작성했다. 거기서 세자의 업적을 아래와 같이 정리했다.

---

15 "나는 신미년(1811) 이후로 몸을 조리할 때가 많았고, 조금 편안하다 해도 기무(機務)가 정체되는 일이 많았다. 이는 나라 사람들이 걱정하고 나 스스로도 걱정하는 것이다. 세자는 총명하고 영리한데다 나이가 점차 장성하였고, 최근 옆에서 보좌하거나 제사를 대신 지내게 한 것은 뜻이 있어서이다. 멀리 당나라를 상고하고 가까이 선대 국왕들이 대리청정한 일을 본받아 나의 마음은 이미 정해졌다. 수고로움을 나누어 조섭하는데 편하게 하며, 밝게 익혀 치도(治道)를 통달하게 하려는 것이니 이는 종묘사직과 백성들의 복이다. 조정에 나와 있는 사람들에게 대계(大誡)를 알린다. 왕세자의 청정(聽政)은 모두 을미년(1775)의 절목을 따라 거행하라."(『순조실록』 권28, 27년 2월 을묘)

대리청정을 하라는 명령을 받은 이후 정성을 다해 다스리기에 힘쓰느라 잠자고 식사할 겨를이 없었다. 조야에서는 목을 빼고 눈을 닦고 보았다. 야순(夜巡)하는 법금이나 좌아(坐衙)하는 규정을 정비하고, 감독하는 법을 엄하게 하여 과거장의 폐단을 금지시켰다. 이는 도성 백성들의 안전에 관계되었기 때문이다. 전조(銓曹)에 경계하여 형조와 한성부의 관원을 가려 뽑게 하였다. 관찰사, 절도사, 수령으로 하직인사를 하는 자에게는 모두 힘쓰라고 유시하여 보냈고, 복명하는 날 모두 만나 폐단이 있고 없음을 물었다. 문신, 무신, 한학유생의 강독과 제술, 윤대하는 관리를 매일 만나보았고, 궁궐을 경호하는 위사(衛士)의 시험과 훈련도 모두 직접 나가서 보았다. 중앙 및 지방의 옥안(獄案)과 사민(士民)들의 상언(上言)이 아무리 많아도 반드시 먼저 열람하고 해당 관사에 회부시켰으며, 더러는 바로 판결하여 내리는 것을 일상으로 하였다.[16]

효명세자가 사망하자 세자빈[신정왕후]이 느꼈을 아픔과 회한은 이루 다 말할 수 없는 것이었다. 효명세자의 정치를 떠받쳐 주었던 친위세력에 대한 공격이 시작되었다. 호조와 선혜청의 재정을 이용해 사리를 취하고자 했다는 정치적 공격을 받았다. 기대를 걸었던 영민한 세자를 잃은 순조는 낙담했으며 1834년 세상을 떠나고 말았다. 효명세자와 세자빈의 아들 헌종이 8살이라는 어린 나이로 왕위에 올랐다. 신정왕후로서는 그나마 위안이 되었을 것이다.

신정왕후는 왕대비가 되었다. 하지만 어머니 신정왕후가 아니라 할머니 대왕대비 순원왕후가 헌종의 수렴청정을 하게 되었다. 아들 헌종이 왕위에

---

16 『순조실록』 권31, 30년 7월 경오

오르기는 했지만 7년간에 걸쳐서 순원왕후의 수렴청정을 지켜보아야만 했다. 그런데 그 아들[헌종]마저도 1849년 후사 없이 세상을 떠났다. 헌종의 비는 안동김씨였는데, 그 효현왕후(孝顯王后, 1828~1843) 역시 일찍 세상을 떠났다. 계비[효정왕후(孝定王后, 1831~1904)]를 간택하기는 했지만, 헌종의 죽음 앞에서는 의미 없는 일이었다.[17] 왕실의 기대를 모았던 영민한 남편에 이어서 아들마저 잃은 것이다.

기본적으로 사람을 중심으로 운영되는 왕조정치 하에서 효명세자[익종] 및 헌종의 죽음은 신정왕후의 정치적 위상과 입지를 축소시키지 않을 수 없었다. 어쨌든 힘과 후원이 되어줄 수 있던 친정 풍양조씨의 위세 역시 약해지지 않을 수 없었다. 세자의 대리청정 시기, 그리고 헌종의 친정 시기에는 풍양조씨가 일정한 위상을 유지해갈 수 있었다. 그 당시 순원왕후의 후원에 힘입어 안동김씨가 크게 정치적 세력을 확장해가고 있기는 했다. 하지만 순원왕후의 정치적 균형 감각이 어느 정도 작동한 듯하다.[18] 그 같은 균형마저도 친정아버지 조만영의 죽음(1846), 이어 헌종의 죽음(1849)과 더불어 무너지고 말았다.

그 같은 전환기에 즈음하여 순원왕후는 덕완군(德完君) 이원범(李元範)을 옹립, 왕위에 오르게 했다. 초야에 묻혀 있던 강화도령이 하루아침에 왕위에 오른 것이다. 그가 철종이다. 전계대원군(全溪大院君) 이광(李㼅)의 셋째 아들이며, 조부는 장조[장헌세자]의 아들 은언군이다. 1844년(헌종 10) 형 회평군(懷平君) 명(明)의 옥사로 가족과 함께 강화에 유배되었다. 당시 19세. 순원

---

17 효현왕후는 안동김씨 김조근(金祖根), 계비 효정왕후는 남양홍씨 홍재룡(洪在龍)의 딸이다.

18 김홍근의 탄핵 및 유배와 더불어 잠시 주춤하였던 안동김씨의 득세는 갑작스런 헌종의 죽음과 뒤이은 철종의 옹립과 더불어 한층 더 심해졌다.

왕후는 그를 자신의 아들로 입양하는 절차를 밟았으며, 그 과정에 직접적으로, 간접적으로 안동김씨 세력이 관여했던 것으로 여겨진다. 안동김씨 일가의 정치권력을 유지해가려는 의도가 읽혀지기 때문이다. 순원왕후는 다시금 3년에 걸쳐 수렴청정을 함으로써, 그 후 정국에 결정적인 영향력을 행사하게 되었다. 안동김씨의 세도정치는 한층 더 굳건해졌으며, 상대적으로 풍양조씨는 정권의 핵심에서 밀려나지 않을 수 없었다. 철종의 왕비 역시 순원왕후의 근친인 안동김씨에서 배출되었다. 철인왕후(哲仁王后, 1837~1878) 김씨(金氏), 그녀는 영돈녕부사 김문근(金汶根)의 딸이었다.

이런 과정을 지켜보면서 신정왕후로서는 격심한 정치적인 소외감을 느끼지 않을 수 없었을 것이다. 더구나 정국을 좌우해가는 순원왕후는 왕실의 큰 어른이자 자신의 시어머니였다. 순원왕후 뒤에는 안동김씨 일족이 늘어서 있었다. 순원왕후는 언간을 통해서 친동생 김좌근, 6촌 동생 김흥근과 의논하기도 하고, 자문을 받기도 하면서 정국을 이끌어갔던 것이다. 최장 기간 동안 수렴청정 했다는 기록의 소유자이기도 한 순원왕후는 개인적인 자질이라는 측면에서도 탁월함을 지니고 있었다. 그녀는 역대 왕후 가운데 최고의 명필로 평가받고 있다.[19] 스스로 쓴 언간들을 통해서 확인할 수 있다. 반면에 신정왕후는 스스로 편지를 쓰기 보다는 궁인, 서기 이씨, 천상궁이 대필해주고 있다.

그렇다고 신정왕후가 그저 아무 생각 없이 지냈다고 할 수 만은 없다. 시어머니 순원왕후가 타계하고(1857), 철종의 갑작스런 죽음(1863) 이후, 신정왕후가 보여준 정치적 행보가 여실히 그것을 말해준다. 신정왕후 조대비는 왕실에 들어온 지 40년 만에 왕실의 최고 어른, 대왕대비가 되었다. 철

---

19 박정숙, 앞의 책, 287-294쪽.

종의 후계자 지명권을 갖게 된 것이다. 그녀는 흥선군의 둘째 아들 이재황(李載晃)을 지명했으며, 그를 효명세자[익종]과 자신의 양자로 입적시켰다. 그가 바로 고종이다.[20] 그러니까 순조 → 익종(효명세자) → 고종으로 이어지는 왕실의 계통을 세운 것이다. 지극히 상징적이고 정치적인 행위라 아니 할 수 없다. 순원왕후가 철종을 옹립한 것 역시 하나의 좋은 거울이 되었을 것이다. 게다가 신정왕후는 의외로 생각될 정도로 수렴청정에 대한 강력한 의지도 가지고 있었다.

당시 영의정 김좌근(金左根) 등이 수렴청정을 요청하자 신정왕후는 그 자리에서 바로 수락했다. 사양하지 않았다. 그리고 수렴청정 절차는 순원왕후의 전례(1849)를 따르라고 명령했다. 안동김씨 세력의 수장이라 할 수 있는 김좌근과 신정왕후의 다음과 같은 대화가 모든 것을 압축적으로 말해준다.[21]

> 영의정(김좌근): "주상께서 어린 나이에 왕위를 물려받으면 일찍이 수렴청정하는 전례(典禮)가 있었습니다. 이번에도 전례에 따라 마련하는 것이 어떻겠습니까?"
>
> 대왕대비(신정왕후): "어떻게 차마 이것을 하겠는가마는, 오늘의 나라 형편이 외롭고 위태로워 하루도 보전하지 못할 것 같기에, 다른 것을 돌아볼 겨를이 없다. 힘써 따라야 하겠다."

고종의 즉위와 더불어 신정왕후의 수렴청정이 시작되었다. 신정왕후의

---

20 그를 익성군(翼成君)으로 봉한 다음 궁궐로 데려와 관례를 치렀다. 이어 왕위에 오르게 했다.

21 『고종실록』 권1, 즉위년 12월 경진.

수렴청정과 정치적 지향성은 기본적으로 익종[효명세자]의 정책을 계승하는 것이었다. 익종은 순조 대에 대리청정을 하면서 당시 위세를 떨치고 있던 안동김씨 세력을 견제하고 왕실의 권위를 강화하고자 했다. 그런 문제의식을 일찍부터 지니고 있던 흥선군 이하응과 교감도 있었던 것으로 여겨진다. 그의 아들을 선택했다는 것 자체가 방증 자료가 된다.

신정왕후는 무엇보다도 절정을 달했던 안동김씨 세도정치에 강력한 제동을 걸었다. 먼저 왕실의 종친들을 대거 등용했다. 흥선대원군이 대표적이다. 흥선대원군의 셋째 형 흥인군(興寅君) 이최응(李最應), 흥선대원군의 첫째 형의 양자가 된 이재원(李載元), 흥선대원군의 장남 이재면(李載冕)이 움직이기 시작했다. 이어 신정왕후는 임진왜란으로 소실된 경복궁을 중건하고자 했으며,[22] 조선의 건국을 강조하는 조치를 내렸다. 이들은 모두 국가 기강을 바로잡고 왕실의 권위를 확고하게 세우고자 했던 익종의 정책 방향을 이은 것이라 할 수 있겠다.

약 4년간 실행된 수렴청정 이후, 신정왕후는 대신들이 모인 자리에서 철렴(撤簾)을 선언하게 된다. 당시 고종은 15세였다. 이제 고종이 정사를 처리할 수 있으니 자신은 물러나겠다는 것이다. 전형적인 철렴 형식이었다.

내가 오늘을 기다린 것이 오래되었다. 오늘 경들을 소견한 것은 장차 철렴을 하려 하므로 경들에게 포유(布諭)하지 않을 수 없어서였다. 후비가 수렴청정을 하는 것은 국가의 큰 불행이지만 참으로 부득이한 사정 때문에 한 것이다. 다행히 하늘과 조종께서 은밀하게 도와주신 덕택으로 주상의 춘추가 왕

---

22 대왕대비가 전교하기를, "이번에 경복궁을 중건할 때 돈 10만 냥을 마땅히 내야할 것이니 우선 보태어 쓰라고 영건도감(營建都監)에 분부하라." 하였다.(『고종실록』 권2, 2년 4월 임신)

성한 때에 이르러 모든 정사를 도맡아 살필 수 있게 되었다. 어찌 이와 같이 경사스럽고 다행한 일이 있겠는가? 수렴청정하는 교유(敎諭)도 오늘로 끝이 나니 대신들은 반드시 우리 주상을 보필하라.[23]

그러나 고종이 곧바로 정사를 보게 된 것은 아니었다. 조금 더 시간이 필요했다. 실질적인 정치권력은 홍선대원군에게 넘어갔기 때문이다. 신정왕후는 대원군에게 국정에 참여할 수 있는 길을 터주었다.[24] 대원군은 섭정으로서 모든 정사를 처리하게 되었다. 고종이 직접 정사를 보게 된 것은, 즉위한 지 10여 년이 지난 1873년 11월에 이르러서였다.

4. 신정왕후 관련 언간: 내역과 함의

조선 말 정치사에서 일정한 위상을 차지하면서 정국의 방향을 틀어놓는 데 지대한 영향을 미쳤던 신정왕후 언간은 현재 순조의 셋째 딸 덕온공주의 부군인 남녕위 윤의선(1823~1844) 집안에 전해지고 있다. 이들 언간들은 손녀 윤백영(1888~1986) 여사가 조용선에게 제공해주어 『역주본 봉셔』(조용선편저, 다운샘, 1997)에 수록됨으로써 세상에 알려지게 되었다. 이 책에서는 『역주본 봉셔』를 근간으로 삼고 『판독집』을 참조하여 11건의 신정왕후

---

23 『고종실록』 권3, 3년 2월 계묘.

24 대원군에 대한 예우는 대군(大君)의 예를 따랐다. 대군은 정사에 참여할 수 있는 관직이 아니었다. 하지만 신정왕후는 철종의 국장도감에 명령해 경비를 절감해 대책을 대원군과 상의하라고 지시했다. 또한 1865년(고종 2) 4월 경복궁을 건설할 영건도감을 설치하라고 명령하면서, "이처럼 더없이 중대한 일은 나의 정력으로는 모자라기 때문에 모두 대원군에게 맡겨버렸으니 매사를 꼭 의논하여 처리하라."고 했다.(『고종실록』 권2, 2년 4월 정묘) 이를 계기로 홍선대원군은 본격적으로 정치에 참여할 수 있게 되었다.

언간을 살펴보고자 한다.[25] 신정왕후 관련 언간 11건에 신정왕후 자신이 직접 쓴 것은 없는 듯하다. 대필 언간 4건, 서기 이씨 언간 4건, 천상궁 언간 3건이다.[26] 따라서 이들은 세 부류로 나누어 볼 수 있다. 작성자를 기준으로 분류하는 것이 자연스럽기 때문이다.

첫째는 신정왕후가 집안사람에게 보낸 4건, 이들은 신정왕후가 직접 쓴 것이 아니라 궁인이 대필한 것으로 여겨진다. 언간의 수신자가 미상(집안사람)으로 되어 있으나 정경부인 김씨에게 쓴 편지로 파악된다. 둘째는 신정왕후전 궁인 언간이 전해지고 있다. 신정왕후전 지밀상궁 서기 이씨 언간 4건, 신정왕후전 천상궁 언간 3건이 그것이다. 이들 언간의 수신자는 미상으로 되어 있으나 신정왕후전의 궁인이 보낸 것으로 보아 신정왕후와 관련이 있는 것으로 여겨지며, 윤용구의 부인 김씨[정경부인 김씨]에게 보낸 것으로 파악된다.

1) 신정왕후 언간

[신정왕후 언간①]

글시 보고 단염의 시봉 듕 안길흔 일 알고 든든 깃브다 예셔는 샹후 태평

---

25 『조선시대 한글 편지 판독자료집3』(황문환·임치균·전경목·조정아·황은영 엮음, 역락, 2013)에서는 판독문을 수록하고 있다. 수록 순서는 이들을 따랐다. 참고로 「한국고문서자료관: 조선시대 한글 편지」(http://archive.aks.ac. kr/letter/letterList.aspx)에 원문 이미지, 판독문, 현대역, 서지정보가 공개되어 있다.

26 신정왕후 언간은 이들 외에도 몇 건 더 확인할 수 있다. 예술의전당(『한글서예변천전』, 우신인쇄, 1991)에 실린 언간, 예술의전당 서울서예박물관(『朝鮮王朝御筆』, 한국서예사특별전 22, 2002)에 실린 언간(현재 건국대학교 박물관 소장)이 있다. 『판독집』에서는 이들 2건의 판독문을 수록했다. 그리고 『덕온공주가의 한글1·2』(국립한글박물관, 2019·2020)에는 16건이 수록되어 있다. 이들에 대한 자세한 검토는 후속 과제로 삼고자 한다.

ᄒᆞ시니 경힝ᄒᆞ다 예ᄂᆞᆫ 년년이 이ᄣᅢ을 당ᄒᆞ여 통원 챵확ᄒᆞᆫ 비회 졍치 못ᄒᆞᆫ다 슈요ᄒᆞ여 답셔 진시 못 ᄒᆞ여 일ᄏᆞ라 디ᄂᆡ엿다

[글씨 보고 단염(端炎)의 시봉(侍奉) 중 안길(安吉)한 일 알고 든든하고 기쁘다. 여기서는 상후(上候) 태평하시니 경행(慶幸)하다. 여기는 연년(年年)이 이때를 당하여 통원(痛寃) 창확(愴㦜)한 비회(悲懷)를 진정하지 못한다. 정신이 어지러워 답장 진작 하지 못하여 일컬으며 지냈다.]

궁인이 대필한 것이다. 구체적으로 궁인이 누구인지는 알 수 없다.[27] [언간①] 여백에 "신뎡황후 됴시겨오샤 생딜부 정경부인 김시게 ᄒᆞ오신 답봉셔 궁인이 대셔"라고 적은 윤백영의 부기(附記)가 있다.[28] 신정왕후가 윤용구의 아내에게 보낸 것이다. 단(端炎)은 음력 5월의 더위를 말한다. 5월에 해마다 이때를 당하여 원통하고 슬픈 마음을 진정하지 못한다는 것을 미루어 익종의 기일을 맞이하여 편지를 받고 답장을 보낸 것으로 보인다.

[신정왕후 언간②]

봉셔 보고 쳥츄의 시봉 듕 년ᄒᆞ야 잘 디내ᄂᆞᆫ 일 알고 든든 깃브며 예ᄂᆞᆫ 샹후 침슈 졔졀 태평ᄒᆞ시고 오ᄂᆞᆯ은 쳔츄 셩졀 이시니 흔힝 든든ᄒᆞ고 동궁의셔도 안샹ᄒᆞ시니 심힝 츅슈ᄒᆞ고 나도 한가지로 디낸다

[봉서(封書) 보고 맑은 가을날에 시봉(侍奉) 중 연(連)하여 잘 지내는 일 알

27 "익종황제 배위신 신정왕후 조씨전 지밀내인 이씨가 전무후무한 명필인대 나와 시집갔다. 못 살게 되어 친정 와 있으니 글씨가 아까오시나 시집갔던 사람을 다시 내인이라고 하실 수 없어 서기라 하시고 내인 월급과 같이 주시고 대서와 큰방상궁 대서를 하게 하시니 세종대왕 국문 내신 후 제일 가는 명필"이라고 쓴 윤백영의 별지가 있다. 윤백영은 대필 궁녀를 서기 이씨로 보았다.

28 황문환·임치균·전경목·조정아·황은영 엮음, 앞의 책, 160쪽.

고 든든하며 기쁘며 예는 상후(上候) 침수 제절(諸節)이 태평하시고 오늘은 천추(千秋) 성절(聖節)이시니 기쁘고 다행하며 든든하고 동궁(東宮)께서도 평소처럼 편안하시니 축수(祝手)하고 나도 한가지로 지낸다.]

[언간②]에서 동궁은 왕세자가 있는 궁을 가리키지만 여기서는 왕세자를 말한다고 하겠다. 신정왕후의 경우, 아들 헌종이 후사가 없이 세상을 떠났으며, 철종 역시 후사가 없었다. 따라서 동궁이 있었던 시기는 고종 때의 왕세자 순종을 가리키는 것으로 볼 수 있다. 순종은 고종과 명성황후의 둘째 아들로 탄생했으며(1874), 1875년 왕세자로 책봉되었다. 그러니 이 편지는 1875년 이후에 쓰였을 가능성이 높다. 유념해서 살펴보면 그 시기를 좀 더 압축할 수 있다. 언간 작성 시기는 국왕의 생일을 축하하는 성절(聖節)을 통해서 짐작할 수 있다. 아마도 고종의 생일 7월 25일 무렵 작성한 것으로 여겨진다.

[언간②] 여백에 "신뎡황후 됴시겨오샤 생딜부 정경부인 연안김시게 답셔 궁인이 대셔"라고 적은 윤백영의 부기가 있다.[29] 생질부 정경부인 연안김씨께 라는 구절을 볼 때, 수신자 연안김씨(1864~1896)는 윤용구의 재취 부인이다. 첫 번째 부인은 광산김씨(1853~1884)의 대상(大祥)이 지난 1886년부터 신정왕후가 세상을 떠난 1890년 사이로 시기를 좁혀 추정할 수 있다. [언간①]과 [언간②]에 나오는 "시봉 등"을 윤의선(?~1887)의 생존해 있을 때와 관련시키면 언간을 보낸 시기는 1886년에서 1887년 7월 25일 전후로 더 좁힐 수가 있다. 시외숙모 신정왕후가 생질부 연안김씨에게 보낸 편지이다.

---

29 황문환·임치균·전경목·조정아·황은영 엮음, 같은 책, 164쪽. 봉투에 "봉 윤참판댁 답셔" 로 되어 있다.(국립한국박물관, 『덕온공주가의 한글1』, 2019, 367쪽)

[신정왕후 언간③]

봉셔 보고 일기 증울ᄒᆞᆫ디 년ᄒᆞ야 잘 디내ᄂᆞᆫ 일 알고 든든 깃브며 예는 샹후 만안ᄒᆞ시니 츅슈ᄒᆞ며 오ᄂᆞᆯ 경능 국긔 디나시니 년년 이ᄣᆞ를 당ᄒᆞ야 구회 샹통 익심ᄒᆞᆯ 분일다

[봉서(封書) 보고 일기(日氣) 증울(蒸鬱)한데 연(連)하여 잘 지내는 일 알고 든든하며 기쁘며 예는 상후 만안하시니 축수하며 오늘 경릉(景陵) 국기(國忌) 지나시니 연년(年年) 이때를 당하여 옛 생각에 마음이 아프고 더욱 심할 뿐이구나.]

경릉(景陵)은 경기도 구리시에 있는 제24대 국왕 헌종과 왕비 효현왕후 김씨, 계비 효정왕후 홍씨의 능이다. 국기(國忌)라는 단어로 미루어 헌종의 기일을 맞이해 작성한 언간임을 알 수 있다. 궁인이 대필한 것이다. [언간③] 여백에 "신뎡황후 됴시겨셔 생딜부 정경부인 연안김시게 하신 봉서 궁인이 대셔"라고 적은 윤백영의 부기가 있다.[30] 이를 통해 신정왕후가 정경부인 연안김씨에게 보낸 편지임을 알 수 있다. 그리고 헌종이 세상을 떠난 1849년 이후 작성되었을 것이다. 첫 번째 부인 광산김씨의 대상(大祥)이 지난 1886년부터 신정왕후의 몰년인 1890년 사이로 시기를 좁힐 수 있을 듯하다. 헌종의 기일을 맞이하여 연안김씨가 보낸 편지를 받고 보낸 답장이다.

[신정왕후 언간④]

글시 보고 일한이 심훈디 시봉 등 잘 디내ᄂᆞᆫ 일 알고 든든 깃브며 예셔는 샹후 졔졀 태평ᄒᆞ오시니 흔힝ᄒᆞ고 예도 일양 디낸다

---

30   황문환·임치균·전경목·조정아·황은영 엮음, 같은 책, 170쪽.

[글씨 보고 추위 심한데 시봉(侍奉) 중 잘 지내는 일 알고 든든하고 기쁘며 예서는 상후(上候) 제절(諸節) 태평(太平)하시니 흔행(欣幸)하고 예도 일양(一樣) 지낸다.]

이 언간은 궁인이 대필한 것이다. 그럼 언제 보낸 것일까. 봉투에 "봉 윤교리댁 답셔"로 되어 있는 것으로 미루어, 윤용구가 교리(校理)가 된 후 직각(直閣)이 되기 전에 보낸 것이다. 윤용구는 1871년 5월 30일에 교리가 되었으며, 1874년 7월 24일에 직각이 되었다.[31] 따라서 발신 시기는 1871~1874년으로 추정할 수 있다.

[언간④] 여백에 "신녕황후 됴시겨오샤 생딜부 정경부인 김시게 ᄒᆞ오신 답봉셔 궁인이 대셔"라고 적은 윤백영의 부기가 있다. 신정왕후가 윤용구의 아내에게 보낸 것이다. 수신자를 특정하지 않았으나 작성 시기를 볼 때 신정왕후가 윤용구의 초취 부인 광산김씨(1853~1884)에게 보낸 것으로 여겨진다.[32] 궁궐의 상감마마와 신정왕후 본인의 안부를 전하는 편지이다. 부모를 모시며[侍奉]라는 구절이 나오는 것으로 보아 윤의선이 생존해 있을 때 주고받았음을 알 수 있다.

2) 신정왕후전 지밀나인 서기 이씨 언간

두 번째 범주는 신정왕후전 지밀상궁 서기 이씨가 보낸 언간이다. 서기 이씨는 신정왕후의 편지를 대필한 그 시대의 궁중 명필이라 한다. 당시 궁

---

31 국립한국박물관, 『덕온공주가의 한글1』, 2019, 364-365쪽.

32 수신자를 윤용구의 재취 부인 연안김씨(1864~1896)로 본 연구도 있다.(황문환·임치균·진경목·조정아·황은영 엮음, 앞의 책, 171쪽)

중에는 대필을 전문으로 하는 서사 상궁이 있었다. 윤백영 역시 서기 이씨에 대해 "국문난후 제일가는 명필"이라 언급한 글이 남아 있다.[33] 서기 이씨는 상궁 신분으로 글씨 쓰는 일을 하다가 혼인과 더불어 궁에서 나왔다. 하지만 결혼 생활이 파탄에 이르자 친정에 와 있었고, 마침 신정왕후의 부름을 받아 궁으로 들어가 서기로서 대필했던 것으로 보인다. 그녀는 신정왕후가 세상을 떠나는 1890년까지 서기로 일했던 듯하며 그 후에는 은퇴한 것으로 여겨진다.[34] 궁중에 거주하면서도 상궁은 아니라서 비교적 자유롭게 글씨 쓰는 일을 할 수 있었을 것으로 파악된다.

[신정왕후전 서기 이씨 언간①]

복모 둥 하셔 밧즈와 보옵고 악한의 긔후 지안ᄒᆞ신 문안 아옵고 든든 흔희ᄒᆞ옵고 예는 문안 졔졀 안녕ᄒᆞ오시옵고 담체 증후는 강복ᄒᆞ오시옵고 침슈 진어ᄒᆞ오심 흔가지ᄋᆞ오시옵고 탕졔는 직쟉브터 뉵군즈탕 십 텹 진어ᄒᆞ오시게 의졍ᄒᆞ와ᄂᆞ이다

[복모(伏慕) 중 하서(下書) 받아 보고 추운 날씨에 기후(氣候) 평안하신 문안(問安) 알고 든든하고 매우 기쁘고 여기는 문안 제절(諸節)이 안녕하시고 담체 증후(膽滯症候)는 건강하시고 침수(寢睡) 드는 것은 한가지이고 탕제(湯劑)는 그저께부터 육군자탕(六君子湯) 열 첩 진어(進御)하시게 의논하였습니다.]

---

33 "신정왕후 조씨전 지밀내인 이씨가 글씨 필력이 철 같고 자체가 절묘한 데 내인을 나와 시집을 갔더니 살지 못하고 본가에 있으니, 국문난후 제일가는 명필이라 아까오시나 시집갔던 사람을 다시 내인이라 할 수 없어 이름을 서기라 하시고 내인과 같이 월급을 주시고 대서와 큰방상궁 대서를 하게 하시니 세종대왕 국문 내신 후 다시없는 명필이니"라고 언간 별지에 윤백영이 적었다.(국립한국박물관, 앞의 책(2019b), 364-365쪽)

34 박정숙, 『조선의 한글 편지』, 다운샘, 2017, 82-83쪽.

신정왕후전 지밀나인 서기 이씨가 궁 밖의 신분이 높은 사람에게 쓴 글로 여겨진다. 수수관계를 파악하기는 어렵지만 정경부인 연안김씨일 가능성이 크다. 담체 증후(膽滯症候)는 위장병을 말한다. 육군자탕은 사군자탕에 진피(陳皮)와 반하를 넣어서 달려 만드는 탕약을 말한다. 기가 허하고 담이 성하여 온몸이 나른하면서 입맛이 없고 속이 메스꺼운 데에 쓴다. 신정황후의 위장병에 육군자탕을 올렸다는 내용을 서기 이씨가 연안김씨에게 전하고 있다.

[신정왕후전 서기 이씨 언간②]

복모 듕 하셔 밧주와 수야간 톄졀 지안ᄒᆞ오신 문안 아옵고 흔희 경힝이옵고 여긔는 문안 침슈 졔졀 안강ᄒᆞ오시오니 하졍의 경축ᄒᆞ와 ᄒᆞ옵고 직작일은 삭포만 가온 거시 일긔 음예 ᄒᆞ옵기로 더욱 덧업시 뵈옵고 오온 일 눌이 갈ᄉᆞ록 섭섭ᄒᆞ옵고 마마겨ᄋᆞ오샤도 ᄂᆡ외분 안부 듯ᄌᆞᄋᆞ오시옵고 오리오리 금심 굼굼ᄒᆞᄋᆞ오시옵다 든든ᄒᆞᄋᆞ오시온 듕 녕감 신관 말 못되온 말ᄉᆞᆷ 통촉ᄒᆞᄋᆞ오시옵고 금심 못내못내 아쳐롭고 못 잇ᄌᆞᄋᆞ오시옵ᄂᆞ이다 여러히 무탈이 입궐ᄒᆞ와습ᄂᆞ이다

[복모(伏慕) 중 하서(下書) 받고 수일간 체절(體節) 지극히 편안하신 문안(問安) 알고 기쁘고 경사스럽고 다행스럽습니다. 여기는 문안 침수(寢睡) 모든 것이 편안하고 건강하오니 제 생각에 경축하고 삭(朔)포 만에 간 것이 일기(日氣) 고르지 못하여 더욱 덧없이 뵈고 온 일 날이 갈수록 섭섭하고 마마께서도 내외분 안부(安否) 들으시고 오래오래 마음에 궁금해 하시다 든든해하시고 온 중 영감(令監) 얼굴 못 뵈 온 말 통촉(洞燭)하고 마음속에 내내 애처로워하고 못 잊고 있습니다. 여럿이 무탈하게 입궐(入闕)하였습니다.]

지밀 나인 서기 이씨가 궁 밖의 신분이 높은 사람에게 쓴 글로 보인다. 하지만 구체적인 수수관계를 파악하기 어렵다. [서기 이씨 언간②]에서 "마마께서도 내외분 안부 들으시고 오래오래 마음에 궁금해 하시다 든든해하시고 온 중 영감(令監) 얼굴 못 뵈온 말 통촉하고 마음속에 내내 애처로워하고 못 잊고 있습니다."라는 내용이 단서가 될 수 있지 않을까 한다. 다음 [서기 이씨 언간③]과 관련해서도 그렇다고 하겠다.

[신정왕후전 서기 이씨 언간③]

글월 밧즈와 한엄이 심ᄒ온디긔후 졔졀 지안ᄒ오심 복츅 만만이옵고 아가 안온ᄒ오닛가 예는 마마 문안 침슈 진어 졔졀 안녕ᄒᆞ오시옵고 큰뎐 문안 각 뎐 문안 만안ᄒᆞ오시오니 하졍 츅슈ᄒᆞ와 ᄒ오며 딕 말ᄉᆞᆷ 알외오니 이졔ᄂᆞᆫ 결단되여 ᄉ묘 시역가지 되다 ᄒ니 싀훤ᄒ니 이ᄶ 역ᄉ 군가도 하 금죽ᄒ니 엇디홀고 답답다 ᄒᆞᆼ오시옵ᄂ이다 져는 기간 경향으로 분쥬히 단니옵노라 빅병 겸발 욕ᄉ욕ᄉᄒ옵다 계유 일간이야 긔동ᄒ와습ᄂ이다

[글월 받아 보고 더위가 심한데 기후(氣候)가 모두 편안하신 것 삼가 축원 만만이고, 아가는 편안합니까. 여기는 마마(媽媽) 문안(問安) 침수(寢睡)와 진어(進御) 모두가 안녕(安寧)하고 큰 전(大殿) 문안, 각 전(各殿) 문안 모두 편안하오니 제 마음에 빕니다. 댁 말씀 아뢰오니 이제는 결단(決斷)되어 사묘(四廟)의 공사까지 된다 하니 시원하니 이때 공사 가격이 하 끔찍하니 어찌 할고 답답하다 합니다. 저는 그 사이 서울로 분주히 다니느라 온갖 병 두루두루 어렵습니다. 겨우 며칠 사이에 기동(起動)하였습니다.]

앞의 언간과 같이 신정왕후전 지밀나인 서기 이씨가 궁 밖의 신분이 높은 사람에게 쓴 글로 보인다. 하지만 구체적인 수수관계를 파악하기는 용

이하지 않다. 다만 여기서 "글월 받아 보고 더위가 심한데 기후(氣候)가 모두 편안하신 것 삼가 축원 만만이고, 아가는 편안합니까."라는 내용이 단서가 될 수 있지 않을까 한다. 이는 이어서 보게 될 [서기이씨 언간④]의 내용과도 이어진다고 할 수 있겠다. 큰 전은 대전(大殿)으로 국왕이 계신 곳, 각 전(各殿)은 왕후나 동궁 빈 등의 거처를 말한다. 사묘(四廟)는 조상들의 위패를 모신 사당을 말한다. 공사를 시작했으나 그 품삯이 많이 드는 것을 걱정하는 내용을 담고 있다. 당시 상황을 파악할 수 있는 흥미로운 언간이라고 하겠다.

[신정왕후전 서기 이씨 언간④]

일한이 브죠 거복ᄒ온디 기간 긔후 졔졀 지안ᄒ오시온디 복모 구구 무임이옵고 아가는 역환 태평 고이고이 ᄒ옵고 츌쟝가지 태평ᄒ온 문안은 듯ᄌ오니 너모 신긔 긔힝ᄒ오시려 흔만 일쿳ᄌ오며 문안 ᄉ연은 이위 알외와ᄉ오니 ᄯᅩ 아니ᄒ오나 이런 말ᄉᆷ 챵피 괴로워ᄒ오시나 일넘 블망 고로 ᄌ연 말ᄉᆷ이오며 범ᄉ를 엇디 분별ᄒ오시옵ᄂᆞᆫ고 불문가지로 못니못니 잇ᄌᆸ디 못ᄒ옵고 마마겨오샤도 근일 더옥 못 니저 못 니저 여러 슌 일쿳ᄌ오시옵고 큰 녕감 말ᄉᆷ 셩심의 걸녀 걸녀 ᄒ오시는 셩의 양탁ᄒ오니 당신 신슈만 디통ᄒ오시면 여의셩취 운ᄉ를 ᄆᆞ랍ᄌ오시올 듯 그런 하교만 듯ᄌ와도 황감ᄒ와 조금 엿ᄌ오니 훈동과 슈쟉 등도 마오심 ᄇ라오며 져ᄂᆞᆫ 기간 풍단 대통ᄒ와 근 일삭이나 욕ᄉᄒ옵다 이제야 면ᄉ 계유 ᄒ와습ᄂᆞ이다 휴지 즉파 ᄇ라옵ᄂᆞ이다 니시

[추운 날씨가 고르지 못하고 거북한데 그간 기체 편안하신지 엎드려 그리워하는 정이 그지 없습니다. 아가는 천연두에 태평하고 무사하고 출장까지 태평한 문안(問安)은 들으니 너무 신기하고 다행하오시며 매우 기쁩니다. 문안 사연(事緣)은 이미 아뢰었사오니 또 아니하오나 이런 말씀 창피 괴로워하

시나 한결같이 잊지 못하는 까닭에 자연(自然) 말씀이오며 모든 일을 어찌 분별하시는지 보지 않아도 보는 듯 못내 못내 잊지 못합니다. 마마께서도 근일 더욱 못 잊어 못 잊어 여러 번 일컬으시며 큰 영감(令監) 말씀 임금의 마음에 걸리고 걸려 하시는 정성스러운 뜻 우러러 생각하여, 당신 신수(身數)만 대통하시면 뜻대로 이루시는 운수를 무릅쓰시고 행하실 듯한 그런 하교만 들어오니 황송하고 감격합니다. 조금 더 말씀드리자면 여쭈오니 훈동(勳洞) 사람과 수작도 마시길 바랍니다. 저는 그간 풍단(風丹)으로 크게 아파 근 한 달 가까이 고생하다가 이제야 죽을 고비를 넘겼습니다. 편지는 보시고 즉시 없애버리시기 바랍니다. 이씨]

이 편지는 서기 이씨가 덕온공주의 아들 윤용구에게 보낸 편지로 알려져 있다.[35] 하지만 구체적인 발신 시기를 알기는 어렵다. "아가는 천연두에 태평하고 무사하고"라고 한 구절로 보아 해관 윤용구의 아이로 볼 수 있겠다. 출장(出場)은 천연두의 딱지가 떨어졌다는 말이다. 그리고 앞에서 본 편지 [서기 이씨 언간③]에는 "글월 받아 보고 더위가 심한데 기후가 모두 편안하신 것 삼가 축원 만만이고, 아가는 편안합니까"에서 말하는 아가와 같은 아이로 여겨진다. 해관 윤용구의 아이라면, 그 아이는 윤백영이라 하겠다. 윤용구 소생으로는 윤백영 외에도 윤건영(1893~1945)과 윤헌영(1896~1948)이 있다.[36] 그런데 신정왕후 몰년이 1890년임을 고려할 때 윤백영임을 확인할 수 있다. 아이가 천연두에 무사하다는 편지의 내용으로 보아 1880년대 후반에 쓰인 것으로 여겨진다.

---

35 [서기 이씨 언간④] 여백에 "신졍황후 됴시던 셔긔 니씨의 글시니 국문 시작한 후 제일가는 명필인대 해관 윤판셔게 한 편지요"라고 적은 윤백영의 부기가 있다.

36 국립한글박물관, 앞의 책(2019b), 11쪽.

큰 영감은 윤용구의 형 윤정구(1841~1903)이다. 윤정구는 1875년 별시 문과에 병과로 급제 했다. 훈동(勳洞)은 지금의 서울 종로구 인사동 일대를 말한다. 공신을 우대하기 위해 설치한 기구인 충훈부가 있던 지역으로 충훈부내계(忠勳府內契) 또는 훈동이라고 했다. 훈동 지역의 사람과는 수작도 하지 말라는 말을 하고 있다. 신정왕후의 전언일 것으로 여겨진다. 편지에서 나오는 풍단(風丹)은 단독(丹毒)과 같은 말로, 피부의 헌데나 다친 곳으로 세균이 들어가서 열이 높아지고 얼굴이 붉어지며 붓게 되어 부기, 동통을 일으키는 전염병을 말한다.

마지막의 "편지지 보시고 즉시 없애버리시기 바랍니다[休紙卽破]."라는 구절이 주목된다. 여기서 휴지는 편지지를 말한다. 귀한 신분의 인물이 보내는 편지 말미에 흔히 볼 수 있는 상투적인 구절이다.

이렇게 본다면 [서기이씨 언간①~④]는 신정왕후의 언간을 대필한 것으로 여겨진다. 또한 '아가'가 두 번 등장하는 만큼, 같은 인물에게 보냈을 가능성이 높다. 정순왕후나 순원왕후 역시 같은 인물과 많은 편지 왕래를 하고 있었다. 또한 윤용구에게 보낸 것이 맞는다면, 여기서 우리는 실마리를 하나 찾아낼 수 있다. 그러면 신정왕후와 윤용구는 어떤 관계이길래 그렇게 계속 편지를 보냈을까.

신정왕후는 효명세자의 부인이다. 그런데 효명세자에게는 앞에서 언급한 바와 같이 세 명의 여동생이 있었다. 그들 세 명의 여동생 중에서 제일 늦게까지 생존했던 여동생은 막내 덕온공주이다. 그녀는 남녕위 윤의선에게 하가했다. 덕온공주는 아이를 낳다가 세상을 떠났다. 그래서 윤의선은 양자를 받아들였다. 그가 바로 윤용구였다. 덕온공주의 부마 윤의선의 아들이다. 신정왕후에게는 막내 시누이의 아들이다. 남편과 아들, 그리고 세 시누이까지 모두 세상을 떠났다. 신정왕후가 시누이의 아들 윤용구의 아가에게 관심을 갖는 것은 자연스럽다고 할 수도 있겠다. 그 아가는 막내 시누이 덕온공주의 손녀가 되기 때문이다.

3) 신정왕후전 천상궁 언간

[신정왕후전 천상궁 언간①]

복모 등 하셔 밧즈와 기간 긔후 지안ᄒ오신 문안 아옵고 흔츅 이오며 예는 문안 침슈 졔졀 안강ᄒ오시옵고 진어 ᄒ옵심 ᄒ가지으오시옵고 탕졔는 그동안 이것 져것 소조지졔를 만히 진어 ᄒ으시옵다 이젼 진어ᄒ으오시옵던 이듕탕 수일지 신후 잡ᄉ오시옵고 공심탕 졔도 이젼과 ᄀᆞ치 진어ᄒ으오시ᄂ 이다

[복모(伏慕) 중 하셔(下書) 받아 그동안 기후(氣候) 지극히 편안하신 안부 알고 매우 기쁘며, 여기는 문안(問安) 침수(寢睡) 모든 것이 편안하고 임금님의 거둥 한가지이고 탕제(湯劑)는 그동안 이것저것 탕약 조제를 많이 올렸습니다. 이전에 진어하시던 이중탕(二重湯)은 수 일째 신후(申後)에 잡수시고 공심탕제(空心湯劑)도 이전과 같이 올렸습니다.]

[천상궁 언간①] 여백에 "신뎡황후 됴시뎐 셔긔 니시가 큰방 쳔 샹궁 대셔 윤 판셰게 ᄒ니 오백 년의 졔일 가는 국문 명필"이라고 적은 윤백영의 부기가 있다. 발신자는 천상궁이지만 서기 이씨가 대서하여 보낸 것을 알 수 있다.[37] 천상궁은 천일청(千一淸) 상궁으로 여겨진다.[38] 순종 대에 부제조

---

37 황문환·임치균·전경목·조정아·황은영 엮음, 앞의 책, 141쪽.

38 박정숙, 앞의 책, 84–85쪽. 그녀가 1934년 칠월 이십팔일 쓴 친필 글씨 「천일청탄원서」가 남아 있다. 자유롭게 흘려서 쓴 글씨이며, 내용은 부제조상궁까지 지낸 바 있으나 가족이 없어 이왕직 주전과장 이응훈에게 사후 시신처리를 부탁했다. 쓸쓸한 노년을 보냈음을 알 수 있다.

상궁을 지냈다. 이중탕(二重湯)과 공심탕제(空心湯劑)는 탕약 이름이다. 이중탕은 비위가 차서 배가 자주 아프고 설사하는 데 쓰는 처방이며, 공심탕제는 공복(空腹)에 먹는 약이다. 신후(申後)는 신시가 지난 뒤, 곧 오후 5시 이후를 말한다. 저녁 식사 후에, 식후로도 뜻은 같다. 신후란 궁중 용어이다. 구체적인 수수관계를 파악하기가 어렵다. 하지만 앞에서 본 정경부인 김씨일 가능성이 크다고 하겠다.

[신정왕후전 천상궁 언간②]

복모 듕 하셔 밧ᄌᆞ와 보옵고 일긔 고ᄅᆞ옵디 못ᄒᆞ온디 긔후 지안ᄒᆞ오신 문안 아옵고 흔만 축슈ᄒᆞ와 ᄒᆞ오며 아가 유침 여샹ᄒᆞ온디 굼굼ᄒᆞ외다 예는 마마겨오샤 감후로 히소 긴ᄒᆞ오샤 침슈 졔졀이 씨긋디 못ᄒᆞ오시니 하졍 복민 동동ᄒᆞ와 ᄒᆞ옵ᄂᆞ이다

[복모(伏慕) 중 하서(下書) 받아 보고 일기 고르지 못한데 기후(氣候) 지극히 편안하신 문안을 알고 기쁨이 가득하고 손 모아 기뻐하며 아가 젖 먹고 잠자는 것은 평소와 같은지 궁금합니다. 여기는 마마께서 감기 증세로 기침이 심하셔서 침수하시는 일이 깨끗지 못하시니 제 마음이 삼가 민망하여 불안합니다.]

신정왕후전의 천상궁이 윤용구 집안에 보낸 편지로 알려져 있다.[39] 그렇다면 내용에 나오는 아가는 윤백영을 말한다고 하겠다. 윤백영의 생년(1888~1986)과 신정왕후의 몰년(1890)을 감안하면 이 언간은 1888년에서 1890년 사이에 쓰인 것으로 여겨진다. 그러니까 신정왕후 말년에 보낸 것이다. 신정

---

39 [천상궁 언간②] 여백에 "신뎡황후 됴시뎐 큰방 쳔 샹궁 글월"이라고 적은 윤백영의 부기가 있다.

왕후가 감기에 걸려 기침병이 더욱 심해서 잠자리와 일상생활이 편안하지 못하다는 걱정스럽다는 내용을 전하고 있다.

[신정왕후전 천상궁 언간③]

천천 몽미 밧 대감 상스 말숨은 진몽을 블각이옵고 지필노 무슨 말숨을 일워 알외올 바 막무막무ᄒ온 듕 시샹 히쳔으로 괴로이 디내오시옵ᄂ 줄은 이위 아옵ᄂ바 근일 감후 졔졀 쳠가ᄒ오샤 미령ᄒ옵신 줄노만 아와ᄉ오니 ᄎᄎ 평복되옵실 일만 앙망이옵더니 블의 상스 나오시오니 호텬망극 인휘지통 엇더엇더ᄒ옵시올고 샹셔로 다 못 알외옵고 시일 박졍뉴속ᄒ와 쟉일 셩복ᄀ디 디나오시오니 이졔ᄂ 속졀업시 되옵신 일이오니 빅만지통을 관억ᄒ오시옵고 대감 ᄉ후 녜졀을 이졔ᄂ 대효로 싱각ᄒ오시고 ᄒ오샤 ᄌ보ᄒ오심 ᄇ라옵ᄂ이다

[천만 뜻밖에 대감(大監) 상사(喪事) 말씀은 꿈인지 생각지 못하고 지필(紙筆)로 무슨 말씀을 하여 아뢰올 바 어찌할 줄 모르는 중 시상(時常) 해천(咳喘)으로 괴로이 지내시는 줄은 이미 아는바 근일(近日) 감후(感候) 제절(諸節) 첨가(添加)하셔 미령(靡寧)하신 줄로만 알았으나 차차 평복(平復)될 일만 앙망(仰望)이더니 불의(不意) 상사(喪事) 나오시오니 호천망극(昊天罔極)) 애훼지통(哀喙之痛) 어떠 어떠하시올꼬 상서(上書)로 다 못 아뢰고 시일(時日) 박정유속(薄情流速)하여 어제 성복(成服)까지 지나시니 이제는 속절 없이 되신 일이니 백만지통(百萬之痛)을 관억(寬抑)하시고 대감 사후(死後) 예절을 이제는 대효(大孝)로 생각하시셔 자보(自保)하실 것을 바랍니다.]

이 언간은 신정왕후전 최상궁의 글씨로 알려졌다. [천상궁 언간②] 여백에 "신뎡황후 됴시년 지밀내이 쟝희 최 샹궁 글시 궁듕 명필"이라고 적은

윤백영의 부기가 있다.[40] 구체적인 수수 관계를 알아보기는 어렵다. 다만 편지를 받는 사람은 대감의 부인으로 판단되며 뜻밖의 상사를 당한 것에 위로하는 편지라 하겠다. 하지만 이 편지는 윤용구 집안, 이미 몇 차례 편지를 보낸 적이 있는 정경부인 김씨에게 쓴 것으로 여겨진다. 내용에서 '불의의 상사'니 '대효'니 하는 용어가 나오는 걸로 보아 윤용구 집안에 상사(喪事)에 대한 위로의 편지인 듯하다. 그러면 대체 누구인가. 윤용구의 부친 남녕위 윤의선의 죽음이 아닌가 싶다. 윤용구는 윤의선의 장자로 입양되었기 때문이다. 그런데 윤의선은 1887년(고종 24) 세상을 떠났다. 그렇게 본다면, 이 편지는 장례 직후에 보낸 것으로 여겨진다.

그러면 윤용구는 어떤 삶을 살았을까. [천산궁 언간⑤]의 경우 수신자가 윤용구임을 알 수 있다. 부마 남녕위 윤의선의 양자이며, 윤두수(尹斗壽)의 11세손이다. 윤용구는 문신이자 서화가로 이름이 났다. 자는 주빈(周賓), 호는 해관(海觀)·석촌(石村)·수간(睡幹)·역수헌(亦睡軒), 본관은 해평(海平)이다. 1871년(고종 8) 정시(庭試) 문과에 병과(丙科)로 합격했다.[41] 이후 벼슬이 예조·이조판서에 이르렀다. 1895년 을미사변 이후 법부·탁지부·내무부 등 대신에 여러 차례 임명받았지만 나아가지 않았다.

그는 서울 근교의 장위산에 은거하면서 장위산인이라 자호(自號)했다. 한일병합 이후 일제는 그에게 남작을 수여했으나 거절하고 서화와 거문고, 바둑으로 스스로 즐기면서 세상일을 멀리했다. 글씨는 해서·행서를 많이 썼으며, 그림은 난과 대를 잘 그렸다. 금석문으로 「문간공한장석신도비(文

---

40 『판독집』에서는 신정왕후 언간으로 보고 있다.(황문환·임치균·전경목·조정아·황은영 엮음, 앞의 책, 150쪽)

41 『국조방목(國朝榜目)』(규장각한국학연구원, 奎貴 11655); 『해평윤씨대동보(海平尹氏大同譜)』, 2005; 「한국역대인물종합시스템」(http://people.aks.ac.kr).

簡公韓章錫神道碑)」(경기도 과천)와 「선성군무생이공신도비(宣城君茂生李公神道碑)」
(경기도 광주)가 있다. 전남 순천 선암사 입구의 강선루(降仙樓) 현판 등을 남
겼다. 그림으로는 「죽도(竹圖)」(개인 소장)와 「묵죽(墨竹)」(간송미술관 소장) 등이
있다. 한글 역사서 『정사기람(正史紀覽)』과 『여사초략(女史抄略)』를 펴내기도
했다. 『정사기람』은 고종의 명을 받아 윤용구가 왕실 여성들을 위해서 쓴
책이며, 『여사초략』은 당시 12세였던 딸 윤백영을 위해 여성과 관련된 역
사를 발췌해서 작성한 책이다. 1939년 1월 28일 고양군 숭인면 장위리 자
택에서 86세의 나이로 세상을 떠났다.

윤용구의 딸, 윤백영은 덕온공주의 손녀이다. 신정왕후의 편지에 나오는
'아가'가 바로 그녀이다. 기억력이 좋고 박식했으며, 80세까지도 창경궁의
장서각에 소장된 고서를 열람하러 다녔다. 그래서 '장서각 책할머니'로 불
리웠다.[42] 윤용구의 복식 유물을 보관하여 오던 그녀는 장서각에서 만나
알게 된 석주선 박사에게 1960년대부터 여러 차례로 나누어서 기증했다.
윤용구의 관복 1점, 동달이 1점, 철릭 1점, 광다회 1점 등 총 4점이 1987년
국가민속문화재 제216호로 지정되었다[그림 6-5] 참조]. 덕온공주당의(국가민
속문화재 제1호), 덕온공주의복(국가민속문화재 제211호), 덕온공주유물(국가민속
문화재 제212호) 등도 기증했다[그림 6-6~8] 참조]. 이들은 현재 단국대학교 석
주선기념박물관에 소장되어 있다.[43]

윤백영은 한글 글씨를 잘 썼다. 그녀는 일제 강점기에 조선미술전람회에
서 한글 궁체로 쓴 서예 작품으로 처음 입선했으며, 전통적인 한글 궁체를

---

42 박정숙, 「한글 서예 현대화의 가교 역할을 한 사후당 윤백영」, 『조선의 한글 편지』, 다
    운샘, 2017, 65-78쪽.
43 단국대학교 석주선기념박물관, 『조선 마지막 공주 덕온가의 유물』, 단국대학교출판부,
    2012 참조.

[그림 6-5] 윤용구유물(철릭),
국가민속문화재 제216호,
단국대학교 석주선기념박물관소장

[그림 6-6] 덕온공주당의,
국가민속문화재 제1호,
단국대학교 석주선기념박물관소장

[그림 6-7] 덕온공주의복(원삼), 국가민속문화재 제211호, 단국대학교 석주선기념박물관소장

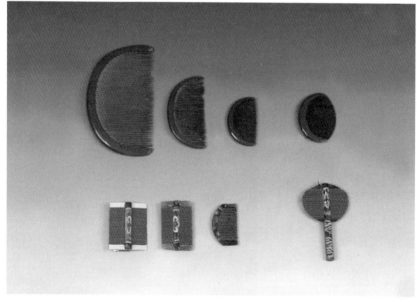

[그림 6-8] 덕온공주유물, 국가민속문화재 제212호, 단국대학교 석주선기념박물관소장

현대적인 예술 작품으로 승화시킨 것으로 평가받고 있다.[44] 덕온공주 역시 순원왕후의 글씨를 그대로 이어받은 명필이었다.[45] 덕온공주→ 윤용구→ 윤백영으로 이어지는 가문의 전승이라 할 수도 있겠다.

지난 2019년 문화재청에서 '덕온공주 집안의 한글자료, 고국의 품으로 돌아오다'라는 제하의 보도도 있었다.[46] 한글박물관에서는 「공쥬, 글시 덕으시니: 덕온공주 집안 3대 한글 유산」이라는 주제로 개관 5주년 기념기획 특별전(2019.4.25.~8.18)을 기획, 개최했다[그림 6-9] 참조. 덕온공주 집안의 한글 편지에는 순원왕후, 신정왕후, 명헌왕후, 철인왕후, 명성황후 등이 직접 쓰거나 상궁이 대필해서 보내온 것들이 있다. 그리고『역주본 봉셔』를 펴 낸 서예가 조용선은 사후당 윤백영에게 사사받았다는 것, 그리고 많은 자료를 물려받았다는 것을 밝히고 있다.

이렇게 본다면『역주본 봉셔』에 수록되어 있는 신정왕후의 편지들은 윤용구 집안에 보냈다는 것을 말해주고 있다.[47] 만년의 신정왕후는 막내 시누이 덕온공주의 아들 윤용구와 그의 처 정경부인 김씨에 대해서 친근하게 느끼면서 언간을 보내기도 했던 것이다. 특히 귀한 손녀인 '아가' 윤백영에게 쏟은 관심은 특별한 것이었다. 신정왕후의 인간적인 면모를 엿볼 수 있겠다.

---

44 궁중에서는 윤백영을 '저동궁(苧洞宮) 할머니'라 불렀다. 저동궁은 윤여사의 친정 공주 궁(公主宮)의 이름이었다. 저동궁은 훗날 이완용에게 몰수당했다.(김용숙,『조선조 궁중 풍속연구』, 일지사, 1987)

45 황문환,「덕온공주 집안 유물 중 한글 자료에 대하여」,『한국복식』30, 2012, 185-186쪽.

46 윤백영은 유용준(1886~1946)과 혼인했으며, 아들 둘[유승목, 유중목]을 두었다. 두 아들에서 11명의 손자, 손녀가 태어났다. 그들 중에는 미국으로 이주한 이들도 있다. 둘째 며느리 윤흥섭 역시 미국에 거주했다.(박정숙, 앞의 책, 67쪽)

47 조용선이『역주본 봉셔』를 낼 때 윤백영이 써준 추천서도 남아 있다. 국립한글박물관에서는 현재 333건 667점에 이르는 덕온공주가 자료를 수집 정리하고 있다. 신정왕후 언간을 비롯하여 순원왕후, 명헌왕후, 철인왕후, 명성황후, 궁녀 등이 보낸 언간이 포함되어 있다.(국립한글박물관,『덕온공주가의 한글1・2』, 2019・2020)

[그림 6-9] 「공쥬, 글시 뎍으시니: 덕온공주
집안 3대 한글 유산」 포스터

5. 신정왕후 언간의 의미

유난히 영특했던 효명세자와 세자빈, 그리고 세 여동생들이 빚어낸 이야
기는 한 편의 드라마 같다고 할 수 있다. 순조의 아들로서 왕세자로서 대리
청정까지 하던 효명세자, 그리고 풍양조씨 집안의 딸이 세자빈이 되고, 그
들 사이에 아들 헌종까지 태어나는 장면은 그야말로 인생의 봄날이었다고
할 수 있겠다. 그래선지 사람들의 인기를 끌었던 팩션(Faction) 사극 드라마
<구르미 그린 달빛>(2016, KBS)의 소재가 되기도 했다.[48]

효명세자의 요절과 더불어 세자빈의 인생 역정 역시 급격하게 변하지 않을 수 없었다. 현실에서 그들은 국왕과 왕비가 되지 못했다. 그러나 아들 헌종이 순조의 뒤를 이어 즉위함에 따라 익종과 신정왕후로 추존되었다. 아들이 국왕이 되었지만, 신정왕후가 아닌 시어머니 순원왕후가 수렴청정하게 되었다. 순원왕후의 수렴청정과 함께 안동김씨의 세도정치는 정국을 이끌어 갔으며, 신정왕후와 풍양조씨 세력은 정권의 핵심에서 밀려나면서 소외감을 맛보지 않을 수 없었다. 김흥근의 탄핵 및 유배와 더불어 잠시 주춤한듯한 안동김씨의 득세는 갑작스런 헌종의 죽음, 뒤이은 철종의 옹립과 더불어 한층 더 심해졌다. 헌종과 철종의 왕비가 안동김씨에서 배출되었다는 것 자체가 지극히 상징적이다.

하지만 시어머니 순원왕후가 타계하고(1857), 철종의 갑작스런 죽음(1863)은 그 모든 것을 다시 바꾸어놓게 되었다. 신정왕후가 왕실의 최고 어른, 대왕대비가 되었다. 왕실에 들어온 지 40년 만의 일이었다. 후계자 지명권을 갖게 된 것이다. 그녀는 흥선군의 아들을 지명했다. 그를 효명세자[익종]과 자신의 양자로 입적시켰으며 왕위에 오르게 했다. 그가 바로 고종이었다.

신정왕후 자신은 4년 동안 수렴청정을 했다. 시어머니 순원왕후가 그랬던 것처럼. 안동김씨 시대를 넘어 고종시대가 열린 것이다. 4년에 걸친 수렴청정 이후 신정왕후는 철렴했으며, 흥선대원군에게 전권을 주고 물러나게 되었다. 56자에 달하는 존호는 고종이 내려준 것이다. 신정왕후는 그야말로 역동적인 인생을 살았다고 해야 할 것이다.[49] 1890년 그녀는 83세를 일기로 세상을 떠났다.

---

48 드라마에서 효명세자는 박보검이, 그리고 세자빈은 채수빈이 맡아서 열연했다.

49 그 시대를 다룬 사극들-<풍운>(1982, KBS), <찬란한 여명>(1995~1996, KBS), <명성황후>(2001~2002, KBS), <닥터 진>(2012, MBC)-이 인기를 끌었다.

그와 관련해서 한 가지 덧붙여두자면, 1897년 대한제국의 성립과 더불어 고종은 황제가 되었다. 고종의 실제 아버지는 대원군이었지만, 법적인 아버지는 익종[효명세자]이었다. 아들이 황제가 됨으로써 익종과 신정왕후 역시 문조와 신정익황후로 추존되었다. 그들은 실제 아들 헌종 덕분에 왕과 왕비로 추존되었다면, 법적인 아들 양자 덕분에 황제와 황후로 추존될 수 있었다. 예외적인 일이었다. 살아서는 아니었지만 죽어서 국왕과 왕비, 나아가 황제와 황후로 추존된 두 사람은 현재 경기도 구리시 동구릉 내 수릉(綏陵)에 나란히 잠들어 있다[그림 6-10~11] 참조.

파란만장한 자신의 인생에 대해서 신정왕후가 어떤 생각을 품고 살았는지에 대해서는 알 수 없다. 하지만 그녀 역시 한 사람의 인간이며, 그런 만큼 감정을 가진 존재일 수밖에 없었다. 많은 왕후와 왕실 여성들이 그러했

[그림 6-10] 익종과 신정왕후 수릉 전경, 사적 제193호, 경기도 구리시

[그림 6-11] 익종과 신정왕후 수릉 정자각과 참도

듯이, 신정왕후 역시 개인적으로 자신의 생각을 전하기도 하고 소중하게 생각하는 사람의 안부를 묻기도 했다. 신정왕후 관련 언간 11건을 살펴보았다.

신정왕후와 관련된 언간은 크게 세 부류로 나누어 볼 수 있었다. 첫째는 신정왕후가 집안사람에게 보낸 언간 4건, 이들은 궁인이 대필한 것이다. 언간의 수신자가 집안사람으로 되어 있으며, 윤용구의 부인 정경부인 김씨에게 쓴 편지로 여겨진다. 둘째는 신정왕후전 궁인 언간인데, 이들은 다시 신정왕후전 지밀상궁 서기 이씨 언간 4건, 신정왕후전 천상궁 언간 3건이다. 역시 신정왕후와 관련이 있는 것으로 보인다. 신정왕후의 대필로 보낸 것이라고 할 수 있으나 언간 작성자를 기준으로 분류한 것이다. 이들 편지는 신정왕후가 덕온공주의 아들 윤용구와 그의 처 정경부인 김씨와 가깝게 지냈으며, 그렇기 때문에 언간을 보냈음을 알 수 있었다. 귀한 손녀인 아가 윤백영이 실마리가 되어주었다. 또한 최근 고국으로 돌아오게 된 덕온공주 집안의 한글자료[50] 역시 이를 방증해주고 있다.

---

50 국립한글박물관, 『공쥬, 글시 덕으시니: 덕온공주 집안 3대 한글 유산』, 2019.

VII. 순종비 순명효황후, 순종의 스승 위관 김상덕에게 편지를 쓰다

1. 순명효황후와 언간

순명효황후(純明孝皇后, 1872~1904)는 순종의 첫 번째 비이다.[1] 순종은 조선조 제27대 국왕이자, 대한제국 제2대 황제이다. 순명효황후 언간은 경주김씨(慶州金氏) 학주공파(鶴洲公派) 김면주(金勉柱) 종가에 소장되어 있었다. 이를 1990년 한국학중앙연구원이 수집하여 마이크로 필름화(MF35-3295)하고, 『고문서집성』 제8책으로 영인하여 출간했다. 언간 원본은 종손 김환기가 소장하다가 2006년 관련 유물과 함께 한국학중앙연구원에 기증하여 장서각에서 보관 관리하고 있다.[2]

---

1 순명효황후는 1882년 11세에 세자빈이 되었으며, 1897년 대한제국의 수립에 따라 황태자비로 책봉되었다. 그리고 1904년 33세에 세상을 떠났다. 1907년 순종이 황제로 즉위했기 때문에 그녀는 실제 황후로 즉위하지는 못했다. 사후에 순종이 황제로 즉위하여 순명효황후로 추존되었다. 이 책에서는 순명효황후로 적기로 한다.

2 [그림 7-4]~[그림 7-15] 순명효황후 언간은 보령 천궁 경주김씨 직각 김면주 종가의 도판 사용 승인을 받았다. 이 자리를 빌려 사용 승인을 허락해준 경주 김씨 김면주 종가 정해창 교수님과 한국학중앙연구원 장서각에 깊이 감사드린다.

여기서는 순명효황후 개별 언간의 작성 시기와 함께 위관(韋觀) 김상덕(金商悳)에게 보낸 첫 편지, 낙향한 김상덕, 해배와 고종의 환궁, 답장과 고종 탄신일, 입궁과 출사 권유, 황실의 근황 소식 등의 언간 내용을 중심으로 검토하고자 한다.

이들 순명효황후 언간에 대한 검토는 왕실여성 생활세계의 일면을 살펴볼 수 있게 해줄 것이다.[3] 조선왕조실록 등 관찬 자료를 보면 순명효황후와 위관 김상덕이 연관되어 있는 기사는 찾아보기 어렵다. 그래서 순명효황후의 언간은 더욱 중요하다. 실록에서 찾아볼 수 없는 왕실여성의 실제 일상적인 생활세계를 확인할 수 있기 때문이다. 이를 통해 구한말 급격하게 변화해가는 근대사의 흐름 속에서 한 왕실여성이 가졌던 내면세계의 일단을 엿볼 수 있을 것이다. 사적인 언간을 매개로 당시의 시대적 상황을 역사학적인 관점에서 재구성해보고자 한다.

편지의 내용과 발수신자의 정보를 감안한다면 작성한 시기는 대체로 1894년에서 1904년 사이로 보인다. 이들은 19세기에서 20세기로 넘어가는 시기에 궁중의 최상위 계층의 왕실 여성의 언어와 문체를 알 수 있게 해준다. 또한 서체적으로 뛰어난 조형미를 보여준다는 점에서도 귀중한 자료라 하겠다.[4] 또한 이들을 통해서 구한말 급격하게 변화해가는 근대사의 흐름 속에서 한 황실 여성이 가졌던 내면과 사유세계의 일단이나마 엿볼 수 있을 것이다.

---

3   순명효황후 언간에 대한 정보는 어강석, 「장서각 소장 순명효황후 관련 한글 간찰의 내용과 가치」, 『장서각』 17, 2007; 황문환·임치균·전경목·조정아·황은영 엮음, 『조선시대 한글 편지 판독자료집』 3, 역락, 2013; 이남희, 「구한말 순명효황후(1872~1904) 언간의 특성과 의미」, 『영주어문』 45, 2020 등을 참고, 정리한 것이다. 『조선시대 한글 편지 판독자료집3』은 이하 『판독집』으로 줄인다.

4   황문환·임치균·전경목·조정아·황은영 엮음, 앞의 책, 554쪽.

순명효황후는 1882년 11살에 세자빈이 되었다. 그리고 그녀는 1904년 황태자비로 세상을 떠났다. 당시 33세. 그러니까 22년 동안 황실에서 지내면서 조선 왕실의 쇠락, 임오군란, 명성황후의 참변, 대한제국의 성립, 일제에 의한 국권 침탈 과정 등 조선 황실의 중요한 사건을 모두 지켜볼 수 있었다. 1905년(고종 42) 「순명비의 묘지문(墓誌文)」[5]을 통해서 그녀가 격변하는 구한말의 흐름 속에서 조선 황실 여성으로서 그 중심에 서서 강건하게 대처하는 면면을 읽어낼 수 있다.

2. 순명효황후의 생애와 언간

1) 순명효황후의 생애

순명효황후의 본관은 여흥(驪興). 아버지 민태호(閔台鎬)는 1870년(고종 7) 정시(庭試) 문과에 병과로 급제했으며, 행좌찬성(行左贊成), 대제학(大提學)을 지내고 영의정에 추증되었다. 시호는 충문공(忠文公)이다. 가까운 친척으로 숙종의 비 인현황후가 있다.[6] 어머니는 정경부인 송씨(宋氏), 목사(牧使)로 내부협판(內部協辦)에 추증된 송재화(宋在華)의 딸이다. 순명효황후는 1872년(고종 9) 10월 양덕방(陽德坊) 계동(桂洞)에서 태어났다.

순명효황후는 천성이 유순하고 화기로우며 덕스러운 용모를 타고났다. 어릴 때부터 행동이 법도에 맞아 집에 드나드는 일반 부녀들도 한 번 보기

---

5 「지문(誌文)」.(『고종실록』 권45, 42년 1월 4일)

6 『고종실록』 권19, 고종 19년 2월 을해; 지두환, 『조선의 왕실 27: 순종황제와 친인척』, 역사문화, 2009, 264-269쪽.

만 하면 다 범상치 않다는 것을 알았다. 총명하고 슬기로워 어린 시절부터 『소학(小學)』이나 『여칙(女則)』과 같은 여러 가지 책들을 읽었다. 모사(姆師)가 그 대의를 해설하자마자 곧바로 그 깊은 뜻을 파악하곤 했다고 한다. 또한 침착하고 조용한 성품으로 말이 적었고 덤비는 일이 없었다. 조무래기들이 앞에서 무리지어 놀면서 참을 수 없을 만큼 심하게 떠들어대더라도 말투와 낯빛에 싫어하는 기색을 보여주지 않았다. 차근차근 일깨워주어 스스로 물러가게 했다. 언젠가 쌀 한 말을 손으로 어루만지며 말하기를, "우리 집 식구가 이 낟알 수만큼 되어야 할 것이다."라고 했다.[7] 그녀의 도량을 엿볼 수 있다.

1882년(고종 19) 11살의 나이에 명성황후에 의해 세자빈으로 책봉되어 안국동 별궁에서 가례(嘉禮)를 행했다.[8] 1897년(고종 34) 대한제국 성립과 더불어 황태자비에 책봉되었다. 그녀는 대궐에 들어가 세분의 웃어른을 섬겼다. 문안하는 일과 음식을 보살피는 일에서 미흡한 점이 있지 않나 걱정하면서 빈구석이 없도록 알뜰하게 했다. 구한 말 격동의 시대였던 만큼 여러 차례 험난한 일을 겪었다. 13세 어린 나이에, 아버지 충문공이 경우궁(景祐宮)으로 입궐하다가 1884년 12월 갑신정변 때 김옥균 등 개화당 인사에 의해 참살 당했다.[9]

---

7 『고종실록』 권45, 42년 1월 4일.

8 명성황후는 순명효황후와 같은 여흥민씨로 13촌 고모와 조카딸 사이이기도 했다. 또한 순명효황후의 오빠 민영익(閔泳翊)은 명성황후의 오빠 민승호(閔升鎬)의 양자가 되었기 때문에 여러 겹으로 친밀한 사이였다.

9 순명황태자비는 충문공이 살해되어 쓰러졌다는 소식을 듣자 외마디 소리를 지르고는 슬픔에 겨워 낯이 까맣게 질렸다. 명성황후가 한 번 울음을 터뜨려보지도 못하는 그녀를 가엾게 여기자, 순명비는 '왜 아버지에 대한 슬픔이 없겠습니까. 하지만 위태롭고 간고한 이런 경황에서 어찌 감히 개인적인 감정을 표현할 수 있겠습니까'라고 답했다고 한다.(『고종실록』 권45, 고종 42년 1월 4일)

[그림 7-1] 순종과 원비 순명효황후, 계비 순정효황후 유릉, 사적 제207호, 경기도 남양주시

[그림 7-2] 유릉의 호석

순명효황후는 22년 동안 왕실에서 지내면서 임오군란, 갑신정변, 명성황후의 참변, 대한제국의 성립, 일제에 의한 국권 침탈 과정 등 근대사에서 중요한 사건들을 모두 지켜볼 수 있었다. 그런 흐름 속에서 왕실여성으로서 강건하게 대처하는 면면을 보여주었다. 임오군란(1882) 때 병사들이 대궐을 습격하자 명성황후는 급히 파천하게 되었다. 어디로 갔는지 알 수가 없었다. 밤이 되면 노정(露庭)에서 하늘에 빌곤 했다. 이불을 덮지 않고 옷을 입은 채로 쪽잠에 들곤 했다. 명성황후를 맞이하는 날까지 계속 그렇게 했다. 그리고 을미사변(1895) 때는 명성황후를 막아서서 보호하고자 했다. 그러다 역적들에게 앞길이 막혀 발이 미끄러져 떨어지기도 했다. 그 때 허리를 다친 것이 그대로 고질병으로 되었다.

1904년(고종 41), 그러니까 순종이 황제에 즉위(1907)하기 이전에 그녀는 황태자비로서 33세의 젊은 나이로 경운궁(慶運宮, 현재 덕수궁) 강태실(康泰室)에서 세상을 떠났다. 순명황태자비가 죽어 조성한 유강원(裕康園)은 대한제국의 유일한 황태자비 묘제이다.[10] 3년 뒤 1907년 순종황제가 즉위하면서 순명효황후로 추존되었고 유강원도 유릉(裕陵)으로 격상되었다[그림 7-1~2] 참조). 유릉은 순종황제와 원비 순명효황후, 계비 순정효황후가 묻힌 삼합장릉이다. 조선의 마지막 왕릉이기도 하며 유일한 동봉삼실의 합장릉이라 한다.

2) 언간 현황과 작성 시기

경주김씨 학주공파 김면주 종가에 소장되어 있던 순명효황후 언간은 종

10　장경희, 「순종비 순명효황후의 생애와 유릉 연구」, 『한국인물사연구』 12, 2009, 197쪽.

손 김환기가 소장하다가 2006년 한국학중앙연구원에 기증하여, 현재 장서
각에서 보관 관리하고 있다. 어강석은 순명효황후 언간 10건을 학계에 처
음으로 소개하고 그들 중 5건에 대해서는 판독문을 실었다(2007).[11] 한국학
중앙연구원『조선 후기 한글 간찰(언간)의 역주 연구』에서는 순명효황후언
간 10건을 포함, 총 20건의 한글 편지를「보령 경주김씨 한글 간찰」이라는
명칭 아래 판독문과 현대역을 같이 수록했다(2009).[12] 그리고 한국학중앙연
구원에서 간행한『판독집』에서는 순명효황후 언간 10건의 판독문을 수록
했다(2013).[13]

그런데「보령 경주김씨 한글 간찰」에 수록된 간찰 중에는 발신자가 명
확하지 않은 편지로 분류한 언간 1건이 있다. 필체와 내용으로 보아 그 언
간은 순명효황후의 편지가 분명한 것으로 여겨진다.[14] 최근 현존하는「순
명효황후언간」은 10건이 아니라 모두 11건이 된다는 연구가 나왔다.[15]

물론 이들 언간 11건이 두 사람 사이에 보내진 편지의 전부라 할 수는
없겠다. 뒤에서 보듯이 김상덕에게 보낸 언간 중 "거월(去月)의 봉셔(封書) 보
옵고" "양차(兩次) 봉셔 보옵고" 등의 구절이 언급되는 것으로 보아 편지 왕
래가 적지 않았음을 알 수 있기 때문이다. 편지는 비교적 온전한 형태로 보
존되어 있으며, 그 중 6건은 피봉(皮封)까지 남아 있다. 5건은 완전한 형태
의 봉투이며, 1건은 한지를 감아 피봉으로 사용한 것이다.[16]

---

11 어강석, 앞의 논문, 2007.

12 한국학중앙연구원 편,『조선 후기 한글 간찰(언간)의 역주 연구 8: 대전 안동권씨 유회
    당가 한글 간찰 외』, 태학사, 2009.(이하『보령집』으로 줄인다)

13 황문환·임치균·전경목·조정아·황은영 엮음, 앞의 책, 556~566쪽.

14 황문환·임치균·전경목·조정아·황은영 엮음, 같은 책, 552쪽.

15 이남희, 앞의 논문(2020c), 232~235쪽.

16 『보령집』, 34쪽.

순명효황후 언간은 궁중의 최상위 계층의 왕실여성의 언어와 문체를 엿볼 수 있게 해준다. 뿐만 아니라 서체적으로 뛰어난 조형미를 보여준다는 점에서도 서예사적으로 가치가 높다고 하겠다.[17] 순명효황후 언간의 개별 명칭, 발수신자, 작성 시기 등을 종합하여 정리하면 다음 [표 9]와 같다.[18]

[표 9] 순명효황후 언간

순서	개별 명칭	소장처	발신자 →수신자	작성 시기 비교		
				필 자	판독집	어강석
①	평일 존명만 듯숩고 셔신 호 순 못 호와숩더니	한국학 중앙연구원 장서각	순명효황후 →김상덕	① 1894년 10월 11일 이후	·	·
②	규리 소찰이 비레온 줄 지긔호나 지금			② 1894년 11월 13일 이후	⑩ 1894~ 1895년	① 1894~ 1895년
③	일츠 황숑 등 격거호신 후 소식			③ 1897년 2월 20일 이후	⑨ 1897년	② 1897년
④	봉셔 보옵고 느리 불평 듕 지닉시는가			④ 1897년 7월 7일	② 1897년경	③ 1897년경
⑤	오리간만의 봉셔 보옵고 기간 지닉신 말숨은			⑤ 1897년 7월 13일	① 1897년경	④ 1897년경
⑥	작년 일츠 봉셔 보온 후 연호와			⑥ 1902년 1월 23일	④ 1902년	⑤ 1902년 1월

---

17 박정숙, 「조선시대 한글 편지 서예미의 변천사적 고찰: 16세기~19세기 필사언간을 대상으로」, 『서예학연구』 26, 2015.

18 이남희, 앞의 논문(2020c), 230쪽. 『판독집』과 어강석 및 이남희 연구를 토대로 「순명효황후 언간」의 작성 시기를 비교 정리한 것이다. 언간의 순번은 이 책에서는 시기순으로 배열했다. 각 논저에서 부여한 번호를 같이 명기해 서로 참조할 수 있도록 했다. 『보령집』에는 작성 시기에 대해 기술한 언간도 있고 아닌 경우도 있어 작성 시기의 대조에서 제외했다.

⑦	아옵거니와 문안은 엇지 아니 드러오시며		⑦ **1902년**	⑤ 1902년경	⑥ 1902년경
⑧	회답ᄒ소셔 만 번 밋ᄉᆞᆸᄂᆞ니 이번 문약이		⑧ **1902년 1월**	⑥ 1902년경	⑦ 1902년경
⑨	거년의 쇼식 듯ᄉᆞ온 후 궁금ᄒᆞ와 미양		⑨ **1904년 1월 23일**	⑧ 1904년	⑧ 1904년 1월
⑩	거월의 봉셔 보옵고 긔후 안강ᄒᆞ오신 소식		⑩ **1904년 3월 5일**	③ 1904년	⑨ 1904년 3월
⑪	냥ᄎᆞ 봉셔 보옵고 기간 누리 불평이		⑪ **1904년 4월 18일**	⑦ 1904년	⑩ 1904년 4월

[순명효황후 언간①]은 이 책에서 새롭게 소개하는 순명효황후 한글 편지로 1894년 10월 이후 작성된 것이다. 이들 언간 작성 시기는 1894년 10월 이후 1904년 4월까지이다. 그러니까 순명효황후 23세에서 세상을 떠나는 33세 사이에 쓴 것이다. 언간의 작성 시기를 선행 연구와 비교해 보면 『판독집』은 년도까지, 어강석은 년도와 월까지 추정했다. 하지만 개별 언간의 시대적 배경과 함께 검토해 보면 [표 9] [언간] ①~⑥, ⑧~⑪에서와 같이 작성 시기를 연도와 월일까지 더 압축해서 살펴볼 수가 있다. 이에 대해서는 개별 언간 검토에서 다시 논의하고자 한다.

현존하는 순명효황후 언간이 모두 성균관 대사성을 지낸 위관 김상덕에게 보낸 것이라는 점에서 흥미롭다. 김상덕은 1852년(철종 3)에 태어났다. 본관은 경주(慶州), 자는 정사(正斯), 김창재(金昌載)의 아들이다. 1888년(고종 25) 전생서 주부로 별시 문과에 병과로 합격했다.[19] 1889년 병조 정랑이 되고, 그해 8월 주진독리(駐津督理) 김명규(金明圭)의 종사관이 되어 중국으로 떠났다.[20]

1890년 중국 천진에서 찍은 김상덕의 사진 초상이 전한다[그림 7-3] 참조].[21]

[그림 7-3] 위관 김상덕 사진(중국. 1890년). 황정수소장

1890년(고종 27) 11월 규장각 직각이 되었으며, 1891년 5월 예조 좌랑이
되었다.[22] 김상덕은 실력이 출중하여 1891년 9월 문과 식년시 시험관을 맡

---

19 『국조방목(國朝榜目)』(규장각한국학연구원, 奎貴 11655);『고종실록』권25, 25년 8월 갑신.

20 1889년 5월 내무부 의견에 따라 종사관으로 임명되었다.(『고종실록』권26, 26년 5월 병
인; 8월 무신)

21 39세의 김상덕의 모습을 보여주는 사진으로 황정수의 논문(「한국 근대미술의 자료 발
굴과 새로운 이해⑩: 위관 김상덕의 사진을 통해 본 초상으로서의 근대 사진」,『미술
세계』73, 2018, 155쪽)에서 인용했다. 상단에는 사진 찍었을 때의 상황과 느낌을, 하단
에는 작품에 자필로 '신외신 몽중몽(身外身 夢中夢)'이라 적었다. 유려한 필체를 볼 때
서예에도 능했던 것으로 보인다.(황정수, 같은 논문, 156-157쪽)

기도 했다.[23] 그리고 1892년(고종 29) 5월 세자시강원 필선, 윤6월에는 성균관 대사성이 되었다.[24] 그는 명성황후의 조카인 민영환의 막빈이었고 세자시강원에서 검교관으로 있을 때 민영달의 추천을 받아 관직에 나갔다.[25] 1896년 2월 홍주부관찰사(洪州府觀察使)로 임명되었으나 여러 차례 사임을 청하는 상소를 올렸다. 같은 해(1896) 6월 왕명을 거역했다는 죄명으로 2년 유배형에 처해졌으나 8월에 풀려났다.[26]

1906년 4월 전 참판 민종식(閔宗植)이 을사조약에 반대하여 의병을 일으키자 군사(軍師)의 책임을 맡아 적극 가담했다.[27] 민종식과 함께 1906년 5월 19일 홍주성을 점령했으며, 5월 30일 일본군에 진압되기 전까지 그 기세를 떨쳤으나 붙잡혀 같은 해(1906) 10월 10년 유배형을 선고 받았다.[28] 1907년 3월 20일 석방되었다.[29] 73세의 나이로 1924년 세상을 떴다. 그리고 1991년 의병활동이 인정되어 애국장이 추서되었다. 김상덕은 순명효황후 언간의 소장 가문 김면주의 증손이며, 기증자 김환기의 증조부이다.

---

22 『고종실록』 권27, 27년 4월 기묘; 『고종실록』 권28, 28년 5월 임진.

23 『고종실록』 권28, 28년 9월 임신.

24 『고종실록』 권2, 29년 5월 경신; 윤6월 계해.

25 『매천야록』 권1; 장경희, 앞의 논문, 190쪽.

26 『고종실록』 권34, 고종 33년 6월 13일; 8월 4일. 김상덕은 해주부 관찰사에 임명되었으나 치사한 이건창(李建昌)과 함께 지도군 고군산에 유배되었다.

27 고종 44년(1907) 민종식의 공술을 보면, 이 때 4월 27일에서 윤4월 8일 사이에 죽은 일본 사람이 10여명 정도이고 생포하거나 총살한 자는 4명이었다고 한다.(『고종실록』 권48, 고종 44년 7월 3일)

28 『고종실록』 권47, 고종 43년 10월 25일.

29 『고종실록』 권48, 고종 44년 3월 20일.

3. 순명효황후 언간: 내역과 함의

1) 김상덕에게 첫 편지를 보내다

순명효황후는 어떤 연유로 인해 김상덕에게 11편의 한글 편지를 보냈을
까. 그는 1892년(고종 29) 세자시강원 필선이 되었다. 세자시강원 필선은 정4
품 실직(實職)으로 정원은 1명이었다. 김상덕이 세자시강원 필선으로 있으
면서 세자의 강학을 담당하던 시기에 주목하지 않을 수 없다. 기존 연구에
서는 "그 때 김상덕이 틀림없이 세자빈 순명효황후에게도 강학을 했던 것
으로 보았다."[30] 하지만 아래의 [순명효황후 언간①]을 보면 실상은 아니
었던 것으로 파악된다. 왜냐하면 그가 세자의 강학을 담당하던 1892년은
물론, 1894년 7월까지 순명효황후는 그를 대면한 적이 없었던 것으로 보이
기 때문이다. 이 점은 순명효황후와 김상덕의 관계에 대해 새롭게 밝혀낸
점이라 하겠다.[31] [순명효황후 언간①]을 살펴보기로 하자.[32]

---

30 어강석, 앞의 논문, 171쪽; 황문환·임치균·전경목·조정아·황은영 엮음, 앞의 책,
553쪽; 박정숙, 「순명효황후 언간체의 조형성 고찰」, 『한국어정보학』 13-2, 2011, 20
쪽.

31 이남희, 앞의 논문(2020c) 243-235쪽.

32 굵은 글씨 부분은 필자가 강조한 것이다. 이하 같다.

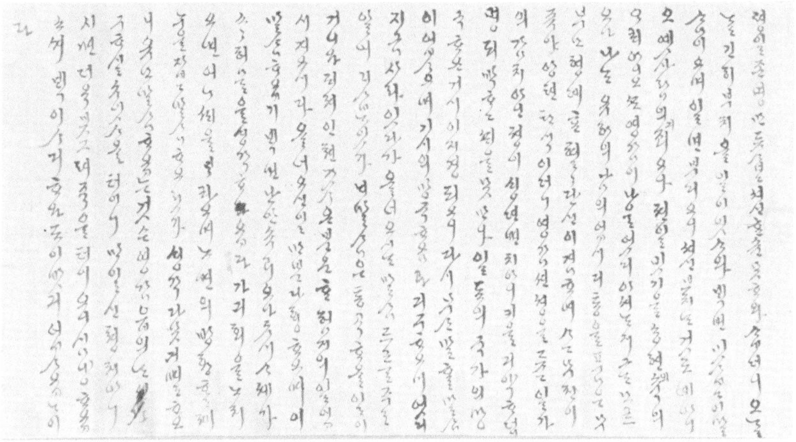

[그림 7-4] 순명효황후 언간①, 25.5x54cm, 경주김씨 김면주종가소장

[순명효황후 언간①]

평일 존명만 듯습고 셔신 ᄒᆞᆫ 슌 못 ᄒᆞ와습더니 오ᄂᆞᆯ ᄂᆞᆯ 긴히 부치올 일이 잇ᄉᆞ와 ᄇᆡᆨ 번 밋습고 이 말ᄉᆞᆷ이오며 일면부디오니 셔신 ᄇᆞ치ᄂᆞᆫ 것도 녜 아니오 옛 사람의긔 죄오나 젼일 밋기을 송현 외슉의 ᄋᆞ리 아니오 ᄯᅩ 영감이 나을 엇디 아셔ᄂᆞᆫ지 그ᄂᆞᆫ 모르오나 나ᄂᆞᆫ 유하의 남의 업시 디통을 품은 무부모형뎨ᄒᆞᆫ 혈혈단신이 겸ᄒᆞ여 ᄉᆞ고무친이 쥬야 앙텬 탄식이더니 영감 션셩을 듯고 일가의 감치 아닌 졍이 ᄉᆡᆼ뎐 변치 아니키을 긔약ᄒᆞ더니 명되 박ᄒᆞ고 ᄯᆡ을 못 만나 일됴의 국가의 망극ᄒᆞ온 거시 이 지경 되오니 다시 무슨 말 ᄒᆞᆯ 말ᄉᆞᆷ이 업ᄉᆞ오며 기시의 망극ᄒᆞ옴과 긔구ᄒᆞ오미 엇디 지금 사라 잇다가 올너오시ᄂᆞᆫ 말ᄉᆞᆷ 드를 줄 알어긔습ᄂᆞ잇가 ᄂᆡ 말ᄉᆞᆷ은 통곡ᄒᆞ올 일이거니와 ᄃᆡ져 **인쳔 갓ᄉᆞ온 분운ᄒᆞᆫ 험지의 일 업시 겨오시다 올너오신 일 만분 다ᄒᆡᆼᄒᆞ오며** 이 말ᄉᆞᆷ ᄒᆞ옵기 ᄇᆡᆨ 번 난안 슈괴오나 도시 ᄉᆞ세가 소소 허믈을 ᄉᆡᆼ각ᄒᆞ옵다가 긔회을 노치오면 어ᄂᆞ ᄯᆡ을 ᄇᆞ라오며 논변의 방황ᄒᆞᆯ 졔 누을 잡고 말ᄉᆞᆷ

ᄒᆞ오릿가 싱각다 못 긔별ᄒᆞ오니 유모 말ᄉᆞᆷᄒᆞ옵는 것슨 영감 읍의는 구ᄒᆞᆯ 실 수 잇ᄉᆞ올 터이니 만일 신쳥치 아니시면 더욱 브쇼그려 죽을 터이오니 심냥 ᄒᆞ옵소셔 빅이ᄉᆞ디ᄒᆞ와도 이 밧긔 업ᄉᆞ옵ᄂᆞ이다

[평일(平日) 존명(尊名)만 듣고 서신 한 번 못 하였더니, 오늘날 긴히 부 **탁할 일이 있어, 백 번 믿고, 이 말씀을 드리며, 한 번 본 일도 없으니[一面 不知]**, 서신 부치는 것도 예(禮)가 아니요, 옛 사람에게 죄(罪)이나, 전일 믿 기를 송현(松峴) 외숙(外叔)보다 아랫사람이 아니요, 또 영감이 나를 어찌 아 셨는지 그는 모르오나, 나는 수많은 사람 중에 유달리 지통(至痛)을 품은, 부 모형제도 없는 혈혈단신에 겸하여 사고무친(四顧無親)한 사람이 밤낮으로 하 늘을 우러러 탄식하더니, 영감(令監)[33]의 예전부터 알려져 있는 명성을 듣고 한 가족 못지않은 정이 생전에 변치 않기를 기약(期約)했는데, 운수가 박하고 때를 못 만나 하루아침에 국가의 망극함이 이 지경이 되오니, 다시 무슨 말을 할 수가 없으며, 그때의 망극함과 기구함이 어찌 지금 살아 있다가 지금 올라 오시는 말씀 들을 줄 알았겠습니까. 내 말씀은 통곡할 일이거니와 무릇 **인천 (仁川) 같은 복잡하고 어지러운 험지(險地)에서 아무 탈 없이 계시다가 올 라오신 일 만분다행하오며,** 이 말씀 드리기 백 번 낯이 붉어지며 부끄럽고 창피하나, 이때 사세가 소소한 허물을 생각하다가 기회를 놓치면 어느 때를 바라오며, 길가의 방황할 제 누구를 잡고 말씀하오리까. 생각다 못하여 기별 하오니, 편지로 말씀하는 것은 영감의 고을에서 구하실 수 있을 터이니, 만일 믿고 들어주시지 않으시면 더욱 부끄러워 죽을 터이오니, 깊이 헤아려 주시 옵소서. 이리저리 여러 가지로 생각해도 이러는 수밖에 없사옵니다.]

---

33 영감(令監)이란 종2품에서 정3품의 당상관을 이르던 칭호이다. 김상덕은 1892년 6월에 정3품 성균관 대사성이 되었으므로 영감이라는 호칭을 사용할 수 있다.

순명효황후는 언간에서 "평일 존명만 듣고 서신 한 번 못 하였더니, 오늘날 긴히 부탁할 일이 있어, 백 번 믿고, 이 말씀을 드리며, 한 번 본 일도 없으니[一面不知]"라고 했다. 얼굴도 한 번 보지 못한 처지에 이렇게 편지를 보내는 것이 예가 아니라고 하기도 했다. 이런 구절들을 감안한다면, 순명효황후가 처음으로 위관 김상덕에게 보내는 언간임을 확인할 수 있다.

김상덕은 1892년 4월 세자시강원 필선, 같은 해 윤6월에는 성균관 대사성이 되었다. 기존 연구에서는 김상덕이 세자시강원 필선으로 있으면서 세자의 강학을 담당하던 시기, 순명효황후도 강학을 받았으며 그 무렵 스승의 인연을 맺은 것으로 보았다.[34] 김상덕이 세자빈 그녀에게도 강학을 했던 것으로 본 것이다. 하지만 조선시대 왕비나 왕세자빈에게 경연과 서연제도와 같은 교육제도는 존재하지 않았다.

여러 정황으로 보아 김상덕이 순명효황후의 사부와 같은 어른이라 할 수는 있겠지만, 그 시기는 더 이후로 내려와야 하겠다. 앞에서 언급했듯이 "평일 존명만 듣고 … 한 번 본 일도 없으니", "인천과 같은 험한 곳에 일도 없이 계시다가 올라오신 일 천만다행한 일"이라 한 점을 볼 때, 적어도 세자시강원 필선으로 있을 당시는 아니라는 것은 명확하게 알 수 있다. 그는 1893년(고종 30) 인천부사 겸 감리인천항통상사무에 임명되었다.[35] 1894년 9월 일본 측의 요구에 따라 인천부사에서 경질되었다.[36] 하지만 그 해 10월 11일 궁내부참의(宮內府參議)로 임명되었고,[37] 10월 26일에는 좌부승선

---

34 어강석, 앞의 논문, 170-171쪽. 그러한 추론을 토대로 순명효황후 언간이 조선 후기 왕실에 들어온 비빈들의 학문 수양과정을 살필 수 있는 좋은 자료로 보았다.

35 『고종실록』 권30, 고종 30년 7월 19일 기해.

36 『駐韓日本公使館臨機密公』, 臨機密公 第十四號; 장경희, 앞의 논문, 192쪽.

37 趙寧九以宮內府言啓曰 本府參議有闕之代 僉知中樞院事金商悳差下何如. 傳曰允.(『승정원일기』 고종 31년 10월 11일 갑인)

(左副承宣)에 임명되었다.[38]

그러나 다음 언간에서 보듯이 그는 갑오개혁이 단행되는 와중에 벼슬을 버리고 고향인 충청도 보령 궁포리에 내려가게 된다.[39] 이 언간은 "인천 같은 복잡하고 어지러운 험지에서 아무 탈 없이 계시다가 올라오신 일 만분 다행하오며"라고 한 것으로 보아 적어도 궁내부참의로 임명된 1894년 10월 11일 이후에 작성된 것으로 볼 수 있겠다.

그녀는 "생각다 못하여 기별하오니"라고 했듯이 고심하여 편지를 보내고 있다.[40] 그럼에도 그럴 수 있었던 것은 "영감의 전부터 알려져 있는 명성을 듣고"라고 했듯이 세자의 사부에 대한 명성의 믿음이 있었기 때문이다. 게다가 그녀는 자신의 처지에 대해서도 솔직하게 토로한다. "나는 수많은 사람 중에 유달리 지통을 품은, 부모형제도 없는 혈혈단신에 겸하여 사고무친한 사람이 밤낮으로 하늘을 우러러 탄식" 하더니 그에 대해서 "한 가족 못지않은 정이 생전에 변치 않기를 기약"하고자 했던 것이다.[41] 스스로 "부모형제도 없는 혈혈단신에 겸하여 사고무친한 사람"이라 여겼던 순명효황후는 김상덕을 한 가족 못지않은 정을 갖는 큰 어른으로 여기게 되었다고 하겠다.[42]

---

38 傳于李敬夏曰 右承宣許遞 宮內府參議金商悳差下.(『승정원일기』 고종 31년 10월 26일 기사)

39 한국학중앙연구원 편, 앞의 책(2009), 33쪽.

40 "이 말씀 드리기 백 번 낯이 붉어지며 부끄럽고 창피하나" 등과 같이 구사하는 말이 간절하고 곡진하다.

41 앞에서 언급한 바와 같이 오빠 민영익은 순명효황후가 4살 때(1875) 민승호의 양자로 입양되었으며, 아버지 민태호는 13살 때(1884) 개화당 인사에 의해 참살 당했다.

42 『고종실록』 권45, 고종 42년 1월 4일.

2) 낙향하는 김상덕을 전송하다

1894년(고종 31) 갑오개혁이 단행되었다. 김상덕은 벼슬을 버리고 고향인 충청도 보령군 궁포리에 은거하게 된다. 관직에서 떠난 김상덕에게 보낸 편지라 하겠다. 이 편지의 작성 시기에 대해서 기존 연구에서는 1894년에서 1895년 사이에 이루어진 것으로 보았다.[43] 하지만 순명효황후가 처음으로 보낸 언간[순명효황후 언간①])이 1894년 10월 11월 이후 작성된 것이라는 점, 그리고 11월 13일까지는 좌부승선으로 재직했다는 점을 감안한다면,[44] [순명효황후 언간②]는 적어도 1894년 11월 13일 이후, [순명효황후 언간③] 이전에 보내진 것으로 여겨진다. 당시 23~24세의 황태자비가 고향으로 내려간 김상덕에게 편지를 보낸 것이다.

[순명효황후 언간②]

규리 소찰이 비례온 줄 지긔ᄒ나 지금 당ᄒ 바가 셔부득이오 ᄯᅩ 평일 지친의 감치 아니튼 일노 다시 향니 임별ᄒ오미 슈ᄌ 덕소오며 나의 비고ᄒ 일ᄉᄂ 임의 명명이 아시거니와 혈혈지신이 다시 지통을 품어 싱셰지념이 ᄉ연ᄒ고 고초등 향인ᄒ여 난홀 곳이 업습더니 지금 당ᄒ여 더옥 일신 쥬변이 여림박빙이나 외간 ᄉ덕은 더옥 머러 유명이 격ᄒᆫ 듯ᄒᆫ 듕 올녀와 겨신 후ᄂ 슈심을 펴올가 ᄒ엿더니 향니로 가신다니 ᄉ덩이 결연ᄒ오며 고셔을 박남치 못ᄒ여ᄉ나 약간 ᄉ긔을 본즉 어진 명신은 벼슬을 ᄇ리고 ᄌ최을 감초아 탁난

---

43 어강석, 앞의 논문, 166쪽; 장경희, 앞의 논문, 193쪽; 한국학중앙연구원, 앞의 책(2009), 432쪽.

44 左副承宣 金商悳未肅拜.(『승정원일기』 고종 31년 11월 13일) 11월 15일 기사에서도 그의 이름이 확인된다.(議政府 僉知中樞完事單金商悳成岐運,『승정원일기』 고종 31년 11월 15일)

혼 셰계을 참녜치 안논다 흐는 난디을 당흐여는 격분 강기흐더니 오늘놀 목
젼의 당홀 줄 알기 습느잇가 왕도을 브리시고 향니로 가시미 격졀흐온 둥 심
의 운건 쳥졍흔 거술 못 보시고 군상이 이덕의 긔슈 우둥 쳐흐신 터의 써느
시는 졍시 창앙흐시려니와 신ᄌ 직분뿐이려니와 이곳 난쳐흐고 망극흔 ᄉ졍
과 닉도흐 온 둥 지극 슬프기는 혹ᄌ 부견쳔일흐면 녯말흐고 이곳 ᄉ심을 펴
와 나의긔 안면지인마다 갑기을 계교흐더니 ᄉ셰지ᄎ흐와 보고 듯는 거시다
심신이 비월흐고 통곡쳐이오 인인마다 퇴귀을 작뎡흐니 한심한심흐고 시졀
과 명도을 탄식이오니 부디부디 하향 무ᄉ 흐시고 먼니 겨시나 일년의 흔 번
식이나 신을 ᄌᆽ지 마시면 톄의오 나도 신의니 익이 심양심양흐옵쇼셔 향니로
가시면 이졔는 녯일이 츈몽이라 다시 호시졀을 만나보기을 조이오나 가이 엇
스오릿가 젼후ᄉ가 흔번 죽어 모르미 원이오나 이도 난쳐흐오며 부디부디 무
신 무의나 힝치 마옵쇼셔 슈디 업시흐옵쇼셔 금일노븟터 이만 셔신도 못 흐
느니다 규듕심졀의 소작이 타인이 아오면 슈신 힝도의 험이 되올가 흐오니
보시고 드러보닉옵쇼셔

[규방(閨房)의 편지가 예의가 아닌 줄은 저도 알지만 지금 당한 가세가 어
쩔 수 없고, 또 평소 친척의 일로 다시 향리(鄕里)로 떠나심에 당하여 몇 자
적으며, 저의 슬프고 외로운 일은 이미 잘 아시고 계시거니와 혈혈단신이 다
시 지통(至痛)을 품어 세상에 대한 한이 있어 힘든 가운데 마음을 나눌 곳이
없었더니 지금에 이르러서는 더욱 주변이 위험하니, 외간 일을 알기는 더욱
어려워 마치 삶과 죽음처럼 멀리 떨어져 있었습니다. 그런 가운데 올라와 계
신 후로는 수심을 펴 볼까 하였더니 향리로 돌아가신다니 사정이 어쩔 수 없
으며, 고서(古書)를 널리 보지는 못하였으나 『사기(史記)』를 보니 명신(名臣)
은 벼슬을 버리고 자취를 감추어 탁하고 어지러운 세상에 참견하지 않는다
하니 어지러운 세상을 만나 격분하고 강개하시더니 오늘날 눈앞에 당할 줄

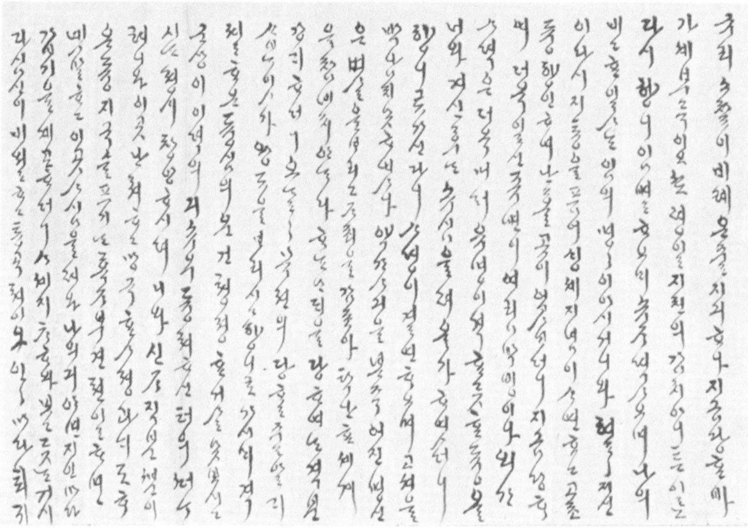

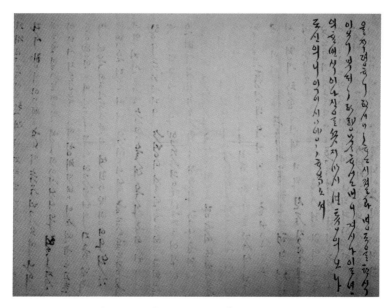

[그림 7-5-1] 순명효황후 언간②, 25.5x40cm, 경주김씨 김면주종가소장

[그림 7-5-2] 순명효황후 언간②, 25.5×40cm

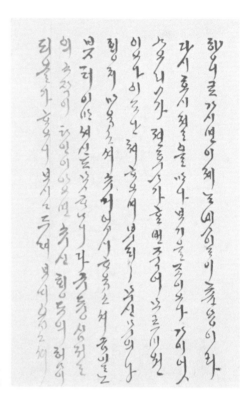

[그림 7-5-3] 순명효황후 언간②,
25.5×18.5cm

알았겠습니까. 왕도(王都)를 버리시고 향리(鄕里)로 가시는 것이 이미 절실하신 가운데 뜻을 올바로 펴는 것을 보지 못하고 나라가 어지러운 가운데 떠나시는 상황이 마음이 아프실 것이니 이는 신하된 직분이기 때문이며, 이곳의 어려운 사정에 있는 것이 지극히 슬프기는 하지만 혹시 다시 좋은 시절을 만나면 옛날 일을 말하며 이곳의 마음을 펴고 제가 알고 있는 사람마다 갚기를 바랐더니 정세가 이렇게 이르렀으니 보고 듣는 것이 모두 몸과 마음을 아득하게 하고 통곡할 것뿐이니, 사람마다 하루빨리 돌아가기만을 작정하니 한심한 시절과 상황이 한탄스러울 뿐이니 부디부디 고향으로 무사히 가시고 멀리 계시더라도 일 년에 한 번씩은 소식을 끊지 마시면 충의(忠義)이며, 나도 신의(信義)니 충분히 깊이 헤아리고 헤아리옵소서. 향리로 가시면 이제는 옛 일이 봄날 꿈과 같을 것이니 다시 좋은 시절을 만나보기를 바라지만 어찌 이룰 수 있겠습니까. 전후의 일이 한번 죽어 모르는 것이 바라는 바이지만 이것 때문에 난처할 수 있으니 부디부디 소식을 끊지나 마십시오. 편지지 없애 버리소서. 금일(今日)부터 이만 서신(書信)도 못합니다. 깊은 규방에 있는 몸이니 다른 사람이 알게 되면 신상에 흠이 될 수 있을 것이니 보시고 들려 보내십시오.]

수신자를 칭하는 '김 직각 딕'은 [순명효황후 언간⑩]에서는 한자로 "川弓 後洞上書 金直閣宅 入納"으로 적혀 있다[그림 7-14-3] 참조. 먼저 천궁은 충남 보령시 천북면 궁포리, 김상덕의 거주지이다.

먼저 "규방의 편지가 예의가 아닌 줄은 저도 알지만" "지금 당한 가세가 어쩔 수 없고, 또 평소 친척의 일로 다시 향리로 떠나심에 당하여 몇 자 적는다"고 했다. "저의 슬프고 외로운 일은 이미 잘 아시고 계시거니와 혈혈단신이 다시 지극한 애통을 품어 세상에 대한 한이 있어 힘든 가운데 마음을 나눌 곳이 없었다"는 표현이 그녀의 절박한 상황을 전해주고 있다. 그런 가운데 그가 있기에 걱정스런 마음을 펼쳐볼 수 있지 않을까 했다는 것이다. 그런데 김상덕이 벼슬을 버리고 시골로 돌아간다고 해서 낙담했다는 심정을 토로했다.

순명효황후는 "지금에 이르러서는 더욱 주변이 위험하고 외간 일을 알기는 더욱 어려워 마치 삶과 죽음처럼 멀리 떨어져 있다"고 했다. 실제로 당시 조선의 주변 정세는 위험하고 외간 일을 알기는 어려웠다. 1894년 동학농민전쟁이 일어나자 고종은 청국에 파병을 요청했다. 5월 2일 청나라

제독 섭지초(葉志超)가 청군 1,500명을 이끌고 인천에 도착했고, 5월 5일 청군 선발대 910명이 총병 섭사성(聶士成)의 인솔 하에 충청도 아산에 상륙했다. 청국이 군대를 파견하자 일본은 천진조약(1884)을 빌미로 군대를 출동시켰다. 5월 6일 일본 해군중장 이토 스케유키(伊東祐亨)가 군함 2척을 인솔하고 인천에 상륙하고, 다음 날 일본공사 오토리 게이스케(大鳥圭介)가 육전대 420명과 포 4문을 이끌고 입경했다. 청일 양국이 주둔하자 양 국가 간에 전쟁 기운이 높아지자 조선 정부는 양국군의 철수를 요청했다.

일본은 계속해서 내정개혁을 요구했으며 1894년 6월 21일에는 일본군이 경복궁을 침입하는 갑오변란이 일어났다.[45] 김홍집을 영의정으로 임명하여 군국기무처를 설치했으며, 7월 20일 갑오개혁 윤음이 반포되었다.[46] 이후 청일전쟁의 발발, 삼국간섭, 을미사변 등 일련의 대내외 정세 속에서 황태자비의 절박한 심정을 알 수 있겠다. 또한 속마음의 이야기를 다 하는 것을 보면 그를 믿을 수 있는 큰 어른으로 특별하게 생각하면서 많이 의지했다는 것을 알 수 있다.

그녀는 계속 심정을 토로했다. "그런 가운데 올라와 계신 후로는 수심을 펴 볼까 했더니 향리로 돌아가신다니 사정이 어쩔 수 없으며, 고서를 널리 보지는 못했으나 『사기』를 보니 명신은 벼슬을 버리고 자취를 감추어 탁하고 어지러운 세상에 참견하지 않는다 하니 어지러운 세상을 만나 격분하고 강개하시더니 오늘날 눈앞에 당할 줄 알았겠습니까."라고 하여 한치 앞을 볼 수 없는 구한말 정세를 전해주고 있다.

"부디부디 고향으로 무사히 가시고 멀리 계시더라도 일 년에 한 번씩은 소식을 끊지 마시면 충의(忠義)며, 나도 신의(信義)니 충분히 깊이 헤아리

---

45 『고종실록』 권31, 31년 6월 정묘
46 『고종실록』 권32, 31년 7월 갑오

고 헤아리옵소서 … 부디부디 소식을 끊지나 마십시오." 다음 [순명효황후 언간③]에서도 "서울과 시골이 아무리 멀어도 어떻게 편지 한 장을 보내시지 않으니 지난 날 허물없던 것과 다른 것 같습니다."라고 쓰고 있다. 그 이전부터 그와 편지를 주고받았다는 것을 확인할 수 있다.

순명효황후는 친척들의 궁중 출입을 엄하게 단속했다. 그래서 부르지 않으면 감히 마음대로 들어갈 수 없었다고 한다.[47] 그런 그녀가 김상덕에게는 편지 왕래를 간곡하게 청했다. 또한 "편지지 없애 버리소서" "깊은 규방에 있는 몸이니 다른 사람이 알게 되면 신상에 흠이 될 수 있을 것이니 보시고 들려 보내십시오."라고 하여 편지 왕래를 조심하는 속마음도 드러내고 있다. 왕실여성의 언간은 그리 많이 남아 있지 않다.[48] 왕실에서 온 편지를 받으면 그 종이에 답신을 써서 보냈다. 또한 사가에서는 답신을 모두 모아서 씻어 버렸다. 왕실 여성들의 언간이 새나가서 퍼지게 되거나 하는 일을 경계했다는 것은 충분히 이해할 수 있는 것이다.

3) 유배에서 풀려난 김상덕에게 편지를 보내다

다음 [순명효황후 언간③]은 유배 갔던 김상덕이 사면을 받았다는 것을 알고 보낸 편지이다. 1896년 2월 고종은 고향에 내려와 있던 그를 홍주부 관찰사(洪州府觀察使)에 임명했다.[49] 그런데 그 직을 극구 사양하여 왕명을 거역한다는 죄로 1896년 6월 지도군(智島郡) 고군산도(古群山島)로 2년간의 유배형에 처해졌으나 같은 해 8월에 풀려났다.[50] 이후 고향인 충남 보령군

---

47 『고종실록』 권45, 고종 42년 1월 4일.

48 이남희, 「혜경궁홍씨의 삶과 생활세계」, 『열린정신 인문학연구』 21-1, 2020, 237쪽.

49 『고종실록』 권34, 고종 33년 2월 28일.

궁포리에 은거해서 살았다. 이 언간은 유배에서 풀려나 고향에 머무를 때 보낸 것으로 여겨진다. 황태자비 26세 때(1897) 유배에서 풀려난 김상덕에게 보낸 편지이다. 그런데 편지 뒷부분이 누락된 것으로 여겨진다. 왜냐하면 내용적으로 [순명효황후 언간⑦]과 이어지는 것으로 여겨지기 때문이다. 여기서는 『판독집』에 따라 개별 언간으로 보았다.[51]

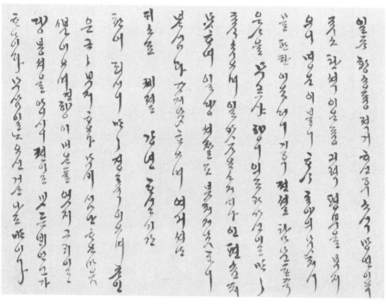

[그림 7-6] 순명효황후 언간③, 24.3x36.8cm, 경주김씨 김면주종가소장

[순명효황후 언간③]

일츳 황숑 듕 젹거ᄒ신 후 소식 망연이오니 쥬소 탄셕이온 듕 긔력 평부을

---

50 『고종실록』 권34, 고종 33년 6월 13일; 8월 4일.

51 황문환·임치균·전경목·조정아·황은영 엮음, 앞의 책, 564쪽.

부지오니 명운이 블니ᄒᆞᆺ 초야의 뭇치시믈 한탄이옵더니 기후 전셜 탐문ᄒᆞ
즉 은ᄉᆞ을 무르샤 향니의 도라가신 일 만만 츅슈오며 일캇ᄌᆞᆸ고 지나나 인
편 슌치 못ᄒᆞ여 일 댱 셔찰도 붓치지 못ᄒᆞ니 본심과 갓지 못ᄒᆞ오며 여긔셔는
디소됴 졔졀 강녕ᄒᆞ시고 기간 환어되시니 만만 경츅이오며 ᄎᆞ인은 근근 부지
ᄒᆞ오나 무비 심난ᄒᆞ온 마음뿐이오며 경향이 머온들 엇지 그리 일 댱 봉셔을
아니시니 전일 밋든 ᄇᆡ 안닌가 ᄒᆞᄂᆞ이다 무삼 일노 오신 거슨 나도 반이나

[한 번 황송(惶悚)하옵게도 귀양을 가신 후 소식을 몰라 밤낮으로 한탄(恨
歎)을 하던 중 기력(氣力)이 어떠신지 알지 못하였는데 명운(命運)이 불리하여
초야에 묻히심을 한탄하였습니다. 그러던 중 어찌 지내시는지 알아보았더니
은사(恩赦)를 입으셔서 향리(鄕里)로 돌아가셨다는 것을 알았으니 정말 다행
한 일이니 축하의 말을 드리고 싶지만 보낼 만한 사정이 되지 못하여 편지
한 장도 보내지 못하니 본심(本心)과 같지 않습니다. 여기는 대조(大祖)와 소
조(小祖) 제절 강녕(康寧)하시고 그간 환어(還御)하게 되시니 큰 경사이며 이
사람은 근근이 살아가고 있으나 마음의 혼란함은 어디에 비길 수가 없습니
다. 서울과 시골이 아무리 멀어도 어떻게 편지 한 장을 보내시지 않으니 전일
(前日) 믿던 바가 아닌가 합니다. 무슨 일로 오신 것은 나도 반이나]

귀양 갔던 김상덕이 사면 받았다는 것을 알고서 황후가 축하하는 마음
을 담아 쓴 편지이다. 1896년 2월 고종은 고향에 내려와 있던 그를 홍주부
관찰사에 임명했다. 그런데 그 직을 극구 사양하여 신료들의 미움을 사게
되었다. 같은 해 6월 고군산도(古群山島)로 귀양을 가게 되었으며, 다행히 몇
달 뒤인 8월에 풀려났다. 고향인 충남 보령군 궁포리에 은거해서 살았다.
유배에서 풀려나 고향에 머무를 때 보낸 것으로 여겨진다.

순명효황후가 황실의 안부를 전하는 내용에서 이 언간이 언제 작성되었

는지 그 시기를 확인할 수 있다. "여기는 대조(大祖)와 소조(小祖) 제절 강녕(康寧)하시고 그간 환어(還御)하게 되시니 큰 경사이며 이 사람은 근근이 살아가고 있으나 마음의 혼란함은 어디에 비길 수가 없습니다." 환어는 환궁(還宮)으로 1897년 아관파천에서 경복궁으로 돌아왔다는 것이다. 1896년 2월 11일 고종은 왕세자[순종]와 정동 러시아 공사관으로 이어했다가 다음해(1897) 2월 20일 경운궁[덕수궁]으로 환궁했다. 따라서 [순명효황후 언간③]은 1897년 2월 20일 이후에 보낸 편지임을 알 수 있다. 작성 시기를 1897년으로 보았는데,[52] 그 시기를 더 압축시킬 수 있다. 1897년 2월 20일 이후 그리고 다음 [순명효황후 언간④]를 보내는 7월 7일 사이라 하겠다.

순명효황후의 "근근이 살아가고 있으나 마음의 혼란함은 어디에 비길 수가 없다"는 글에서 당시 왕과 왕세자가 궁궐을 떠나 외국 공사관으로 이어하는 참담한 정세 속에서의 비참한 상황을 읽을 수 있다. 순명효황후는 1895년, 이른바 을미사변 때 시어머니 명성황후가 참담하게 시해당하는 사건을 겪었다.

을미년에 이르러 흉악한 무리들이 대궐을 침범하였을 때 비는 명성 황후(明成皇后)를 보호하다가 그만 흉악한 무리들에게 앞길이 막혔으며 끝내 천고에 있어본 적이 없는 큰 참변을 당하였다. 비는 또 기막혀 쓰러지고 반나절이 지나간 다음에 시녀에게 전하와 황태자의 안부를 물어보고는 그길로 눈을 감은 채 깨어나지 못하였고 구급약을 갖추어 치료해서 새벽에야 소생하였다.[53]

---

52 황문환·임치균·전경목·조정아·황은영 엮음, 앞의 책, 564쪽, 어강석, 앞의 논문, 166쪽.

53 『고종실록』 권45, 42년 1월 4일.

을미사변 이후 황후는 언제나 마치 젖어미를 잃은 젖먹이마냥 정신없이 지냈으며 때로는 한창 음식을 들다가도 한숨을 쉬고는 슬픔에 겨워 목이 메곤 했으며, 옷과 앞섶, 베개와 이불을 하염없이 흐르는 눈물로 적셨다고 한다. 고종은 이를 가엾게 여겨 갈수록 더욱 어루만져 주고 위로의 말로 타일러 주어 만류하고는 했다. 황태자비는 일부러 기쁨이 어린 낯빛을 지으면서 고종에게 지나치게 마음을 쓰지 말라고 권고하기도 했다. 하지만 항상 슬픈 내심이 얼굴빛에 자연히 어리는 것을 가릴 수는 없었다 한다. 평소에 황후를 잘 보살펴 준 시어머니 명성황후의 사랑이 얼마나 큰 것이었는지를 가늠해볼 수 있다. 그런 시어머니 명성황후의 참혹한 죽음을 목도한 참담함과 외로움은 충분히 가늠할 수 있다. 그래서 김상덕에게 더 많은 위로를 받았던 것 같다.

4) 시골에서 생활하는 김상덕에게 답장을 보내다

다음 [순명효황후 언간] ④와 ⑤는 순명효황후가 26세 때, 1897년 7월 시골에서 생활하는 김상덕의 편지를 받고서 답장으로 보낸 편지이다. 자신의 근황을 말하면서 김상덕의 생활을 묻고 있다. [언간④]의 피봉에는 "홍듀 김 승지 젼"라고 쓰여 있다. 홍듀는 충남 홍주로, 지금 홍성군 홍성면이다.

내용으로 보아 무언가를 하사했으며, 김상덕이 그에 감사하는 편지를 썼다. 그 감사 편지에 대한 답장으로 여겨진다.

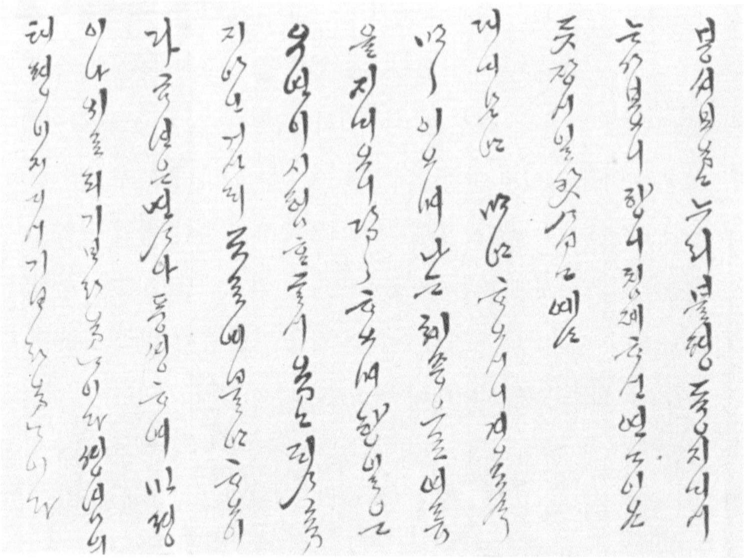

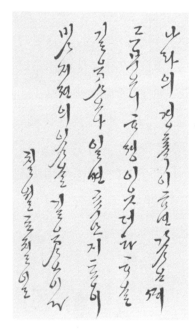

[그림 7-7-1] 순명효황후 언간④, 24.1x42cm, 경주김씨 김면주종가소장

[그림 7-7-2] 순명효황후 언간④,
24.1×17.6cm

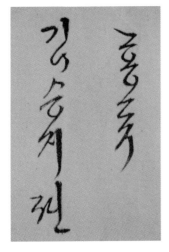

[순명효황후 언간④]

봉셔 보옵고 느리 불평 등 지닉시는가 보오니 향닉 침폐ㅎ신 연고이온 듯
장시 일캇습고 예는 대닉 문안 만안ㅎ오시니 경츅 만만이오며 나는 체증으로
여름을 지닉오니 답답ㅎ오며 향일은 우연이 시험ㅎ 글시옵고 디ㅅ롭지 아닌
거신디 도로여 불안ㅎ오이다 금년은 년ㅅ나 풍성ㅎ여 민졍이 나위로 되기 ㅂ
라옵ㄴ이다 셩념의 태평이 지닉시기 ㅂ라옵ㄴ이다 나라의 경츅이 금년 갓ㅅ
온 찍 드무오니 ㅎ졍이 웃더타 ㅎ올 길 옵ㅅ오나 일변 츄모지통이 미ㅅ지젼
의 잇ㅅ올 길 옵ㅅ오이다 칠월 초칠일

[봉서(封書) 보옵고 늘 평안히 지내지 못하시는가 싶으니 향리(鄕里)에 머
무른 연고(緣故)인 듯 장시(長時) 일컫고, 여기는 대내(大內) 문안 만안(萬安)하
오시니 경축(慶祝)을 드리며 나는 체증(滯症)으로 여름을 보내니 답답합니다.
지난 번은 우연히 시험(試驗)한 글이고 대수롭지 않은 것이데 도리어 불안합
니다. 금년은 농사가 풍년이 되어 민정(民情)이 위로(慰勞)되기 바랍니다. 성

염(盛炎)에 태평(太平)하게 지내시기를 바랍니다. 나라의 경축(慶祝)이 금년 같은 때가 드무니 저의 마음이 무엇이라 말할 수 없습니다만, 한편으로 일전에 있었던 추모지통(追慕之痛)이 죽기 전에 잊을 수가 없습니다. 7월 7일]

모처럼 반가운 내용이 들어 있다. 농사가 풍년이 되어 민정이 위로되기 바란다는 것. 나라의 경축이 올해 같은 때가 드물다는 글에서 마음이 편안해진다. 그러면서도 "일전에 있었던 추모지통(追慕之痛)"을 말하는데, 이는 아마도 명성황후의 참담한 시해 사건을 가리키는 것으로 여겨진다.

다음 [언간⑤]는 오래간만에 받은 김상덕의 편지를 보고 답장한 것이다. 그가 몇 달 동안 건강이 많이 좋지 않았다는 것을 알고 너무 놀랐다는 것, 그리고 시골에서 병 조리하시는 일과 마음의 평안함을 궁금해 했다. 그리고 황실 인물의 안부를 전했다. 이는 왕실 여성의 편지 형식에서 흔히 볼 수 있는 것이기도 하다.[54]

[순명효황후 언간⑤]

오리간만의 봉셔 보옵고 기간 지나신 말슴은 무슨 말슴을 ᄒ오릿가 겸ᄒ와 누삭 미령 졔졀이 디단ᄒ시든 일 지난 일이오나 놀납ᄉ오며 궁향의 됴셥ᄒ시는 범빅이나 편ᄒ신지 궁금ᄒ오며 예는 대소됴 졔졀 만안ᄒ오시옵고 폐ᄒ 탄신일이 머지아니ᄒ오시오니 경츅 만만이온 듕 션마마 셩음이 졈졈 머지옵고 ᄯᅩ 년ᄉᆡ 면흉이 못 되와 민졍이 불요ᄒᆞᆫ 일 슉식의 못 닛치옵ᄂᆞ이다 나는 잘 잇ᄉ오나 심신이 강기ᄒᆞᆫ 일이 만ᄉ오니 협견을 아실 듯ᄒᆞ오이다 역

---

54 편지의 서두 부분에서 이전에 작성된 왕실 여성의 편지와 비슷한 점을 찾아볼 수 있다. 시기를 막론하고 왕실 여성의 편지에서 왕실 인물의 안부를 먼저 전하는 것은 왕실이 왕을 정점으로 이루어진 구조이기 때문이다.(이기대, 「19세기 왕실 여성의 한글 편지에 나타난 공적인 성격과 그 문화적 기반」, 『어문논집』 48, 2011, 261-262쪽)

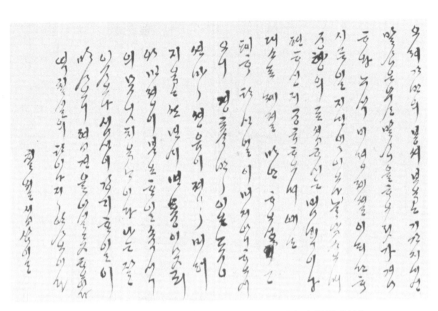

[그림 7-8] 순명효황후 언간⑤, 24.9x40cm, 경주김씨 김면주종가소장

칠실의 탄이나 지지안ㅅ오이다 칠월 십삼일

[오래간만에 봉서 보옵고 그간 지내신 말씀은 무슨 말씀을 하겠습니까. 겸하여 몇 달 동안 건강이 많이 좋지 않다고 하신 일, 이미 지난 일이지만 너무 놀랍고 궁벽한 시골에서 병 조리하시는 일 마음이나 편하신지 궁금합니다. 여기는 매조와 소조 제절 편안하고, 폐하(陛下)의 탄신일이 멀지 않았으니 경축하는 가운데 돌아가신 마마의 성음이 점점 멀어지옵고, 또 몇 년 동안 흉년을 면하지 못하여 민정(民情)이 불안한 일 항상 숙식(宿食) 중에도 잊지 못합니다. 저는 잘 있으나 심신(心身)이 강개한 일이 많으니 저의 마음을 아실 듯 생각이 됩니다. 역시 칠실(漆室)의 탄(歎)[55]이나 다름이 없습니다. 7월 13일]

---

55 칠실의 탄은 칠실지우(漆室之憂)와 같은 말로 어리석은 여인의 걱정이라는 뜻이다. 중국 노나라에서 신분이 낮은 여자가 캄캄한 방에서 나라를 걱정하였다는 데서 유래한다.

'폐하(陛下)'라는 용어를 사용한 것, 그리고 편지를 쓴 7월 13일이 탄신일과 멀지 않았다고 한 것을 볼 때, 대한제국 시기이며 고종황제를 지칭하고 있음을 알 수 있다. 고종은 1852년 음력 7월 25일 정선방(貞善坊) 소재의 흥선군 사저에서 출생했다. 선마마는 명성황후를 가리키며, 돌아가신 마마의 성음이 점점 멀어져 가고 있음을 앞에서 본 편지에서도 언급했듯이 애통해했다.[이에 대해서는 [순명효황후 언간③]에서 언급한 바 있다.]

"저는 잘 있으나 심신(心身)이 강개한 일이 많으니 저의 마음을 아실 듯 생각이 됩니다. 저는 잘 있으나 몸과 마음이 강개한 일이 많으니 저의 마음을 아실 듯 생각이 됩니다."라는 말로 편지를 맺고 있다. 많은 말을 하지 않아도 김상덕은 자신의 깊은 마음을 알고 있을 것이라 생각한다는 것이다.

5) 김상덕에게 입궁과 출사를 권하다

다음 3건의 [순명효황후 언간] ⑥~⑧은 순명효황후가 31세 때(1902) 시골에서 생활하는 김상덕에게 보낸 것이다. [언간⑥]은 신년 안부와 근황을 전했다. "정월 염삼일"은 1월 23일을 말한다.

[순명효황후 언간⑥]

작년 일츠 봉셔 보온 후 연호와 긔후 강건호오시웁고 작년 갓스온 겸년과 치위의 웃지 지닉신지 궁금호웁드니 과셰 안강이 호오신 긔별 듯즈오니 만힝이 오며 예는 대소됴 문안 만안호오시웁고 금년 갓스온 경츅지시을 당호오니 경츅혼 호졍 측냥읍스오며 나도 별고 읍스웁고 신년브터난 가국이 일쳬 태평호여 신민이 안도낙업호기을 브랄쑨이외다 정월 염삼일

[작년 한 번 봉서(封書) 본 후로 건강하게 잘 계시고 작년 같은 흉년과 추

위를 어떻게 지내셨는지 궁금하였더니, 새해를 편안하게 보내셨다는 소식을 들으니 천만다행입니다. 여기는 대조와 소조 문안 만행(萬幸)하시고 금년 같은 경축지시(慶祝之慶時)를 당하니 기쁜 마음을 헤아릴 수 없습니다. 나도 별일 없이 지내며 새해부터는 집안이며 나라가 모두 태평(太平)하여서 백성들이 마음 놓고 즐겁게 생업에 종사하기를 바랄 뿐입니다. 1월 23일]

이 언간은 김상덕의 편지를 받고서 보낸 답장이다. "작년 한 번 봉서(封書) 본 후로 건강하게 잘 계시고 작년 같은 흉년과 추위를 어떻게 지내셨는지 궁금하였더니, 새해를 편안하게 보내셨다는 소식을 들으니 천만다행"이라고 했다. "금년 같은 경축지시(慶祝之慶時)"라 한 것은 황실 어른들의 존호(尊號)를 올리는 축하 행사를 말하는 것 같다. 1901년 12월 26일(양력) 덕수궁 중화전에서 고종이 51세가 되고, 등극한 지 40년이 된 것을 기념하여 존호를 올리고 축하했다([그림 10] 참조).[56] 그런 다음 "새해부터는 집안이며 나라가 모두 태평하여서 백성들이 마음 놓고 즐겁게 생업에 종사하기를 바랄 뿐"이라는 바람과 함께 마무리한다.

[언간⑦]에서는 김상덕에게 서운함을 토로했다. "듣는 말이라곤 가신단 말만 들리니"라고 했다. 김상덕이 충청도 보령에 낙향해 있지만 가끔 서울에 올라오면서도 궁으로 들어와 보지 않은 것에 대한 야속해 하고 있다.

[그림 7-10] 덕수궁 중화전. 보물 제819호

---

56 『고종실록』 권40, 38년 12월 26일. 다음 해(1902) 2월 13일(양력)에 문조 익황제와 신정 익황후에 대한 추상존호(追上尊號)의 옥책문(玉冊文)과 금보(金寶)를 올렸는데 황태자 [순종]도 따라가서 의식을 진행했다.(지두환, 『조선의 왕실 27: 순종황제와 친인척』, 역사문화, 2009, 89~90쪽)

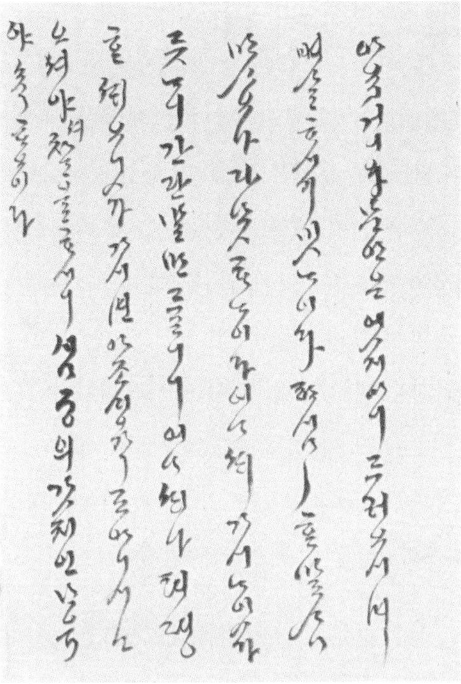

[그림 7-11] 순명효황후 언간⑦,
24.5x18.2cm 경주김씨 김면주종가소장

[순명효황후 언간⑦]

아옵거니와 문안은 엇지 아니 드러오시며 벼슬흐시기 밋ᄂ이다 한심한심
훈 말슴 만ᄉ오나 다 못흐ᄂ이다 어ᄂ 찌 가시ᄂ잇가 듯ᄂ니 간단 말만 들니
니 어ᄂ 찌나 태평훈 찌오닛가 가시면 아조 싱각도 아니시고 오셔야 셔찰을
흐시니 심궁의 갓치인 ᄆ음 야쇽흐오이다

[아시겠지만 문안은 어찌하여 들어오지 않으시며 벼슬하시기 믿습니다.
하고 싶은 말은 많으나 다 못합니다. 어느 때 가십니까. 듣는 말이라곤 가신
단 말만 들리니 어느 때나 태평한 때 입니까. 가시면 아주 생각도 하지 않으
시고 오셔야 서찰(書札)을 하시니 깊은 궁궐[深宮]에 갇혀 있는 마음 야속하

기만 합니다.]

"하고 싶은 말은 많으나 다 못합니다" "깊은 궁궐에 갇혀 있는 마음 야속하기만 합니다"라는 구절은 함축적이다. 문안을 와야 만날 수 있으니, 왜 문안은 오지 않느냐고 한 것이다. 벼슬 애기를 꺼낸 것은 관직에 나서기를 바랐기 때문이다. 이어 다음 편지에서는 김상덕에게 관직에 나서기를 좀 더 강하게 권하고, 재촉하는 모습까지 보여준다.

다음 [언간⑧]의 피봉에는 수신자를 칭하는 '김 직각 딕'이라고 쓰여 있다[그림 7-12-3] 참조]. 이는 [언간⑨, ⑩]에서도 보인다[그림 7-13-4]와 [그림 7-14-3] 참조]. [언간⑩]에서는 한자로 "金直閣宅 入納"으로 적혀 있다. 직각은 규장각 직각으로 김상덕은 1890년 규장각 직각을 역임했다.

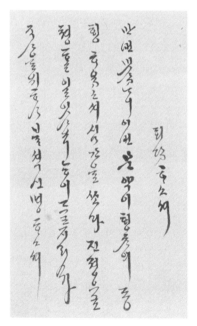

[그림 7-12-1] 순명효황후 언간⑧,
24.5x18.2cm, 경주김씨 김면주종가소장

[순명효황후 언간⑧]

회답호소셔 만 번 밋숩느니 이번 문약이 힝츠의 동힝호옵소셔 심간을 쏘다 진정으로 쳥홀 일 잇스오니 능이 드르시릿가 주스을 위호스 블셕신명호소셔

[회답(回答)하소서. 이번 문약(文若)이 행차(行次)에 동행(同行)하옵소서. 온 마음을 쏟아 진정으로 청할 일이 있사오니 부탁할 일이 있사오니 들려주시겠습니까. 주상을 위하여 신명(身命)을 아끼지 마소서.]

순명효황후는 답장을 바란다는 것, 답장해주실 것으로 믿는다는 말부터 했다. 그리고 문약이 올 때 같이 오라고 한다. 문약은 민영환(閔泳煥, 1861~1905)의 자(字)이다.[57] 이어 '부탁'할 것이 있으니 꼭 들러달라고 한다. 그리고 김상덕에게 관직에 나갈 것을 강하게 권한다. "주상을 위하여 한 목숨 아끼지 말고 충성을 다해 주십시오." 황태자비의 위치에 있으면서 유능한 인재가 벼슬길에 나서서, 국사를 위해 목숨을 걸고 일하면서 충성을 다해 줄 것을 기대했다. 국가와 황실을 위하는 마음의 간절함을 엿볼 수 있다.

구한말 어려운 정세 속에서 주상을 위해 몸과 목숨을 아끼지 말기[不惜身命]를 요청한 것이다. "온 마음을 쏟아 진정으로 부탁할 일이 있습니다. 꼭 들러주실 수 있습니까."라는 문구에서 국가와 황실을 위한 간절함을 엿볼 수 있다. 이 [순명효황후 언간⑧]은 그가 벼슬길에 나서 고종을 돕기를 바라는 일종의 정치적인 성격이 담긴 언간이라는 점에서 의미가 있다고 하겠다.[58] 앞

---

57 민영환의 본관은 여흥(驪興)이다. 1861년 민겸호(閔謙鎬)의 아들로 태어났다. 아들이 없었던 백부(伯父) 여성부원군(驪城府院君) 민태호(閔台鎬)에게 입양되었으며, 예조판서, 병조판서, 형조판서 등을 지냈다. 일본의 내정 간섭을 비판하다 이미 대세가 기운 것을 보고 자결했다.

58 이러한 사례는 현종의 비 명성왕후가 송시열에게 보낸 언간에서도 드러나고 있다. 명성왕후의 부름에 송시열이 즉각 응함으로써 청풍 김문 외척과 송시열 세력은 정치적 연합을 이룰 수 있었다. 그것은 왕권 강화를 도모하는 것이기도 했다.(이남희, 「조선후

[그림 7-12-2] 순명효황후 언간⑧
피봉앞, 13.9×6.8cm

[그림 7-12-3] 순명효황후 언간⑧
피봉뒤, 13.9×6.8cm

에서 살펴본 언간들과는 확실히 그 내용과 성격을 달리하는 것이었다.

이 편지는 작성 시기를 밝히는데 중요한 단서를 제공해주고 있다. 순명효황후 언간에는 직접적인 호칭이 나타나지 않는다. 그런데 이 언간의 피봉에 "틴자비궁젼하봉셔 임인졍월"이라 적혀 있어 추정이 가능하다([그림 7-12-2] 참조). 황태자로 책봉된 인물은 순종이 유일하다. 순종은 1874년(고종 11) 2월 고종과 명성황후의 둘째 아들로 태어났으며, 다음 해 2월 왕세자

___

기 현종비 명성왕후 언간의 특성과 의미」, 『영주어문』 35, 116-117쪽)

로 책봉되었다. 1897년 대한제국의 수립과 더불어 황태자로 책봉되었다. 임인년이면 1902년에 해당하므로, 그 해(1902) 1월 순명효황후가 황태자비로서 김상덕에게 보낸 언간임을 확인할 수 있다.

그러면 순명효황후의 바램대로 김상덕은 벼슬길에 나섰을까. 그렇지 않은 듯하다. 김상덕은 유배에 풀려난 뒤 관직에 오르지 않았다. 순명효황후는 1904년 세상을 떠났다. 그로부터 2년 후, 1906년(고종 43) 4월, 전 참판 민종식이 을사조약에 반대하여 의병을 일으키자 김상덕은 군사(軍師)의 책임을 맡아 적극 가담했다. 그 해 5월 19일 민종식과 함께 홍주성을 점령하여 그 기세를 떨쳤다. 하지만 5월 30일 일본군에 진압되어 붙잡혀, 같은 해 11월 10년 유형을 선고받았다. 다음 해(1907) 4월에 풀려났다. 그 때의 의병 활동을 인정받아 김상덕은 1991년 애국장이 추서되었다.

6) 김상덕에게 안부와 황실의 근황을 전하다

다음 3건의 편지 [순명효황후 언간] ⑨~⑪은 순명효황후가 33세 때(1904)에 쓴 것이다. 시골에서 생활하는 김상덕에게 안부를 묻고 황실의 근황을 전했다. 그 해(1904) 11월 순명효황후는 세상을 떠나게 되니, 짧은 삶을 마감해가던 무렵에 쓴 편지들이라고 하겠다.

[순명효황후 언간⑨]

거년의 쇼식 듯스온 후 궁금ᄒ와 미양 말슴이옵더니 환셰 태평이 ᄒ오신가 보오니 흔츅허오며 예셔는 지니온 보는 싱각이 기시의 밋스오면 츄신이 옵고져 ᄒ는 말슴 일필난긔오이다 이소이는 셩후 만안ᄒ오시옵고 예후도 힝보 죵시 불평ᄒ오시오나 다른 졔졀은 만안ᄒ오시니 츅슈오며 나는 신병이 셩

헌 날 읍스오며 셔시 지리ᄒ와 더강 덕습ᄂ이다 정월 이십삼일

[지난 해 소식을 들은 후 궁금하여 매양 말하였더니 설 쇠기[換歲]를 태평히 하신가 보니 기쁜 마음으로 축하하오며 여기서는 지내온 바는 생각이 거기에 미치면 이 몸이 읊고자 하는 말씀 한 마디로 말하기 어렵습니다. 이 사이는 황제 폐하[聖候] 건강하시고 황태자 전하[睿候]께서는 행동에 좀 불편하시나 다른 것들은 평안하시니 경축할 만합니다. 나는 신병(身病)이 떠날 날이 없으며 편지 사연[書辭]이 지루하여 대강만 적습니다. 정월 23일]

이 한글 편지는 화려한 시전지에 쓰여져 있다[그림 7-13-1~2] 참조). 붉은

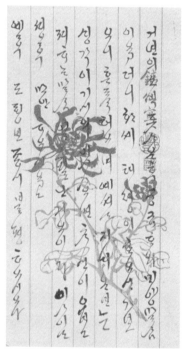

[그림 7-13-1] 순명효황후 언간⑨ 시전지,
23.4x12.6cm, 경주김씨 김면주종가소장

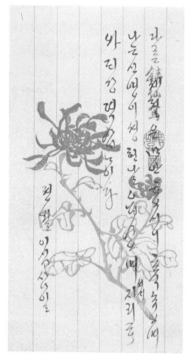

[그림 7-13-2] 순명효황후 언간⑨ 시전지,
23.4x12.6cm, 경주김씨 김면주종가소장

색의 계선이 있고, 바탕에는 붉은 색의 꽃을 피운 국화무늬가 새겨져 있다. 피봉에는 "홍듀 김직각보옵소셔"라고 하여 홍듀는 김상덕이 살던 충남 홍 주(洪州)를 말하는 것이다. 지금의 충남 홍성군에 속하는 홍성면에 해당한 다. 피봉 앞면 전체를 꽃을 담은 꽃병이 그려진 붉은 종이를 두르고 있다 ([그림 7-13-3] 참조).

[그림 7-13-3] 순명효황후 언간⑨
피봉앞, 12×5.4cm

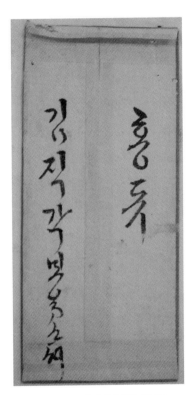

[그림 7-13-4] 순명효황후 언간⑨
피봉뒤, 12×5.4cm

왜 김직각(金直閣)이라 했는가. 직각은 규장각(奎章閣) 직각. 1890년(고종 27)

규장각 직각이 되었으며, 다음 해(1891) 5월 예조 좌랑이 되었다. 그리고 1892년(고종 29) 세자시강원 필선, 같은 해 6월에는 성균관 대사성이 되었다. 먼저 설 쇠기를 편안히 한 것에 대해 축하 인사를 전한다. 이어 황실의 소식을 간단하게 전한 다음 "몸의 병이 떠날 날이 없으며 편지 사연이 지루하여 대강만 적습니다."라는 말로 맺고 있다. 자신의 건강도 그렇거니와 세상 일이 지루하다는 말까지 했다.

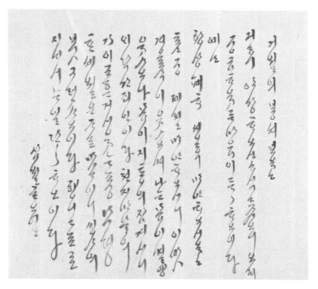

[그림 7-14-1] 순명효황후 언간⑩. 24.7x29cm. 경주김씨 김면주종가소장

[순명효황후 언간⑩]

거월의 봉셔 보옵고 긔후 안강ᄒᆞ오신 소식 듯ᄉᆞ오니 오릭 궁금ᄒᆞ옵든 마음이 든든ᄒᆞ오이다 예는 황상 폐하 셩후 만안ᄒᆞ오시옵고 츈궁 졔졀 만안ᄒᆞ오시니 이밧 경츅이 읍ᄉᆞ오며 나는 몸이 별양 읍ᄉᆞ오나 몸이 지통의 잠겨시니

인락 간 죄인이라 천지만물의 가이 조흔 거시 읍는 둥 무뎡훈 셰월은 즈로 맛ᄂ이니 싱ᄉ의 붓그럽ᄉ오이다 향니 고됴로 지ᄂ시는 일 단단ᄒ오이다 삼월초오일

[지난달에 보내주신 편지 보고 평안히 계시다는 소식을 들으니 오랫동안 궁금하던 마음이 든든합니다. 여기는 황상(皇上) 폐하(陛下)께서도 잘 계시며, 춘궁(春宮)께서도 잘 계시니 이 밖의 경사스러운 일이 있겠습니까. 저는 몸 건강하게 별다른 탈은 없으나, 몸이 지극한 아픔에 잠겼으니 슬프고 즐거운 가운데 죄인이라 천지만물 중에 좋은 것도 없이 무정한 세월만 자꾸 보내니 살아있는 것이 부끄럽습니다. 시골에서 고고하게 지내시는 일 참으로 좋습니다. 3월 5일]

붉은 띠를 두른 이 편지의 피봉에도 "천궁 후동상서 김직각댁 입납(川弓 後洞上書 金直閣宅 入納)"이라고 적혀 있다[그림 7-14-2~3] 참조). 천궁은 충남 보령시 천북면 궁포리를 말한다. 김상덕의 거주지이다. "거월의봉서보읍고"라고 하여 지난 달 2월에 김상덕이 편지를 보냈음을 알 수 있다.[59]

순명효황후가 김상덕에게 보낸 언간은 현재 11건에 그치고 있으나 주고 받은 편지의 내용을 볼 때 김상덕과의 편지 왕래가 적지 않았음을 알 수 있다. [언간⑩] 3월 5일 다음, [언간⑪]은 4월 18일에 보낸 편지로 안부와 근황을 전했다. "두 차례 보내주신 편지를 보고"라는 구절 역시 편지 왕래

---

[59] 김상덕이 순명효황후에게 임진년(1904) 2월에 보낸 언간 초고본이 남아 있어 그 내용을 가늠해 볼 수 있다. 연전에 '강호퇴사(江湖退士)'라는 네 글자를 써준 것에 대한 감사의 마음도 전했다.(어강석, 앞의 논문, 176쪽) 김상덕이 친구 이설에게 부탁하여 남긴 「강호퇴사찬병소인(江湖退士贊幷小引)」이 남아 있다. "설전에 하사해 주신 친히 쓰신 '강호퇴사' 큰 네 글자는 황공하여 잘 간직하여서 자손에게 전할 보배입니다."(한국정신문화연구원, 『고문서집성』 8, 1992, 463쪽)

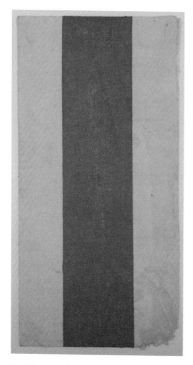 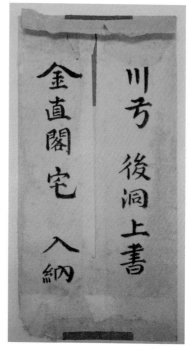

[그림 7-14-2] 순명효황후 언간⑩ 피봉앞, 15.4×7.7cm

[그림 7-14-3] 순명효황후 언간⑩ 피봉뒤, 15.4×7.7cm

가 적지 않았음을 말해준다. 그런데 앞서의 편지에 비해서 그 내용이 간결하다.

[순명효황후 언간⑪]

냥츠 봉셔 보옵고 기간 느리 블평이 지니오시는가 보오니 답답 일캇스오며 예는 대소묘 문안 안녕ᄒ오시니 츅슈ᄒ오며 화지의 기시 창황ᄒ오믄 일을 것 옵스오며 나는 잘잇스오이다 스월 십팔일

[두 차례 봉서(封書) 보옵고 그간 늘 평안히 지내시지 못하는 것 같아 답답

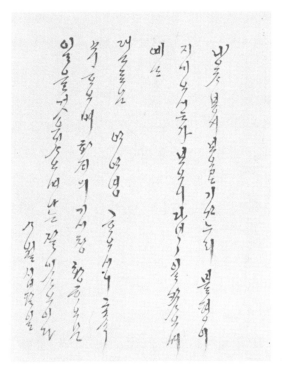

[그림 7-15-1] 순명효황후 언간⑪,
25.2x21.3cm, 경주김씨 김면주종가소장

[그림 7-15-2] 순명효황후 언간⑪ 피봉

합니다. 여기는 황제 폐하[大祖], 황태자 전하[小祖] 안녕하시니 축수하오며, 화재((火災)가 났던 그 때에 당황스러움은 말할 것도 없으며 나는 잘 있습니다. 4월 18일]

김상덕의 두 차례 편지를 보니 잘 지내지 못하는 듯해서 답답하다고 했다. 왕실에서는 황제와 황태자 모두 잘 지내고 있다는 것, 화재(火災) 일로 경황이 없다는 것을 간단하게 말한다. 끝으로 자신은 잘 있다고 하면서 편지를 맺는다. 하지만 그로부터 몇 달 후, 그녀는 33세의 젊은 나이로 1904년 11월 세상을 떠났다.

순명효황후는 본가에 편지를 보낼 때에는 안부를 묻는 것 이외에는 더다른 말이 한 마디도 없었다. 어쩌다 뵙기를 간청하는 이가 있으면 "나의 친척으로서 이 모양으로 청탁 질을 하니 다른 사람이야 어떠하겠는가?"라고 했다.[60] 그녀의 의롭고 외로운 처지를 느낄 수 있다. 그런 순명효황후가 김상덕에게 속마음의 이야기를 모두 털어놓고 있다. 존경하는 사부와 같이 특별하게 생각하여 많이 의지했었다는 것을 알 수 있다.

4. 순명효황후 언간의 의미

순명효황후 11건의 언간은 모두 성균관 대사성 김상덕에게 보낸 편지이다. 친인척이 아닌 조정 대신 김상덕에게 편지를 보내고, 또 서로 편지를 주고받았다는 점은 주목할 만하다. 왕실 여성이 편지를 주고받는 대상은

---

60 『고종실록』 권45, 고종 42년 1월 4일.

주로 친인척 범주에 속하는 경우가 많기 때문이다. 정치적인 사안과 관련해서 왕비가 더러 신하들에게 보낸 편지가 있기는 하지만, 그것은 정치적인 맥락에서 그렇게 한 것이었다.

순명효황후와 김상덕의 관계는 특별한 것이었다. 그녀가 김상덕을 알게 된 것은, 기존 연구에 의하면 그가 1892년 세자시강원 필선으로 있으면서 세자의 강학을 담당하던 시기였던 것으로 보았다. 또한 당시 순명효황후 역시 강학을 받았을 것으로 추론하기도 했다. 이 책에서는 순명효황후가 직접 김상덕과 연락을 하게 되는 시점은 세자시강원 시절 보다 시기적으로 좀 더 이후로 내려와야 한다는 점을 새롭게 밝혀냈다. [순명효황후 언간 ①]에서 "한 번 본 일도 없으니[一面不知]"라는 점을 분명하게 밝히고 있기 때문이다. 따라서 김상덕이 세자의 강학을 담당하던 1892년은 물론, [언간 ①]이 보내진 적어도 1894년 10월 이전까지 순명효황후는 김상덕과 대면한 적이 없었음을 알 수 있다.

순명효황후는 언간에서 평일 존명만 듣고 서신 한 번 못 했더니, 오늘날 긴히 부탁할 일이 있어, 백 번 믿고, 이 말씀을 드리며, 한 번 본 일도 없다고 했다. 그녀는 생각다 못하여 기별하오니라고 했듯이 장고 끝에 편지를 보낸 것이다. 그녀가 구사하는 말은 아주 간절하고 곡진했다. 게다가 자신의 처지에 대해서도 솔직담백하게 토로했다. 부모형제도 없는 혈혈단신에 겸하여 사고무친한 사람이 밤낮으로 하늘을 우러러 탄식했다는 것, 김상덕에 대해서 한 가족 못지않은 정이 생전에 변치 않기를 기약하고자 했다.

때로는 [순명효황후 언간⑧]과 같이 김상덕이 주상을 위해 국사에 나가 충정을 보여주기를 강하게 권유하기도 했다. 한 목숨 아끼지 말고 충성을 다해 벼슬길에 나서 고종을 돕기를 바라는 정치적인 성격이 담긴 언간을 보내기도 했다. 김상덕과의 돈독한 관계는 그녀가 33세의 젊은 나이로 죽을 때(1904)까지 10여 년간에 걸쳐서 서신 왕래를 유지해갔다. 현재 전하는 순명효황후 11건 언간의 작성 시기는 1894년 10월 이후 1904년 4월까지이다.

순명효황후는 구한 말 격동의 시대를 몸으로 직접 부딪히면서 살았다. 1882년 11세에 세자빈에 책봉되어 1904년에 세상을 떴다. 1882년부터 1904년에 이르는 시기는 임오군란, 갑신정변, 동학농민운동, 청일전쟁, 갑오개혁, 을미사변, 아관파천, 대한제국 성립 등 사건들로 점철되어 있는 격변의 시대였다. 특히 을미사변 때 명성황후가 시해당하는 것을 목도하면서 감당하기 어려운 깊은 고통을 겪었다. 개인사적으로는 13세 어린 나이에 아버지 충문공이 갑신정변 때 참살 당하는 아픔을 겪기도 했다. 순명효황후는 친정과 가깝게 지내지 않았다. 외척 세력에 대한 경계, 그리고 외척 집안의 득세 등을 보았기 때문이다. 그래서 본가에 편지를 보낼 때에는 안부를 묻는 것 이외에는 더 다른 말이 한 마디도 없었다고 한다.

이런 대내외적인 상황에서 순명효황후는 정신적으로 기대고 의지할 수 있는 사부와 같은 어른이 필요했을 것이다. 그녀는 김상덕의 안부를 물었으며, 왕실의 소식도 전했다. 그러는 가운데 답답한 심사와 소회를 털어놓기도 했다. 낙향한 김상덕을 전송하는 편지, 유배에서 풀려난 것을 축하하는 편지, 향리에서 어떻게 지내는지 묻는 답장 편지 등을 보냈다. 나아가 김상덕에게 벼슬길로 나서라는 것을 강하게 권유하기도 하고, 나아가 국사를 위하여 한 목숨 아끼지 말고 충성을 다해 주기를 요청하기도 했다. 순명효황후는 본가의 가족이나 친지들에 대해서 일정한 거리를 두고 있었다. 학문과 인격이 뛰어난 세자의 사부 김상덕은 믿을만한 어른이었다. 순명효황후가 위관 김상덕에게 보낸 언간을 통해서 구한말 격동의 근대사를 몸으로 부딪히며 살아간 한 왕실여성의 생활세계와 그 사유의 일면을 살펴볼 수 있다.

Ⅷ. 결어

　문자라는 측면에서 본다면 조선에서는 세종 대에 훈민정음의 반포와 더불어, 한자와 한글이라는 두 개를 사용할 있게 되었다. 하지만 공적인 영역에서 언문 사용은 제한되어 있었다. 문자(文字), 진서(眞書) 등으로 지칭된 한문과 대비되어 한글은 언문(諺文)으로 불린 데서도 알 수 있다. 국가와 관련된 공식적인 글쓰기나 남성들 특히 사대부들 사이에서는 한문이 사용되었다. 상대적으로 언문은 그 가치가 부수적이며, 또한 부녀자들의 그것으로 여겨지고는 했다. 1894년(고종 31)까지 한글은 국문(國文)으로서의 공식성을 인정받지 못한 채 언문의 지위에 머물러 있었다.

　16세기 중반 이래 많은 언간 자료들이 전해지지만, 그들 중에서 남성들 사이에 주고받은 것은 거의 찾아볼 수가 없다. 언간을 보면 언간의 발신자와 수신자 중에서 어느 한 쪽은 여성이며, 말하자면 여성을 중심으로 사용된 것이다. 그래서 흔히 내간(內簡)으로 불리어지기도 했다. 수신자는 왕이나 사대부를 비롯해 한글 해득 능력이 있는 하층민에 이르기까지 거의 전 계층의 남성이 될 수 있었다. 지식인 남성들 사이의 전유물처럼 되어 있던 한문 간찰과는 달리, 언간은 어떤 특정한 계층에 관계없이 남녀 모두가 공유할 수 있었다고 할 수도 있겠다. 그런 의미에서 한자와 한글이 완전히 양립 불가능한 것은 아니었다. 왕과 사대부 남성도 여성에게 보내는 편지에서는 언문을 구사하고 있었다.

조선후기 사회에 이르게 되면 사회는 한층 더 부계(父系) 중심의 사회로 변했지만, 거의 동시적으로 여성들의 자각도 이루어지고 있었다. 사회 전반적으로 보수화가 진행되고 있었지만 그런 흐름과 틀 속에 안주하지 않고 변화하는 여성도 나타났다. 유행하던 책읽기와 글쓰기 열풍에 힘입어 여성들은 다양한 지식을 얻을 수 있었다. 이 같은 경향은 조선후기 문예부흥 이후 더욱 가속화되었다. 사회 전반에 걸친 농업 생산력의 증가와 생활수준의 향상 등으로 서민문화(庶民文化)가 꽃피게 되었다. 또한 사회 전반의 모순을 시정하고자 하는 실학자들은 국학진흥에도 많은 관심을 보여주었다. 언문이라 경시하던 한글에 대한 연구 역시 활발해졌으며, 그에 힘입어 언문으로 쓰인 국문학이 성장할 수 있었다. 그 같은 사회변화는 문화의 새로운 지평을 열어주었고, 책을 읽을 수 있는 여성 수가 점차 늘어났다.

국가에서는 정책적으로 교화(敎化)를 위해 한글로 번역된 여성 수신서(修身書)를 보급했으며, 이는 여성들의 지식 습득과 자의식 고양에 큰 영향을 미쳤다. 여성에게는 예의범절 등의 교양 습득과 가정생활 등 제한된 교육이 이루어졌다. 여성을 위한 교육기관으로서의 학교는 없었으나 실생활에서 여성 교육은 중요했다. 교화서와 수신서를 읽음으로써 지식을 얻고, 그렇게 습득된 지식을 통해서 자아의식을 고취시켜 갈 수 있었다. 사대부 집안의 여성들은 한글과 함께 한문을 학습하기도 했다.

하지만 글쓰기라는 측면에 주목하는 한, 여성들이 한문을 사용한다는 것은 그리 쉬운 일은 아니었다. 가능하다 하더라도 짐짓 한글을 사용하는 것

자체가 일종의 미덕처럼 여겨지기도 했던 듯하다. 특히 궁궐에서 지내는 왕실의 여성에게는 많은 제약이 따랐다. 말과 행동을 조심하지 않을 수 없었다. 그럼에도 개인적으로 연고가 있는 바깥사람들의 사정이 궁금하기도 했을 것이며, 또 자신의 생각을 그들에게 전하고 싶기도 했을 것이다. 편지 쓰기와 주고받기는 외부 세상과 소통할 수 있는 효율적인 방법이었을 것이다. 남아 있는 한글 편지가 좋은 증거가 된다.

왕실 여성은 주로 한글을 사용했다. 한글을 통해서 삶의 단면들을 기록했다. 언문은 자기표현 수단이자 동시에 외부와 소통하는 수단이기도 했던 것이다. 왕실 여성은 국왕을 중심으로 혈연과 혼인으로 맺어진 여성이라 하겠다. 국왕의 부인 왕비, 국왕의 어머니 대비, 전 국왕의 부인 왕대비, 전전 국왕의 부인인 대왕대비, 세자빈, 후궁, 공주, 옹주 등이 포함된다.

왕실 여성 중에서 대표적인 존재는 역시 왕비라 하겠다. 왕비는 국모(國母)로서의 위상을 누렸으며, 사후에는 종묘와 왕릉에 모셔졌다. 나이 어린 왕이 즉위했을 때는 한시적이기는 했지만 수렴청정(垂簾聽政)하기도 했다. 선왕이 후사를 정하지 못하고 세상을 떠났을 때는 후계자를 정하기도 했다. 여성의 정치 참여나 사회 활동이 지극히 제한되어 있던 조선 사회에서 잠시나마 왕권을 대신한다는 것은 중요한 의미를 갖는다.

그들은 주로 한글을 사용했다. 공적인 영역에서도 왕실 여성의 한글 사용은 활발하게 이루어지고 있었다. 특히 대비, 왕대비 등이 내린 언교(諺敎)를 조선왕조실록 등의 관찬 사서에서 확인할 수 있다. 한글이 공식적인 문서에 사용된 사례라 할 수 있다. 때로 정치적 의견을 언문 교서로 내리기도 했다. 왕후의 언문 교서를 승정원 승지가 한문으로 번역하고, 그것을 놓고서 대신들이 같이 논의했다. 후사(後嗣)가 없을 시 왕비는 후계 왕의 지명, 수렴청정 등 현실 정치에도 막강한 영향력을 행사하기도 했다. 언문 교서를 통해서 왕실 여성의 정치적 행위가 이루어졌다는 점이 주목된다. 정치적으로 중요한 문서인 교서를 작성하는데 언문을 사용했다는 것이다.

이 책에서는 왕실에서 그처럼 중요한 위치에 있는 왕후가 남겨놓은 한글 편지, 즉 언간(諺簡)에 주목하고자 했다. 언간은 일상의 감정을 전하는 가장 일반적인 수단으로 개인적이고 인간적인 삶의 결을 엿볼 수 있는 귀중한 자료이기 때문이다.

현재 파악되는 왕실 여성 언간의 판독문은 모두 402건에 이른다. 그 중에서 왕비가 남긴 언간이 제일 많으며, 343건에 이르고 있다[선조의 계비 인목왕후(1584?~1632) 2건, 인조의 계비 장렬왕후(1624~1688) 4건, 효종의 비 인선왕후(1618~1674) 69건, 현종의 비 명성왕후(1642~1683) 7건, 숙종의 비 인현왕후(1667~1701) 5건, 영조의 비 정순왕후(1745~1805) 16건, 순조의 비 순원왕후(1789~1857) 72건, 헌종 계비 효정왕후(1831~1904) 5건, 철종비 철인왕후(1837~1878) 2건, 고종의 비 명성황후(1851~1895) 144건, 순종의 비 순명효황후(1872~1904) 11건, 그리고 사후 추존 된 익종비 신정왕후(1808~1890) 4건, 장조비 헌경왕후(1745~1805) 2건]. 가장 많은 언간을 남긴 왕비는 명성왕후(144), 인선왕후(69), 순원왕후(72), 정순왕후(16) 순이다.

이 책에서는 현재 전해지고 있는 왕후의 언간 전체를 다 다루지는 못했다. 무엇보다 '시기별 분포'를 고려해서 일단은 현종비 명성왕후, 숙종비 인현왕후, 영조비 정순왕후, 사도세자빈 혜경궁홍씨, 익종비 신정왕후, 순종비 순명효황후가 남긴 언간들을 살펴보았다. 그렇게 한 것은 지금까지 그들 언간에 대해서 거의 본격적인 연구가 이루어지지 않았다는 점, 그리고 이들은 서로 연결되고 있다는 점에 주목했다. 예컨대 시어머니와 며느리[명성왕후와 인현왕후, 정순왕후와 혜경궁홍씨], 수렴청정한 왕후[정순왕후, 신정왕후], 집안사람이 아닌 순종의 스승에게 언간을 보낸 순명효황후 등을 주목했다.

그런 다음 그 언간들을 자료로 삼아서 당시의 역사적 상황 속에서 사료로서의 그 언간이 갖는 의미와 내역을 재구성해보았다. 아울러 가능한 한 단순한 언간의 독해를 넘어서 가능한 한 역사적인 맥락 속에서 이해해보려고 했다. 남아 있는 언간 자료를 토대로 구체적인 왕후의 삶과 생활세계에 대한 일련의 사례 연구를 시도한 것이라 해도 좋겠다. 당연한 이야기지만, 각 사례는 그 자체로서 독특했다. 가까운 사람들에게 언간을 보냈다는 점에서는 다르지 않았다. 하지만 다 같을 수는 없었다. 자신의 시대를 치열하게 살아가면서 느끼고 부딪혔던 사안들이 달랐기 때문이다. 이미 앞에서 자세하게 다루었지만 시대별 왕후별로 언간이 갖는 특징적인 측면과 그 의미를 간략하게 정리해두기로 하자.

(1) 현종(顯宗)의 비 명성왕후(明聖王后)

현종비 명성왕후는 1651년(효종 2) 열 살이 되던 해 세자빈에 책봉되어 가례를 올렸으며, 1659년(효종 10) 현종이 즉위함에 따라 왕비가 되었다. 명성왕후는 1남 3녀를 두었는데, 숙종과 명선·명혜·명안공주가 그들이다. 그리고 1683년(숙종 9) 저승전에서 세상을 떠났다.

이 책에서 명성왕후의 언간에 주목한 데에는 지금까지 본격적으로 검토되지 않았다는 점도 있었다. 세자빈과 왕비로서 안정된 삶을 살았던 것으로 보이지만, 조금 들여다보면 오로지 영광만 있었던 것은 아니었다. 그런 측면을 보여준다는 점에서도 명성왕후의 언간은 중요하다. 명성왕후의 언간은 명안공주(明安公主)의 부마 오태주(吳泰周) 집안에 전해지고 있다. 이들 편지는 1995년 보물 제1220호로 지정된 이후, 1996년 강릉시립박물관에서 본격적으로 소개되어 학계에 알려지게 되었다.

명성왕후가 남긴 언간은 크게 생활세계와 관련된 일상적인 성격의 언간과 공적인 측면과 연계되는 정치성을 지닌 언간으로 나누어볼 수 있다. 흔히 언간은 일상적인 성격을 지니고 있는 것처럼 이해되고 있지만, 그것에 국한되지는 않았다. 언간의 경우, 누가 왜 쓰느냐에 따라서 공적인 측면, 나아가서는 고도의 정치성을 지닐 수도 있었다.

우선 일상적인 성격을 지닌 명성왕후의 언간은 주로 막내딸 명안공주에게 보낸 것들이다. 엄마와 딸의 관계는 예나 지금이나 다를 바 없다고 하겠다. 그런데 첫째 명선, 둘째 명혜공주는 어린 나이에 세상을 떠났다. 그런만큼 셋째 딸에 대한 사랑은 한층 지극했을 것이다. 셋째 딸 명안공주는 명성왕후뿐만 아니라 현종과 숙종의 사랑을 듬뿍 받기도 했다. 명성왕후는 언간을 통해서 명안공주가 앓는 천연두에서 하루 빨리 낫기를 간절히 바라고 있으며, 또한 피접나간 명안공주에게 타락 묵과 전을 보내주고 있다. 왕비라 하더라도 자식의 건강을 챙기는 마음에서는 여느 어머니와 다르지 않았던 것이다. 이어 시집간 명안공주에게 안부를 묻기도 하고 새해 인사를 보내온 딸에게 답신하는 형태로 덕담을 하고 있다.

그와 관련해서 흥미로운 것은, 명성왕후의 아들 숙종이 시집간 누이 명안공주 집에 가 있는 모후[명성왕후]에게 언간을 보냈다는 점이다. 여동생집에 잠깐 가 있는 어머니에게 아들이 편지를 보낸 것이다. 수신자가 명성왕후인 만큼, 숙종 역시 언간으로 편지를 썼다는 점에서 중요한 자료가 된다고 하겠다. 여동생을 아꼈던 숙종은 여동생 시가가 어려움을 겪었을 때에도 멸문지화를 면하게 해주고, 삭탈했던 남편[오태주]의 작위도 복작시켜주기도 했다.

다음으로 명성왕후의 언간에서 주목되는 것은 당시 정계의 거두 우암 송시열에게도 중요한 내용을 담은 언간을 보냈다는 점이다. 그러니까 언문으로 편지를 써서 그에게 보낸 것이다. 이는 당시의 정국상황과 긴밀하게 연결되어 있었다. 명성왕후는 숙종에게 자신의 사촌 동생 김석주 등 외척을 중용하도록 했다. 아울러 왕의 적극적인 지지 세력으로 외척과 송시열계 서인 간의 정치적 연합을 구상했다. 그 같은 구상 하에 송시열을 조정으로 불러들이고자 했다. 정치적인 의도가 분명하게 있었던 것이다. 당시 남인의 정치적 공세에 의해 밀려나 적적하게 지내고 있던 송시열로서도 명성왕후의 의중을 담은 반가운 편지였음에 분명하다. 명성왕후는 송시열에 대해서 유학자의 종주(宗主)라 칭했으며, 송시열은 명성왕후를 가리켜 여인 중의 요, 순 임금이라 화답했다. 그야말로 일종의 중요한 정치적 연대가 이루어진 셈이다. 그 같은 정치적 연대는 숙종의 정치적 입지를 다지는 데 크게 기여했던 것으로 여겨진다.

요컨대 명성왕후는 언문을 통해서 개인적이고 일상적인 생활세계를 충분히 영위하고 있었다. 사람이면 누구나 갖는 본연적인 감정, 특히 자식[딸]에 대한 사랑 등을 진솔하게 표현하고 전달할 수 있었다. 그것만이 아니었다. 명성왕후는 언간을 통해서 당시 대표적인 양반사대부에게 자신의 깊은 뜻을 은근하지만 분명하게 전달하기도 하는 등, 고도의 정치적인 행위까지도 구사할 수 있었다. 이 같은 측면은 명성왕후 언간을 통해서 밝혀낼 수 있었던 의미 있는 측면이라 하겠다.

(2) 숙종비 인현왕후(仁顯王后, 1667~1701)

제19대 국왕 숙종의 비 인현황후, 그녀는 1681년(숙종 7) 가례를 올리고 숙종의 계비가 되었다. 예의가 바르고 덕성이 높아서 국모로서 추앙을 받았다. 하지만 혼례를 올리고 7년이 되어도 출산을 하지 못했다. 왕조정치 하에서 후사를 낳지 못한다는 것은 왕비에게는 치명적인 약점이라 하겠다. 그 같은 상황에서 소의 장씨가 왕자 이윤을 낳게 되자, 숙종의 총애는 그녀에게 집중되었다. 1689년(숙종 15) 숙종이 이윤을 세자로 책봉하려고 했다. 그러자 송시열 등 노론파 인사들이 상소를 올려서 반대했다. 숙종은 이들을 면직 사사시키고, 이현기·남치훈 등 남인들을 등용했다. 이른바 기사환국이 그것이다. 마침내 인현왕후는 폐서인이 되어 안국동 본가에서 지내게 되었다. 1694년(숙종 20) 노론 김춘택과 소론 한중혁 등이 폐비복위운동을 일으켰으며, 이들을 저해하려는 남인 민암·김덕원·권대운 등은 유배, 사사되었다.

갑술환국을 통해 인현왕후는 다시 왕비로 복위되었다. 처음에 왕후가 서인으로 사제로 나가서는 외문을 잠그도록 명하여 비록 지친이라도 감히 드나들 수가 없었다. 갑술환국으로 중전으로 복위할 때에도 상명(上命)이라 하여 열쇠를 얻어 문 열기를 청했으나, 왕후는 허락하지 않았으며, 어찰을 받게 되어서야 비로소 내어주었다. 얼마나 삼가고 조심했는지 알 수 있다.

그렇게 삼가고 조심하는 모습은 현재 전해지는 그녀의 언간과 내용에서도 엿볼 수 있다. 인현왕후 언간은 1681년에서 폐위된 1689년, 그리고 복위한 1694년에서 숙휘공주가 죽은 1696년 사이에 보냈다는 것을 알 수 있다. 폐서인을 겪은 그녀라서 그런지 정치적인 색채를 띠거나 정치적으로 해석될 수 있는 언간은 전해지지 않는다. 복위한 인현왕후는 어려운 시절을 겪었던 만큼 한층 스스로 삼가고 조심하면서 지냈던 듯하다. 당쟁과 정치변동의 소용돌이가 가져다주는 여파를 직접 몸으로 겪었기 때문일 것이다.

인현왕후 언간 5건은 조카며느리인 인현왕후가 시고모 숙휘공주에게 보낸 것이다. 그들은 『숙휘신한첩』에 수록되어 있다. 『숙휘신한첩』에는 전체 35건의 언간이 실려 있다. 이들 언간 5건이 두 사람 사이에 오고간 편지의 전부라 할 수는 없다. 인현왕후가 숙휘공주에게 보낸 언간 중에는 "하서(下書)를 보옵고"라는 구절이 보인다. 그러니까 이미 서신 왕래가 있었다는 것을 말해주고 있다. 인현왕후의 편지 글씨는 궁체 특유의 외유내강한 필획을 보여주고 있다. 이미 궁체의 자형이 정착되었음을 보여주며, 그런 만큼 서예사적으로도 가치가 높다고 한다.

그러면 그녀는 왜 자신보다 25세 많은 시고모 숙휘공주에게 주로 편지를 보냈을까. 시고모 숙휘공주는 인현왕후의 시어머니이자 현종의 비 명성왕후와 가까운 사이였다. 숙휘공주와 명성왕후는 동갑내기로서 각별한 올케와 시누이 관계였다. 숙휘공주는 견디기 어려운 불행을 잇달아 겪었다. 남편 정제현이 21세의 젊은 나이에 세상을 떠났다. 게다가 기대를 걸었던 아들 정태일도 먼저 세상을 떠났다. 남편과 아들을 먼저 보낸 것이다.

인현왕후는 숙휘공주의 아들 정태일이 과거 초시에 합격한 것을 축하했을 뿐만 아니라, 이미 앓고 있던 숙환을 위해 약과 책을 보내주기도 했다. 또한 어의에게서 받은 약처방전에 따라 약을 조제해서 보내주기도 했다. 인현왕후는 궁궐에 들어와서 만나고 싶다는 뜻을 전하기도 했고, 온다고 했다가 몸이 아파서 오지 못했다는 것을 알고서 아쉬워하기도 했다. 또한 숙안, 숙명공주와 함께 궁에 들어와 만나고 싶다는 숙종의 뜻을 전해주기도 했다. 숙휘공주가 다시 한 번 불행을 겪었을 때, 그러니까 1685년(숙종 11) 7월 아들 정태일이 세상을 떴을 때 인현왕후는 편지를 보내서 따뜻하게 위로해주고 있다.

인현왕후가 숙휘공주에게 보낸 언간을 통해서는 왕실여성들 사이에서, 특히 나이 차이가 있는 조카며느리와 시고모 사이에서도 서신을 주고받았다는 것, 그런 교류를 통해서 살아가면서 부딪히는 일들에 대해서 때로는 축하하기도 하고 때로는 위로하기도 했다는 것을 알 수 있었다. 왕실여성들 역시 인간으로서 살아간다는 측면에서는 다르지 않았다.

(3) 혜경궁홍씨(惠慶宮洪氏, 1735~1815)

혜경궁홍씨는 제22대 국왕 정조의 생모, 제21대 국왕 영조의 며느리, 그리고 뒤주에 갇혀서 세상을 떠난 사도세자의 빈이다. 사도세자가 죽은(1762) 뒤 혜빈(惠嬪)에 추서되었다. 아들 정조가 즉위하자(1776) 궁호가 혜경궁(惠慶宮)으로 격상되었다. 1899년(고종 36) 사도세자는 장조, 혜경궁홍씨는 헌경왕후로 추존되었으나 혜경궁으로 널리 알려져 있다.

혜경궁홍씨는 영조대는 세자빈으로, 정조대는 국왕의 생모로, 그리고 순조대는 국왕의 조모로 70여 년을 궁중에서 지냈다. 파란만장한 일생을 보냈다고 할 수 있겠다. 하지만 현재 혜경궁홍씨가 남기고 있는 언간은 2편에 그치고 있다. 아쉬움이 크다고 하겠다. 하지만 그녀가 2편만 썼던 것은 결코 아니었다. 그녀는 궁중문학의 걸작『한중록』의 작자이기도 하다.『한중록』을 보면, 그녀가 친정 식구들과 활발하게 편지를 주고받았다는 것을 알 수 있다. 그저 소식과 내용만 파악하고는 대부분 편지는 글씨를 씻어내버리거나 없애버리곤 했다는 것이다. 왕실의 사정이 담겨 있는 언간이 혹시라도 새나가서 퍼지게 되거나 하는 일을 지극히 경계했던 것이다. 혜경궁홍씨가 처한 정치적 상황, 특히 노론과 정조와의 긴장관계 등으로 인해서 한층 더 경계했을 것으로 생각된다.

따라서 현재 전해지는 혜경궁홍씨의 언간 두 편이 갖는 의미는 단순한 숫자를 넘어선다고 하겠다. 두 편은 화순옹주에게 보낸 것과 우의정 채제공에게 보낸 것이다. 첫 번째 편지를 썼을 때, 그녀의 나이는 20~24세, 1754년에서 1757년 사이, 그리고 두 번째 편지를 썼을 때 55세 되던 1789년(정조 13), 그러니까 정조가 사도세자의 묘를 수원 화성으로 옮길 때 써서 보낸 것이다. 시간상으로 보면 약 30여 년의 편차가 있다.

첫 번째 편지, 화순옹주에게 보낸 언간의 내용은 아주 간략하다. 그저 안부를 묻는 문안 편지라 할 수 있다. 하지만 끝부분의 "원손 남매는 잘 있습니다."라는 구절을 통해서 편지를 쓰는 당시의 혜경궁홍씨의 상황을 짐작해볼 수 있다. 그 짤막한 편지를 실마리로 삼아서 당시 상황을 검토해 보았더니 흥미로운 역사적 사실과 만날 수 있었다.

혜경궁홍씨가 손위시누이 화순옹주에게 보낸 언간은 일상적인 성격을 띠는 것이다. 하지만 그 언간은 사도세자가 대리청정하면서 영조와 갈등하는 시기에 보냈던 것이다. 그 점이 중요하다. 영조의 사랑을 받는 시누이에게 세자와 원손남매의 안정을 도모하려는 애틋한 마음이 담겨 있었던 것으로 여겨진다.

혜경궁홍씨의 두 번째 편지는 우의정 채제공에게 보낸 것이다. 채제공에게 보낸 언간은 일종의 정치적인 함의를 지니고 있다고 하겠다. 언간을 보낸 시점은 정조가 즉위한 이후, 1789년(정조 13)이다. 정조가 사도세자의 묘를 화성으로 옮길 무렵에 보낸 것이다. 그 언간을 통해서 아들 정조의 건강을 걱정하는 어머니의 간절한 마음을 보여주고 있다.

정조가 불행하게 세상을 떠난 아버지를 얼마나 그리워했는지는 잘 알려져 있다. 사도세자의 묘를 옮기는 것, 그 과정에서 직접 나서서 하는 것 등은 역시 그 같은 그리움의 또 다른 표현이기도 했을 것이다. 그렇게 깊이 마음 쓰는 아들을 곁에서 지켜보는 어머니의 눈에는 한편으로 걱정스러운 일이었다. 너무나도 마음 쓴 나머지 병에 걸릴 정도로 혜경궁홍씨는 우의정 채제공에게 편지를 보낸 것이다.

정조가 직접 빈전을 차리고자 하여 대궐 바깥을 나가고자 하니, 미리 빈전을 설치해 놓으라고 당부하는 것이다. 어머니로서의 걱정은 거기에 그치지 않았다. 특별히 금성위 박명원에게 봉서를 내려 보내기도 했다. 혜경궁홍씨의 한글 편지는 아들의 효심을 충분히 이해하면서도, 그 아들이 몸이 상할까 걱정하는 모성애를 지금까지도 생생하게 전해주고 있다.

우리는 혜경궁홍씨 하면 한중록을 떠올리게 되고,『한중록』이 혜경궁홍씨의 모든 것인 것처럼 여겨지고 있다. 하지만 시기적으로 보면 이 책에서 주목한 언간은『한중록』을 집필하기 이전에 나온 자료라 할 수 있다. 이 점이 중요하다. 언간에는 수신자가 분명하게 있기 때문이다.

언간, 한중록 외에 혜경궁홍씨 관련해서 중요한 자료가 있다. 조선왕조실록에서 혜경궁홍씨가 내린 언교와 언서를 확인할 수 있는데, 7건에 이른다. 이들은 모두 정조대, 구체적으로는 1789년에서 1797년 사이에 내려진 것이다. 이는 국왕의 생모라는 신분과 지위 때문에 가능했던 것이다. 혜경궁홍씨의 궁중생활과 더불어 내면세계를 종합적으로 이해하기 위해서는 언간과 언교, 그리고 한중록을 종합적으로 검토하는 작업이 필요하다고 하겠다.

(4) 영조비 정순왕후(貞純王后, 1745~1805)

정순왕후 김씨는 제21대 국왕 영조의 계비이다. 1759년 간택을 통해서 왕비가 되었다. 당시 66세의 정조가 15세의 어린 왕비를 맞아들인 것이다. 아들과 며느리에 해당하는 사도세자와 혜경궁홍씨보다 10살이나 어렸다. 아들, 며느리 보다 더 어린 어머니, 이후 젊은 대왕대비의 수렴청정 등은 드라마틱한 장면으로, 영화나 뮤지컬 등에서 다루어지기도 했다.

영조는 어린 그녀를 위해서, 특히 조정에서의 위상을 높이기 위해서 많은 배려를 해주었다. 한미한 경주김씨 가문에서 왕비가 배출된 것이다. 하지만 영조는 그녀를 두고 세상을 떠났다. 정조가 왕위에 올랐을 때 정순왕후는 30대 초반이었다. 그 시대 정치적인 구도로 보자면 정순왕후는 정조와 대척적인 자리에 있었다. 더구나 혜경궁홍씨 집안과 심한 갈등을 빚기도 했다.

정조가 갑작스레 타계하고 순조가 어린 나이로 즉위하게 되자, 그녀는 대왕대비로 승격되고, 4년 동안 수렴청정을 하게 되었다. 명석했던 그녀는 수렴청정 시기에 스스로 여군(女君), 여주(女主)라 칭하기도 했다. 대왕대비로서 수렴청정 하던 그녀는 정조 사후의 정계를 주도해 나갔다. 천주교를 탄압했을 뿐만 아니라 대립하는 당파를 대거 숙청하기도 했다. 그녀는 한글 교서를 내리기도 했다. 정조 시대에서도, 영조의 왕비로서의 위상을 빌어서 그렇게 했던 것이다. 그녀는 자신의 위치가 갖는 정치적 의미를 충분히 인식하고 있었다는 것을 말해준다.

수렴청정 시기를 전후해서 그녀는 한글로 편지를 쓰기도 했으며, 그 일부가 전해지고 있다. 이 책에서는 수렴청정과 세도정치에 관련해서 그녀가 쓴 언간에 주목해서 살펴보고자 했다. 그녀가 왕비가 됨으로써, 그리고 수렴청정 기간 동안에 그녀 가문의 일족들이 권세를 얻게 된 것은 분명한 것 같다. 하지만 그녀가 가장 가깝게 여겼던 오빠 김귀주는 정조 즉위년(1776) 흑산도로 귀양 갔다가, 이어 나주에 이배되었다. 그리고 거기서 일생을 마감했다. 김귀주의 큰아들 김노충의 경우 승진을 거듭했다. 가까운 일족이라 해서 모두가 다 잘 나간 것은 아니다. 김귀주의 둘째 아들 김노서, 김인주의 아들 김노은은 관직과는 거리가 멀었다. 그 외에 4촌 동생 김용주와 6촌 오빠 김관주가 있었다. 다른 왕대의 친인척의 득세에 비하면 과연 그렇게 많았다고 할 수 있을까 하는 의문을 던져봄직도 하다.

정순왕후의 수렴청정 기간은 그렇게 길지는 않았다. 1803년(순조 3) 12월 정순왕후는 수렴청정을 거두고 정치에서 물러났으며, 1805년 창덕궁 경복전에서 61세로 세상을 떴다. 정순왕후의 죽음과 더불어, 가문의 번성도 주춤할 수밖에 없었던 것 같다.

현재 전해지는 정순왕후 언간은 16건에 이른다. 그 내역을 보면 오빠 김귀주에게 보낸 것 한 건, 나머지 언간은 김귀주의 둘째 아들 김노서와 주고받은 것이다. 오빠에게 쓴 편지는 유배가 있는 동안에 보낸 것이다. 그래서 수렴청정을 기점으로 삼아 그 이전의 것들과 그 이후의 것들로 나누어볼 수 있다. 대부분은 정순왕후가 수렴청정 하는 기간, 즉 1801년(순조 1)부터 1804 사이에 주고받은 것으로 여겨진다. 그 중에서 13건은 정순왕후가 둘째 조카 김노서와 주고받은 것인데, 조카가 보낸 편지의 여백에 정순왕후가 답을 써 보낸 형식으로 되어 있다. 보낸 언간과 그에 대한 답신을 같이 볼 수 있다는 점에서 왕비의 언간 중에서도 유난히 두드러진다.

현재 전해지는 정순왕후 관련 언간을 통해서 이들 이외에도 빈번하게 편지가 오고갔다는 것[예컨대 "문안 여쭙고 아까 봉서 아뢰었는데 보셨습니까" "아까 무수리 들어갈 때 봉서 아뢰었는데 보셨습니까."], 사촌동생 김용주도 편지를 보냈다는 것 등도 알 수 있었다. 언급된 자료들이 앞으로 더 발굴되기를 기대하지만, 전해지는 자료를 다각도로 잘 연구하는 작업도 진척되어야 할 것 같다. 언간의 내용은 문안에서 시작해서 부탁, 상소 및 인사 문제 등 다양했다. 단편적이기는 하지만 천주교와 관련된 것도 있었다. 편지들을 시대적으로 재구성하는 작업도 이루어지는 것이 좋겠다. 또한 상소와 인사 문제 편지에서는 상소의 시기나 방법 등에 대해서 지침을 두는 등, 오고가는 의사소통의 긴박함이 느껴지기도 했다. 구체적으로 어떤 맥락에서 어떤 사안과 관련된 것인지 다른 사료들과 함께 면밀하게 검토해보는 작업이 뒤따라야 할 것이다.

(5) 익종비 신정왕후(神貞王后, 1809~1890)
신정왕후는 그다지 알려지지 않은 듯한 이미지를 갖고 있다. 하지만 철종이 타계한 후 후사가 없는 상황에서 흥선군 이하응의 둘째 아들을 왕위에 올려놓는데 결정적인 역할을 한 조대비하면 금방 알아차릴 것이다. 그녀가 바로 신정왕후인 것이다.

그녀는 순조의 아들로 유난히 영특했던 효명세자의 세자빈으로 간택됨으로써 왕실의 일원이 되었다. 하지만 효명세자가 요절과 더불어 세자빈의 인생 역시 급격하게 변했다. 그들은 실제 왕과 왕비가 되지 못했다. 아들 헌종이 순조의 뒤를 이어 즉위함에 따라 익종과 신정왕후로 추존되었다. 아들이 왕이 되었지만, 신정왕후가 아닌 시어머니 순원왕후가 수렴청정하게 되었다. 순원왕후의 수렴청정을 등에 업은 안동김씨의 세도정치는 정국을 이끌어 갔으며, 신정왕후와 풍양조씨 세력은 정권의 핵심에서 밀려나면서 소외감을 맛보지 않을 수 없었다. 안동김씨의 득세는 갑작스런 헌종의 죽음, 뒤이은 철종의 옹립과 더불어 한층 더 심해졌다.

하지만 순원왕후가 타계하고(1857), 철종이 갑작스럽게 죽자(1863) 사정이 크게 달라졌다. 신정왕후가 왕실의 최고 어른, 대왕대비가 되었다. 왕실에 들어온 지 40년 만의 일이었다. 그녀는 흥선군의 둘째 아들 이재황을 지명했다. 그를 효명세자[익종]와 자신의 양자로 입적시켰으며 왕위에 오르게 했다. 그가 고종이다. 그녀는 4년 동안 수렴청정을 했다. 1897년 대한제국의 성립과 더불어 고종은 황제가 되었다. 익종과 신정왕후는 문조와 신정익황후로 추존되었다. 신정왕후는 전체 56자에 이르는 긴 시호를 갖고 있다. 그것은 조선 왕후들 중에서 가장 긴 것이기도 하다.

신정왕후 언간은 현재 순조의 셋째 딸 덕온공주의 부군 남녕위 윤의선 집안에 전해지고 있다. 이들 언간은 손녀 윤백영 여사가 조용선에게 제공해 『역주본 봉셔』에 수록됨으로써 세상에 알려지게 되었다. 거기에 수록된 언간 외에도 몇 건 더 확인되지만 『역주본 봉셔』에 수록된 것들이 주요

한 것들로 여겨진다. 그것을 기준으로 삼을 경우 신정왕후 관련 언간은 11
건 전해지고 있다. 그 내역을 보면 신정왕후 대필 언간 4건, 서기 이씨 언
간 4건, 천상궁 언간 3건이다. 따라서 이들은 세 부류로 나눌 수 있다.

우선 신정왕후가 집안사람에게 보낸 언간 4건, 이들은 궁인이 대필한 것
으로 윤용구의 부인 정경부인 김씨에게 쓴 것이다. 윤용구와는 어떤 관계
였기에 언간까지 보냈을까. 신정왕후는 효명세자의 부인이며, 효명세자에
게는 세 명의 여동생이 있었다. 여동생 중에서 그래도 살아남았던 동생은
막내 덕온공주이다. 덕온공주는 남녕위 윤의선과 혼인했다. 아이를 낳다가
덕온공주는 세상을 떠났기 때문에, 윤의선은 양자를 받아들였다. 그가 바
로 윤용구이다. 그러니까 덕온공주의 부마 윤의선의 아들이다. 신정왕후에
게는 막내 시누이의 아들이다. 신정왕후로서는 남편과 아들, 그리고 세 시
누이까지 모두 세상을 떠났으니, 시댁 사람으로 윤용구 정도였을 것이다.

다음은 신정왕후전 궁인 언간인데, 그 언간은 다시 신정왕후전 지밀상궁
서기 이씨 언간 4건, 신정왕후전 천상궁 언간 3건이다. 이들 언간 역시 신
정왕후와 관련이 있는 것이다. 이 편지들을 통해서 신정왕후가 덕온공주의
아들 윤용구와 그의 처 정경부인 김씨와 가깝게 지냈으며, 그렇기 때문에
언간을 보냈다는 것을 알 수 있었다. 신정왕후가 '불의의 상사'니 '대효'니
하는 용어를 써가면서 윤용구 집안 상사(喪事)에 대해서 위로의 말을 하거
나, 시누이의 아들 윤용구의 자식, '아가'에게 관심을 갖는 것은 자연스러
운 일이었다. 그 아가는 막내 시누이 덕온공주의 손녀가 되기 때문이다. 그
아가는 다름 아닌 윤백영이었다. 윤백영은 한글 글씨를 잘 썼다. 덕온공주
역시 순원왕후의 글씨를 그대로 이어받은 명필이었다. 덕온공주 → 윤용구
→ 윤백영으로 이어지는 가문의 전승이라 할 수도 있겠다.

최근 고국으로 돌아오게 된 '덕온공주 집안의 한글자료' 역시 이 책에서

얻어낸 결론을 방증해주고 있다고 하겠다. 국립한글박물관에서는 「공쥬, 글시 덕으시니: 덕온공주 집안 3대 한글 유산」이라는 주제로 개관 5주년 기념기획특별전을 기획, 개최하기도 했다. 신정왕후의 언간은 근대사의 급격한 격랑 속에서도 연면히 이어지고 있는 사적인 인연의 연결망과 더불어 인간적인 면모를 여실히 전해주고 있다.

(6) 순명효황후(純明孝皇后, 1872~1904)

순명효황후는 조선조 제27대 국왕이자, 대한제국 제2대 황제 순종의 첫 번째 비이다. 순명효황후 언간은 경주김씨 학주공파 김면주 종가에 소장되어 있다가 1990년 한국학중앙연구원에서 마이크로 필름화하고, 『고문서집성』으로 영인하여 출간했다. 언간 원본은 종손 김환기가 소장하다가 관련 유물과 함께 한국학중앙연구원에 기증(2006), 현재 장서각에서 보관, 관리중이다.

순명효황후의 언간은 11건이 전해지고 있다. 그 언간은 궁중의 최상위 계층의 왕실여성의 언어와 문체를 엿볼 수 있게 해준다. 뿐만 아니라 서체적으로 뛰어난 조형미를 보여준다. 조선왕조실록 등의 공식적인 기록에서 찾아볼 수 없는 사적인 기록이기도 하다. 그런 의미에서도 가치 있는 자료라 하겠다. 그런데 순명효황후의 11건의 언간은 특이하게도 모두 성균관 대사성 김상덕에게 보낸 것이다. 친인척이 아닌 순종의 스승 위관 김상덕에게 편지를 보내고, 또 서로 편지를 주고받았다는 점은 주목할 만하다. 왕실 여성들이 편지를 주고받는 대상은 주로 친인척 범주에 속하는 경우가 많았기 때문이다. 정치적인 사안과 관련해서 왕비가 더러 신하들에게 보낸 편지가 있기는 하지만, 그것은 정치적인 맥락에서 그렇게 한 것이었다.

순명효황후와 김상덕의 관계는 비슷한 예를 찾아볼 수 없는 독특하고 특별한 것이었다. 순명효황후가 김상덕을 알게 된 것은 그가 세자시강원 필선으로 있으면서 세자의 강학을 담당하던 시기였던 것으로 알려졌다. 당시 순명효황후 역시 강학을 받았을 것으로 추론되기도 했다. 김상덕은 규장각 직각, 예조 좌랑을 지냈으며, 1892년 세자시강원 필선, 같은 해 6월 성균관 대사성이 되었다. 김상덕은 세자의 강학을 담당했으며 순명효황후는 위관 김상덕을 존경하는 스승으로 특별하게 여겼던 듯하다. 김상덕은 순명효황후 보다 20세가 더 많았다.

하지만 이 책에서는 순명효황후가 직접 김상덕과 연락을 하게 되는 시점은 세자시강원 시절 보다 시기적으로 좀 더 이후로 내려와야 한다는 점을 새롭게 밝혀냈다. [순명효황후 언간①]에서 "한 번 본 일도 없으니[一面不知]"라는 점을 분명하게 밝히고 있기 때문이다. 따라서 김상덕이 세자의 강학을 담당하던 1892년은 물론, [순명효황후 언간①]이 보내진 적어도 1894년 10월 이전까지 순명효황후는 김상덕과 대면한 적이 없었음을 알 수 있다.

순명효황후는 언간에서 평일 존명만 듣고 서신 한 번 못 했더니, 오늘날 긴히 부탁할 일이 있어, 백 번 믿고, 이 말씀을 드리며, 한 번 본 일도 없다고 했다. 순명효황후는 생각다 못하여 기별하오니라고 했듯이 오랜 생각 끝에 편지를 보낸 것이다. 그녀가 구사하는 말은 아주 간절하고 곡진했다. 게다가 그녀는 자신의 처지에 대해서도 솔직담백하게 토로했다. 부모형제도 없는 혈혈단신에 겸하여 사고무친한 사람이 밤낮으로 하늘을 우러러 탄식했다는 것, 김상덕에 대해서 한 가족 못지않은 정이 생전에 변치 않기를 기약하고자 했다.

순명효황후는 편지 보내는 것에 대해서 아주 조심스러워했다. 그럼에도 오랜 기간에 걸쳐서 서로 편지를 보내고, 답신을 보내고, 다시 편지를 보내는 관계를 유지해갔다. 우선 왕실 여성으로서의 황태자비, 나이 어린 그녀로서는 그야말로 파란만장한 근대사의 흐름을 몸으로 직접 부딪히면서 살았다. 1882년 세자빈에 책봉되어 1904년에 세상을 떠났다. 1882년부터 1904년에 이르는 시기는 임오군란, 갑신정변, 갑오경장, 동학농민운동과 청일전쟁, 을미사변, 아관파천, 대한제국 성립 등 격변의 시대였다. 특히 을미사변에서 시어머니 명성황후가 시해되는 것을 경험하면서 감당하기 어려운 깊은 두려움을 느꼈다. 순명효황후는 본가에 대해서도 가깝게 지내지 않았다. 아마도 외척 세력에 대한 경계, 그리고 외척 집안의 득세 등을 보았기 때문일지도 모르겠다. 그래서 본가에 편지를 보낼 때에는 안부를 묻는 것 이외에는 더 다른 말이 한 마디도 없었다고 한다.

그처럼 급박하게 전개되는 대내외적인 상황에서 순명효황후로서는 정신적으로 기대고 의지할 수 있는 사부와 같은 어른이 필요했을 것이다. 본가의 가족이나 친지들에 대해서 일정한 거리를 두고 있었기 때문이다. 세자와 자신의 스승인 김상덕이 적절한 인물이었을 법하다. 성균관 대사성을 지낸 김상덕은 뛰어난 학문과 인격의 소유자였음에 틀림없었을 것이다. 그녀는 김상덕의 안부를 물었으며, 왕실의 소식도 전했다. 그러는 가운데 답답한 심사와 소회를 털어놓기도 했다. 낙향한 김상덕을 전송하는 편지, 유배에서 풀려난 것을 축하하는 편지, 향리에서 어떻게 지내는지 묻는 답장 편지 등을 보냈다. 나아가 김상덕에게 벼슬길로 나서라는 것을 강하게 권유하기도 하고, 나아가 국사를 위하여 한 목숨 아끼지 말고 충성을 다해 주기를 요청하기도 했다. 왕실의 소식을 전하면서 자신의 답답한 심사와 소회를 털어놓기도 했다. 편지에 꼭 답장을 하라는 솔직한 요청을 하고, 벼슬길로 나설 것을 강하게 권하기도 했다. 순명효황후가 그에게 보낸 언간을 통해서 우리는 구한말 격동의 근대사 속에서 살아간 한 왕실여성의 생활세계와 그 사유의 일면을 살펴볼 수 있다.

이상의 요약과 정리를 통해서도 알 수 있겠지만, 왕실 여성들은 언간을 통해서 개인적이고 일상적인 생활세계를 충분히 영위할 수 있었다. 인간의 본연적인 감정과 자식 사랑 등을 여실히 표현하고 또 전달했던 것이다. 또한 측근들에게 그리고 때로는 양반 사대부에게 직접적으로 자신의 깊은 뜻을 전달하기도 했다. 말하자면 고도의 정치적인 함의가 담긴 행위까지도 구사했던 것이다. 그런 만큼 이 책은 필자가 왕실 여성이 남겨놓은 언간을 토대로 해서 왕실 여성의 구체적인 생활세계와 사회상을 나름대로 파악, 재구성해본 것이라 해도 좋을 것이다.

이 책에서는 왕실 여성이 남겨놓은 언간을 토대로 왕실 여성의 구체적인 생활세계와 사회상을 파악할 수 있었다. 조선시대 여성사 연구 나아가 생활사 연구에도 작으나마 도움이 될 수 있었으면 좋겠다. 이제 왕실여성의 생활세계 연구와 해석을 한층 더 심화시켜 가기 위해서는 왕후가 언문으로 내린 교서, 즉 언교와 언문으로 쓴 저작들[한중록 등]도 같이 검토해가야 한다는 점을 덧붙여두고자 한다. 왕실여성의 삶과 생활세계를 온전히 파악하고 재구성해기 위해서는 언간과 언교, 그리고 언문 저작이라는 자료를 종합적으로 이용하는 것이 바람직하다고 생각하기 때문이다.[1] 이는 필자가 앞으로 나아가야 할 연구의 방향이라 해도 좋겠다.

---

1 언문으로 쓴 자료라는 측면에서 볼 때 언문으로 쓴 편지, 언간의 분량이 언교나 언문 저작에 비해서 월등히 많다. 이남희, 「조선시대 언문자료와 왕실여성의 생활세계: 언간과 언교 그리고 언문저술」, 『인문학연구』 29, 2020 참조

● [부록] 조선시대 왕실여성의 언간 자료 현황

순번	개별 명칭	발신자	수신자	연대
1	긔운이나편안ᄒᆞᆸ신가ᄒᆞᆸ노이다	인목왕후	정빈(측근)	1623
2	극열의ᄂᆞ려가니셔증으로분별ᄒᆞ더니	인목왕후(고모)	김천석(조카)	1623
3	글월보고무스히이시니	장렬왕후(할머니)	숙명공주(손녀)	1652~1688
4	글월보고친히본듯든든	장렬왕후(할머니)	숙명공주(손녀)	1652~1688
5	글월보고야간됴히이시니	장렬왕후(할머니)	숙휘공주(손녀)	1642~1688
6	글월보고친히본듯든든	장렬왕후(할머니)	숙휘공주(손녀)	1642~1688
7	글월보고무스ᄒᆞ니 깃거ᄒᆞ며	인선왕후(어머니)	숙명공주(딸)	1652~1674
8	글월보고무양히곰이시니	인선왕후(어머니)	숙명공주(딸)	1659~1671
9	글월보고무스ᄒᆞ니깃거ᄒᆞ며	인선왕후(어머니)	숙명공주(딸)	1660
10	글월보고무양ᄒᆞ니깃거ᄒᆞ며	인선왕후(어머니)	숙명공주(딸)	1652~1674
11	우ᄒᆞ로겨오오샤졍승이	인선왕후(어머니)	숙명공주(딸)	1657
12	글월보고무양ᄒᆞ니깃거ᄒᆞ며	인선왕후(어머니)	숙명공주(딸)	1652~1674
13	글월보고무스ᄒᆞ니깃거ᄒᆞ며	인선왕후(어머니)	숙명공주(딸)	1652~1674
14	글월보고무스히이시니깃거ᄒᆞ며	인선왕후(어머니)	숙명공주(딸)	1659~1671
15	글월보고무스ᄒᆞ니깃거ᄒᆞ며	인선왕후(어머니)	숙명공주(딸)	1654
16	글월보고친히보는듯든든	인선왕후(어머니)	숙명공주(딸)	1652~1674
17	글월보고무스ᄒᆞ니깃거ᄒᆞ며보는듯	인선왕후(어머니)	숙명공주(딸)	1652~1662
18	글월보고무스히이시니깃거ᄒᆞ며	인선왕후(어머니)	숙명공주(딸)	1652~1674
19	글월보고무스히이시니깃거ᄒᆞ며	인선왕후(어머니)	숙명공주(딸)	1652~1674
20	글월보고무스히이시니깃거ᄒᆞ며	인선왕후(어머니)	숙명공주(딸)	1652~1674
21	글월보고무스ᄒᆞ니깃거ᄒᆞ며보는듯든든	인선왕후(어머니)	숙명공주(딸)	1652~1674
22	글월보고무스ᄒᆞ니깃거ᄒᆞ며보는듯	인선왕후(어머니)	숙명공주(딸)	1652~1674
23	글월보고무스ᄒᆞ니깃거ᄒᆞ며보는듯든든	인선왕후(어머니)	숙명공주(딸)	1652~1674
24	글월보고무스히이시니깃거ᄒᆞ며보는듯든든	인선왕후(어머니)	숙명공주(딸)	1652~1674
25	글월보고무양ᄒᆞ니깃거ᄒᆞ며보는듯	인선왕후(어머니)	숙명공주(딸)	1652~1674
26	글월보고친히보는듯든든반가내안질도	인선왕후(어머니)	숙명공주(딸)	1652~1674
27	글월보고무스ᄒᆞ니깃거ᄒᆞ며보는듯	인선왕후(어머니)	숙명공주(딸)	1662
28	글월보고무스ᄒᆞ니깃거ᄒᆞ며보는듯	인선왕후(어머니)	숙명공주(딸)	1660
29	글월보고무스히이시니깃거ᄒᆞ며	인선왕후(어머니)	숙명공주(딸)	1652~1674
30	글월보고무양ᄒᆞ니깃거ᄒᆞ며	인선왕후(어머니)	숙명공주(딸)	1652~1674
31	글월보고무스히이시니깃거ᄒᆞ며	인선왕후(어머니)	숙명공주(딸)	1652~1674
32	글월보고무스ᄒᆞ니깃거ᄒᆞ며보는듯	인선왕후(어머니)	숙명공주(딸)	1662
33	글월보고무스ᄒᆞ니깃거ᄒᆞ며	인선왕후(어머니)	숙명공주(딸)	1662

순번	개별·명칭	발신자	수신자	연대
34	글월보고무ㅅㅎ니깃거ㅎ며	인선왕후(어머니)	숙명공쥬(딸)	1652~1674
35	글월보고무ㅅ히이시니깃거ㅎ며	인선왕후(어머니)	숙명공쥬(딸)	1666
36	글월보고무ㅅ히이시니깃거ㅎ며	인선왕후(어머니)	숙명공쥬(딸)	1652~1674
37	글월보고무ㅅㅎ니깃거ㅎ며	인선왕후(어머니)	숙명공쥬(딸)	1656~1668
38	글월보고무ㅅㅎ니깃거ㅎ며반가와ㅎ노라	인선왕후(어머니)	숙명공쥬(딸)	1652~1674
39	글월보고무ㅅㅎ니깃거ㅎ며반가와ㅎ노라	인선왕후(어머니)	숙명공쥬(딸)	1664
40	글월보고무양히이시니깃거ㅎ며친히	인선왕후(어머니)	숙명공쥬(딸)	1652~1674
41	글월보고졈은날무ㅅ히나간안부알고	인선왕후(어머니)	숙명공쥬(딸)	1652~1674
42	글월보고무양히이시니깃거ㅎ며	인선왕후(어머니)	숙명공쥬(딸)	1652~1674
43	글월보고무양히이시니깃거ㅎ며보는듯	인선왕후(어머니)	숙명공쥬(딸)	1652~1674
44	글월보고무ㅅ히이시니깃거ㅎ며	인선왕후(어머니)	숙명공쥬(딸)	1652~1674
45	글월보고무ㅅㅎ니깃거ㅎ며보는듯	인선왕후(어머니)	숙명공쥬(딸)	1652~1674
46	글월보고친히보는듯든든	인선왕후(어머니)	숙명공쥬(딸)	1652~1674
47	글월보고무ㅅㅎ니깃거ㅎ며보는듯	인선왕후(어머니)	숙명공쥬(딸)	1652~1674
48	글월보고무ㅅㅎ니깃거ㅎ며	인선왕후(어머니)	숙명공쥬(딸)	1652~1674
49	거됴글시보고보는듯몯내반기며	인선왕후(어머니)	숙명공쥬(딸)	1652~1674
50	글월보고무ㅅ히이시니깃거ㅎ며	인선왕후(어머니)	숙명공쥬(딸)	1652~1674
51	글월보고무ㅅ히이시니깃거ㅎ며	인선왕후(어머니)	숙명공쥬(딸)	1652~1674
52	글월보고무ㅅㅎ니깃거ㅎ며	인선왕후(어머니)	숙명공쥬(딸)	1652~1674
53	글월보고무ㅅ히둘이시니깃거ㅎ며	인선왕후(어머니)	숙명공쥬(딸)	1652~1674
54	글월보고무양히둘이시니깃거ㅎ며	인선왕후(어머니)	숙명공쥬(딸)	1652~1674
55	글월보고무양히이시니깃거ㅎ며	인선왕후(어머니)	숙명공쥬(딸)	1652~1674
56	글월보고든든반기나담증으로알파ㅎ다ㅎ니	인선왕후(어머니)	숙명공쥬(딸)	1652~1674
57	글월보고무ㅅ히이시니깃거ㅎ며보는듯	인선왕후(어머니)	숙명공쥬(딸)	1652~1674
58	글월보고무양ㅎ니깃거ㅎ며보는듯	인선왕후(어머니)	숙명공쥬(딸)	1652~1674
59	글월보고무양ㅎ니깃거ㅎ며다시보는듯	인선왕후(어머니)	숙명공쥬(딸)	1652~1674
60	글월보고무ㅅ히이시니깃거ㅎ며	인선왕후(어머니)	숙휘공쥬(딸)	1653~1662
61	글월보고무양히이시니깃거ㅎ며	인선왕후(어머니)	숙휘공쥬(딸)	1653~1662
62	글월보고무ㅅ히잔안부알고깃거ㅎ며	인선왕후(어머니)	숙휘공쥬(딸)	1653
63	글월보고무ㅅㅎ니깃거ㅎ며보는듯	인선왕후(어머니)	숙휘공쥬(딸)	1642~1674
64	글월보고무ㅅ하니깃거ㅎ며	인선왕후(어머니)	숙휘공쥬(딸)	1653~1674
65	글월보고무ㅅ히이시니깃거ㅎ며	인선왕후(어머니)	숙휘공쥬(딸)	1653~1662
66	여러날글시도못보니섭섭ㅎ여	인선왕후(어머니)	숙명공쥬(딸)	1660
67	글월보고무ㅅ히이시니깃거ㅎ며	인선왕후(어머니)	숙명공쥬(딸)	1653~1674
68	글월보고친히보는듯든든	인선왕후(어머니)	숙명공쥬(딸)	1642~1674
69	글월보고무ㅅ히이시니깃거ㅎ며	인선왕후(어머니)	숙명공쥬(딸)	1653~1662
70	글월보고무ㅅㅎ니깃거ㅎ며	인선왕후(어머니)	숙휘공쥬(딸)	1653~1674

순번	개별 명칭	발신자	수신자	연대
71	글월보고무스ᄒ니깃거ᄒ며	인선왕후(어머니)	숙휘공주(딸)	1653~1662
72	글월보고무스ᄒ니그지업스나부마의	인선왕후(어머니)	숙휘공주(딸)	1653~1662
73	글월보고무양ᄒ니깃거ᄒ며	인선왕후(어머니)	숙휘공주(딸)	1653~1674
74	글월보고보논ᄃᆺ든든반기나부마의	인선왕후(어머니)	숙휘공주(딸)	1653~1662
75	글월보고무스ᄒ니거거ᄒ며	인선왕후(어머니)	숙휘공주(딸)	1653~1674
76	글월보웁고평안ᄒ옵시니그지업스와	명성왕후(올케)	숙명공주(시누이)	1651~1683
77	요스이긔운이나무스히대내옵시논가아옵고져	명성왕후(올케)	숙명공주(시누이)	1662
78	글시보고됴히이시니깃거ᄒ며	명성왕후(어머니)	명안공주(딸)	1667~1683
79	글시보고친히보논ᄃᆺ그덧스이나든든	명성왕후(어머니)	명안공주(딸)	1680~1683
80	신셰예됴히디내논안부	명성왕후(어머니)	명안공주(딸)	1667~1683
81	글시보고다시보논ᄃᆺ든든	명성왕후(어머니)	명안공주(딸)	1667~1683
82	션됴례우ᄒ시던원노대신으로	명성왕후(어머니)	송시열(측근)	1680
83	덕스오시니보웁고 평안ᄒ오시니	인현왕후(조카며느리)	숙휘공주(시고모)	1681~1685
84	덕스오시니보웁고친히뵈옵논ᄃᆺ든든ᄒ와	인현왕후(조카며느리)	숙휘공주(시고모)	1681~1689 1694~1696
85	요스이긔운이나엇더ᄒ오신고아옵고져	인현왕후(조카며느리)	숙휘공주(시고모)	1681~1689 1694~1696
86	야간 긔후엇더ᄒ오신고아옵고져ᄒᄋ며	인현왕후(조카며느리)	숙휘공주(시고모)	1685
87	야간 평안ᄒ오신일아옵고져ᄒᄋ며	인현왕후(조카며느리)	숙휘공주(시고모)	1685
88	츄기고로디못ᄒ온더	헌경왕후(올케)	화순옹주(시누이)	1754~1757
89	쥬샹이 지통 듕 둘포 심녀로 디내옵시고	헌경왕후	채제공(측근)	1789
90	고답답ᄒ다녀 위ᄒ야위츅불공 디내엿더니	정순왕후(고모)	김노서(조카)	1802~1804
91	글시보고오늘도어제와	정순왕후(고모)	김노서(조카)	1802~1804
92	밤의잠잘갓다ᄒ니	정순왕후(고모)	김노서(조카)	1802~1804
93	글시보고전패최촉	정순왕후(고모)	김노서(조카)	1803
94	야간안부알고져ᄒ며오늘	정순왕후(고모)	김노서(조카)	1797
95	글시보고든든ᄒ다우샹게	정순왕후(고모)	김노서(조카)	1802~1804
96	글시보고든든ᄒ며격긔가	정순왕후(고모)	김노서(조카)	1802~1804
97	글시보고안성도뉘게	정순왕후(고모)	김노서(조카)	1802~1804
98	글시든든ᄒ나병이	정순왕후(고모)	김노서(조카)	1802~1804
99	글시보고그스이엇디ᄒ야	정순왕후(고모)	김노서(조카)	1802~1804
100	글시보고든든ᄒ며 뎡슌	정순왕후(고모)	김노서(조카)	1802~1804
101	오늘 은슈명슈만복구전홀싱일이니	정순왕후(고모)	김노서(조카)	1802~1804
102	회셔보고좀잘사고	정순왕후(고모)	김노서(조카)	1802~1804
103	둘포병환이위황이디내오시니	정순왕후(고모)	김노서(조카)	1786
104	누ᄎ 되면 이 곳터아니 드러오면 ᄯᅩ 엇디 곳치	정순왕후(고모)	김노서(조카)	1802~1804
105	봉셔밧즈와야간	정순왕후(고모)전 궁녀(대필)	김노서(조카)	1802~1804

순번	개별 명칭	발신자	수신자	연대
106	뇨우지리ᄒ더니수일은쳥ᄒᄃᆺᄒ니	순원왕후(재종누이)	김흥근(재종동생)	1851
107	츈일이휜챵ᄒ니	순원왕후(재종누이)	김흥근(재종동생)	1851
108	일한의엇디디내ᄂ디향념ᄇ리디	순원왕후(재종누이)	김흥근(재종동생)	1849
109	다론말아니ᄒ니블힝이내집의	순원왕후(재종누이)	김흥근(재종동생)	1837~1850
110	일긔화란ᄒ더평안이대내ᄂ	순원왕후(재종누이)	김흥근(재종동생)	1841
121	오래미류ᄒ며던질양이쾌건ᄒ야	순원왕후(재종누이)	김흥근(재종동생)	1842~1851
122	일긔쳥낭ᄒ니	순원왕후(재종누이)	김흥근(재종동생)	1837/1851
123	일젼답봉셔보고평안이대내	순원왕후(재종누이)	김흥근(재종동생)	1850년대경
124	츈한이오히려심ᄒ니	순원왕후(재종누이)	김흥근(재종동생)	1841년경
125	말츈일긔심히브뎍ᄒ니	순원왕후(재종누이)	김흥근(재종동생)	1851
126	녕샹은양쥬ᄀ디가시니돈쳑ᄒ여	순원왕후(재종누이)	김흥근(재종동생)	1851
127	이말ᄒ번ᄒ고져ᄒ디아딕날이잇기아니	순원왕후(재종누이)	김흥근(재종동생)	1851
128	연힝으로사폐를ᄒ니셥셥	순원왕후(재종누이)	김흥근(재종동생)	1837
129	일한이두극ᄒ니	순원왕후(재종누이)	김흥근(재종동생)	1844년경
130	셰월이믈ᄀᆺ트아어진간효뎡뎐	순원왕후(재종누이)	김흥근(재종동생)	1851~1852
131	믄안은쟉셕졔졀은일양	순원왕후(재종누이)	김흥근(재종동생)	1805년대경
132	뇨염이극ᄒ니평안이대내ᄂ디ᄇ리디	순원왕후(재종누이)	김흥근(재종동생)	1844
133	긔도평안ᄒ일일고져ᄒ며거동이	순원왕후(재종누이)	김흥근(재종동생)	1850
134	기드리던비ᄂ두루족홉다ᄒ니다힝ᄒᄋᆸ더니	순원왕후(재종누이)	김흥근(재종동생)	1851
135	포숨을어련잘조쳐ᄒ시랴ᄒ더	순원왕후(재종누이)	김흥근(재종동생)	1850
136	츈한이심ᄒ니	순원왕후(재종누이)	김흥근(재종동생)	1851
137	그ᄉ이평안이대내ᄂ디	순원왕후(재종누이)	김흥근(재종동생)	1840~1850
138	긔도평듕ᄒ신일아옵고져ᄒ오며	순원왕후(재종누이)	김흥근(재종동생)	1851
139	일젼입시의셔ᄂ보앗거니와	순원왕후(재종누이)	김흥근(재종동생)	1838~1839
140	수일은화챵ᄒ니년ᄒ야	순원왕후(재종누이)	김흥근(재종동생)	1834~1849
141	이문니ᄒ엿ᄂ니이졔ᄂ무고지인이니	순원왕후(재종누이)	김흥근(재종동생)	1851
142	츈일브됴ᄒ더그ᄉ이여	순원왕후(재종누이)	김흥근(재종동생)	1851
143	일긔한난이블일ᄒ니평안이	순원왕후(재종누이)	김흥근(재종동생)	1850~1857
144	향닉민달용의일은대강	순원왕후(재종누이)	김흥근(재종동생)	1847~1849
145	네어룬은원노한뎡의평안이	순원왕후(재종누이)	김흥근(재종동생)	1849
146	금년더위ᄂ소무젼고ᄒᄃᆺᄒ니	순원왕후(재종누이)	김흥근(재종동생)	1853~1857
147	은수를므러와회환고토ᄒ여	순원왕후(재종누이)	김흥근(재종동생)	1849
148	기츈후한온이블일ᄒᄋ니	순원왕후(재종누이)	김흥근(재종동생)	1855
149	안악의샹변쳔만의려밧기니	순원왕후(재종누이)	김흥근(재종동생)	1853~1857
150	네부공은은샤를므러와오게	순원왕후(재종누이)	김흥근(재종동생)	1849
151	일긔극열ᄒ니이동안은	순원왕후(재종누이)	김흥근(재종동생)	1849~1850
152	황궁이브조ᄒ여대힝왕이신민을ᄇ리시니	순원왕후(재종누이)	김흥근(재종동생)	1849

순번	개별 명칭	발신자	수신자	연대
153	일긔증습ᄒ니엇디디내ᄂ디	순원왕후(재종누이)	김흥근(재종동생)	1849
154	드르니샹경타ᄒ니든든ᄒ나	순원왕후(재종누이)	김흥근(재종동생)	1842
155	직작월병녕시노염이더옥극심ᄒ니	순원왕후(재종누이)	김흥근(재종동생)	1848
156	너는가셔수삭이나잇는가ᄒ엿더니	순원왕후(재종누이)	김흥근(재종동생)	1848~1849
157	마염이심ᄒ니년ᄒ여빗치ᄂ듯엇디디	순원왕후(재종누이)	김흥근(재종동생)	1846
158	원노힝역을평안이ᄒ여겨	순원왕후(재종누이)	김흥근(재종동생)	1856년경
159	봉셔ᄒ와ᄉ연은보아시니	순원왕후(재종누이)	김흥근(재종동생)	1846
160	한온이브덕ᄒ더이ᄉ이	순원왕후(재종누이)	김흥근(재종동생)	1854
161	너희부공은의외에엄견을	순원왕후(7촌고모)	김병덕(7촌조카)	1848~1849
162	천만몽미밧듕졔롤만나니	순원왕후(7촌고모)	김병덕(7촌조카)	1842
163	신셰의긔운평안ᄒ신일알고져ᄒ오며	순원왕후(재종누이)	김흥근(재종동생)	1850~1857
164	환셰평안이ᄒ시고신졍	순원왕후(재종누이)	김흥근(재종동생)	1855년
165	드르니어제드러와뎌녀나가다ᄒ니	순원왕후(재종누이)	김흥근(재종동생)	1850년경
166	거일답찰보고든든반가오나	순원왕후(재종누이)	김흥근(재종동생)	1850년경
167	뎌젹ᄆ이블평ᄒ믄나으나	순원왕후(재종누이)	김흥근(재종동생)	1857
168	수일간량의우긴ᄒ니	순원왕후(재종누이)	김흥근(재종동생)	1853/1856
169	금년여룸ᄀᆺ튼무젼혹염이	순원왕후(7촌고모)	김병주(7촌조카)	1834~1849
170	일한이엄혹ᄒ니이ᄉ이는	순원왕후(재종누이)	김흥근(재종동생)	1842
171	동일이과란ᄒ째만ᄒ니	순원왕후(재종누이)	김흥근(재종동생)	1852
172	일간견비통엇디ᄒ가ᄆ이	순원왕후(재종누이)	김흥근(재종동생)	1850년경
173	근일쳥화됴균ᄒ니	순원왕후(재종누이)	김흥근(재종동생)	1855
174	봉셔보고일긔즁울ᄒ기	순원왕후(장모)	남령위(사위)	1834~1841
175	두슌봉셔보고작일챵황이	순원왕후(어머니)	덕온공주?(딸)	1841
176	친환으로날포쵸젼ᄒ여	순원왕후(장모)	남령위(사위)	1834~1841
177	갈망ᄒ던회우ᄂ패연ᄒ나	순원왕후(장모)	남령위(사위)	1837~1844
178	글시보고단염의	신정왕후	집안사람(미상)	1860년대~1887
179	봉셔보고쳥츄의시봉	신정왕후	집안사람(미상)	1875~1887
180	봉셔보고일긔즁울ᄒ더년	신정왕후	집안사람(미상)	1853~1889
181	글시보고일한이심ᄒ더	신정왕후	집안사람(미상)	1853~1887
182	봉셔보옵고지한의	효정왕후	집안사람(미상)	1844~1903
183	봉셔보고노염의	효정왕후	집안사람(미상)	1845~1887
184	봉셔보고극셔의	효정왕후	집안사람(미상)	1844~1903
185	봉셔보고초하의	효정왕후	집안사람(미상)	1891~1903
186	봉셔보고신원의무양ᄒ안부	효정왕후	집안사람(미상)	1845~1903
187	글시보고하일이브죠ᄒ더년ᄒ야	철인왕후	집안사람(미상)	1851~1863
188	글시보고 잘디니ᄂ일알고	철인왕후	집안사람(미상)	1857~1877
189	글시보고야간무탈ᄒ일	명성황후(고모)	민영쇼조카)	1882~1895

순번	개별 명칭	발신자	수신자	연대
190	글시보고야간무탈호일든든	명성황후(고모)	민영쇼(조카)	1882~1895
191	글시보고야간잘잔일든든	명성황후(고모)	민영쇼(조카)	1882~1895
192	글시보고야간무탈호일든든호며	명성황후(고모)	민영쇼(조카)	1882~1895
193	글시보고야간무탈호일든든호며	명성황후(고모)	민영쇼(조카)	1882~1895
194	글시보고야간잘잔일든든호며	명성황후(고모)	민영쇼(조카)	1882~1895
195	글시보고야간잘잔일든든호며	명성황후(고모)	민영쇼(조카)	1882~1895
196	글시보고야간무탈호일든든호며	명성황후(고모)	민영쇼(조카)	1882~1895
197	글시보고야간무탈호일든든호며예는	명성황후(고모)	민영쇼(조카)	1882~1895
198	봉셔보고야간무탈호일든든호며	명성황후(고모)	민영쇼(조카)	1882~1895
199	글시보고야간무탈호일든든호며	명성황후(고모)	민영쇼(조카)	1882~1895
200	글시보고야간안길일든든호며	명성황후(고모)	민영쇼(조카)	1882~1895
201	글시보고야간무탈호일든든호며	명성황후(고모)	민영쇼(조카)	1882~1895
202	글시보고야간잘잔일든든호며	명성황후(고모)	민영쇼(조카)	1882~1895
203	글시보고야간무탈호일든든호며	명성황후(고모)	민영쇼(조카)	1882~1895
204	글시보고야간잘잔일든든호며	명성황후(고모)	민영쇼(조카)	1882~1895
205	글시보고야간무탈호일든든호며	명성황후(고모)	민영쇼(조카)	1882~1895
206	글시보고야간무탈호일든든호며	명성황후(고모)	민영쇼(조카)	1882~1895
207	글시보고야간무탈호일든든호고	명성황후(고모)	민영쇼(조카)	1882~1895
208	글시보고야간잘잔일든든호며	명성황후(고모)	민영쇼(조카)	1882~1895
209	글시보고야간잘잔일든든호며	명성황후(고모)	민영쇼(조카)	1882~1895
210	글시보고야간무탈호일든든호며예는	명성황후(고모)	민영쇼(조카)	1882~1895
211	글시보고야간무탈호일든든호며예는	명성황후(고모)	민영쇼(조카)	1882~1895
212	글시보고야간무탈호일든든호나종괴로	명성황후(고모)	민영쇼(조카)	1882~1895
213	글시보고든든호나사양이괴로온일답답호며	명성황후(고모)	민영쇼(조카)	1882~1895
214	글시보고야간무탈호일든든호며	명성황후(고모)	민영쇼(조카)	1882~1895
215	글시보고야간무탈호일든든호며	명성황후(고모)	민영쇼(조카)	1882~1895
216	글시보고야간잘잔일든든호며예는	명성황후(고모)	민영쇼(조카)	1882~1895
217	글시보고야간잘잔일든든호며	명성황후(고모)	민영쇼(조카)	1882~1895
218	작일잇고슈슈못호야기다시뎍는다	명성황후(고모)	민영쇼(조카)	1882~1895
219	글시보고야간잘잔일든든호며예는상후문안	명성황후(고모)	민영쇼(조카)	1882~1895
220	글시보고야간무탈호일든든호고	명성황후(고모)	민영쇼(조카)	1882~1895
221	글시보고야간무탈호일든든호며	명성황후(고모)	민영쇼(조카)	1882~1895
222	글시보고야간잘전일든든호며예는상후문안	명성황후(고모)	민영쇼(조카)	1882~1895
223	글시보고야간무탈호일든든호며예는	명성황후(고모)	민영쇼(조카)	1882~1895
224	글시보고야간잘잔일든든호며예는	명성황후(고모)	민영쇼(조카)	1882~1895
225	글시보고야간무탈호일든든호며	명성황후(고모)	민영쇼(조카)	1882~1895
226	글시보고야간무탈호일든든호며예는	명성황후(고모)	민영쇼(조카)	1882~1895

순번	개별 명칭	발신자	수신자	연대
227	글시보고야간무탈흐일듣든흐며예는	명성황후(고모)	민영쇼(조카)	1882~1895
228	글시보고야간무탈흐일듣든흐며예는	명성황후(고모)	민영쇼(조카)	1882~1895
229	글시보고야간무탈흐일듣든흐며예는	명성황후(고모)	민영쇼(조카)	1882~1895
230	글시보고야간잘잔일듣든흐며예는	명성황후(고모)	민영쇼(조카)	1882~1895
231	글시보고야간잘잔일듣든흐며예는상후문안	명성황후(고모)	민영쇼(조카)	1882~1895
232	글시보고야간잘잔일듣든흐며형님긔셔는	명성황후(고모)	민영쇼(조카)	1882~1895
233	글시보고야간잘잔일듣든흐며예는	명성황후(고모)	민영쇼(조카)	1882~1895
234	글시보고야간잘잔일듣든흐며예는	명성황후(고모)	민영쇼(조카)	1882~1895
235	글시보고야간잘잔일듣든흐며예는	명성황후(고모)	민영쇼(조카)	1882~1895
236	글시보고야간잘잔일듣든흐며예는	명성황후(고모)	민영쇼(조카)	1882~1895
237	글시보고야간무탈흐일듣든흐며예는	명성황후(고모)	민영쇼(조카)	1882~1895
238	글시보고야간무탈흐일듣든흐며예는	명성황후(고모)	민영쇼(조카)	1882~1895
239	글시보고야간잘잔일듣든흐며예는	명성황후(고모)	민영쇼(조카)	1890~1895
240	글시보고든든흐며성기운이게는혹네편지가	명성황후(고모)	민영쇼(조카)	1882~1895
241	글시보고야간무탈흐일듣든흐며예는	명성황후(고모)	민영쇼(조카)	1892
242	글시보고든든흐며안쥰옥이는이쳔보너여다	명성황후(고모)	민영쇼(조카)	1891
243	글시보고든든흐며오늘원쳔젼은아니되고	명성황후(고모)	민영쇼(조카)	1883~1895
244	글시보고야간무탈흐일듣든흐며예는	명성황후(고모)	민영쇼(조카)	1892
245	글시보고야간무탈흐일듣든흐며예는	명성황후(고모)	민영쇼(조카)	1892~1895
246	글시보고야간잘잔일듣든흐며예는	명성황후(고모)	민영쇼(조카)	1880~1895
247	글시보고야간잘잔일듣든흐며예는	명성황후(고모)	민영쇼(조카)	1890~1895
248	글시보고야간무탈흐일듣든흐며예는	명성황후(고모)	민영쇼(조카)	1882~1895
249	글시보고야간무탈흐일듣든흐며예는	명성황후(고모)	민영쇼(조카)	1882~1895
250	글시보고야간무탈흐일듣든흐며예는	명성황후(고모)	민영쇼(조카)	1882~1895
251	글시보고야간잘잔일듣든흐며예는	명성황후(고모)	민영쇼(조카)	1882~1895
252	디츅은권영슈로흐게흐야라	명성황후(고모)	민영쇼(조카)	1891
253	글시보고든든흐며교영은의레이흐실터히니	명성황후(고모)	민영쇼(조카)	1882~1895
254	글시보고야간무탈흐일듣든흐며예는	명성황후(고모)	민영쇼(조카)	1882~1895
255	글시보고야간잘잔일듣든흐며예는	명성황후(고모)	민영쇼(조카)	1882~1895
256	글시보고야간무탈흐일듣든흐며예는	명성황후(고모)	민영쇼(조카)	1882~1895
257	글시보고야간무탈흐일듣든흐며예는	명성황후(고모)	민영쇼(조카)	1882~1895
258	글시보고야간무탈흐일듣든흐며예는	명성황후(고모)	민영쇼(조카)	1882~1895
259	글시보고야간잘잔일듣든흐며예는	명성황후(고모)	민영쇼(조카)	1882~1895
260	글시보고야간잘잔일듣든흐며예는	명성황후(고모)	민영쇼(조카)	1882~1895
261	글시보고야간무탈흐일듣든흐며예는	명성황후(고모)	민영쇼(조카)	1882~1895
262	글시보고야간무탈흐일듣든흐며예는	명성황후(고모)	민영쇼(조카)	1882~1895
263	글시보고야간무탈흐일듣든흐며예는	명성황후(고모)	민영쇼(조카)	1882~1895

순번	개별 명칭	발신자	수신자	연대
264	글시보고야간무탈ᄒ일든든ᄒ며예논	명성황후(고모)	민영쇼(조카)	1882~1895
265	글시보고야간무탈ᄒ일든든ᄒ며예논	명성황후(고모)	민영쇼(조카)	1883
266	글시보고야간무탈ᄒ일든든ᄒ며예논	명성황후(고모)	민영쇼(조카)	1891
267	글시보고든든ᄒ며향셔도무탈은ᄒ일	명성황후(고모)	민영쇼(조카)	1883/1887
268	앗가슈슈듕잇고못ᄒ앗다통영비쟝김철희가	명성황후(고모)	민영쇼(조카)	1882~1895
269	글시보고야간무탈ᄒ일든든ᄒ며예논	명성황후(고모)	민영쇼(조카)	1882~1895
270	글시보고야간무탈ᄒ일든든ᄒ며예논	명성황후(고모)	민영쇼(조카)	1894
271	글시보고야간무탈ᄒ일든든ᄒ며예논	명성황후(고모)	민영쇼(조카)	1882~1895
272	글시보고야간잘잔일든든ᄒ며예논	명성황후(고모)	민영쇼(조카)	1890
273	글시보고야간잘잔일든든ᄒ며예논	명성황후(고모)	민영쇼(조카)	1886~1895
274	글시보고든든ᄒ며니모의일은넘녀업지아니	명성황후(고모)	민영쇼(조카)	1886~1895
275	글시보고야간무탈ᄒ일든든ᄒ며예논	명성황후(고모)	민영쇼(조카)	1882~1895
276	글시보고야간무탈ᄒ일든든ᄒ고예논	명성황후(고모)	민영쇼(조카)	1882~1895
277	글시보고야간잘잔일든든ᄒ며예논	명성황후(고모)	민영쇼(조카)	1882~1895
278	글시보고야간잘잔일든든ᄒ며예논	명성황후(고모)	민영쇼(조카)	1882~1895
279	글시보고야간무탈ᄒ일든든ᄒ며예논	명성황후(고모)	민영쇼(조카)	1882~1895
280	글시보고야간잘잔일든든ᄒ며예논	명성황후(고모)	민영쇼(조카)	1882~1895
281	글시보고야간무탈ᄒ일든든ᄒ나셔증낫지	명성황후(고모)	민영쇼(조카)	1894
282	글시보고야간잘잔일든든ᄒ며예논	명성황후(고모)	민영쇼(조카)	1885~1890
283	앗가논쳥관잔치가나진쥴알아드니밤이라니	명성황후(고모)	민영쇼(조카)	1882~1895
284	글시보고야간무탈ᄒ일든든ᄒ며예논	명성황후(고모)	민영쇼(조카)	1894
285	글시보고야간잘잔일든든ᄒ며예논	명성황후(고모)	민영쇼(조카)	1882~1895
286	글시보고야간무탈ᄒ일든든ᄒ며예논	명성황후(고모)	민영쇼(조카)	1893
287	글시보고든든ᄒ며이번의논니호철이아니면	명성황후(고모)	민영쇼(조카)	1882~1895
288	글시보고야간무탈ᄒ일든든ᄒ며예논	명성황후(고모)	민영쇼(조카)	1891~1895
289	글시보고야간무탈ᄒ일든든ᄒ며예논	명성황후(고모)	민영쇼(조카)	1889~1895
290	글시보고야간잘잔일든든ᄒ며예논	명성황후(고모)	민영쇼(조카)	1882~1895
291	글시보고야간무탈ᄒ일든든ᄒ며예논	명성황후(고모)	민영쇼(조카)	1882~1895
292	글시보고야간잘잔일든든ᄒ며예논	명성황후(고모)	민영쇼(조카)	1882~1895
293	글시보고야간잘잔일든든ᄒ나셩치아니ᄒ일	명성황후(고모)	민영쇼(조카)	1882~1895
294	글시보고야간무탈ᄒ일든든ᄒ며예논	명성황후(고모)	민영쇼(조카)	1882~1895
295	글시보고긔별ᄒ말은보앗스나아직날지도	명성황후(고모)	민영쇼(조카)	1882~1895
296	글시보고야간무탈ᄒ일든든ᄒ며예논	명성황후(고모)	민영쇼(조카)	1882~1895
297	글시보고야간무탈ᄒ일든든ᄒ며예논	명성황후(고모)	민영쇼(조카)	1882~1895
298	글시보고야간무탈ᄒ일든든ᄒ며예논	명성황후(고모)	민영쇼(조카)	1882~1895
299	글시보고야간잘잔일든든ᄒ며예논	명성황후(고모)	민영쇼(조카)	1882~1895
300	글시보고야간무탈ᄒ일든든ᄒ며예논	명성황후(고모)	민영쇼(조카)	1882~1895

순번	개별 명칭	발신자	수신자	연대
301	글시보고야간무탈ᄒ일든든ᄒ며예논	명성황후(고모)	민영쇼(조카)	1882~1895
302	글시보고야간무탈ᄒ일든든ᄒ며예논	명성황후(고모)	민영쇼(조카)	1882~1895
303	글시보고든든ᄒ며원쳔견은ᄒ야보게시나	명성황후(고모)	민영쇼(조카)	1882~1895
304	글시보고야간잘잔일든든ᄒ며예논	명성황후(고모)	민영쇼(조카)	1882~1895
305	글시보고야간무탈ᄒ일든든ᄒ고예논	명성황후(고모)	민영쇼(조카)	1882~1895
306	글시보고든든ᄒ나긔동졍이슈샹ᄒ니답답	명성황후(고모)	민영쇼(조카)	1882~1895
307	글시보고야간잘잔일든든ᄒ며예논	명성황후(고모)	민영쇼(조카)	1882~1895
308	글시보고션교관은츈방듕의셔나소론이나	명성황후(고모)	민영쇼(조카)	1882~1895
309	글시보고야간잘잔일든든ᄒ며예논	명성황후(고모)	민영쇼(조카)	1882~1895
310	글시보고야간잘잔일든든ᄒ며예논	명성황후(고모)	민영쇼(조카)	1882~1895
311	글시보고야간무탈ᄒ일든든ᄒ며예논	명성황후(고모)	민영쇼(조카)	1882~1895
312	글시보고야간무탈ᄒ일든든ᄒ며예논	명성황후(고모)	민영쇼(조카)	1882~1895
313	글시보고든든ᄒ나셩치못ᄒ니답답ᄒ나	명성황후(고모)	민영쇼(조카)	1882~1895
314	글시보고무탈ᄒ니든든ᄒ다예난샹후문안	명성황후(고모)	민영쇼(조카)	1882~1895
315	글시보고든든ᄒ고야간잘자고무탈ᄒ일	명성황후(고모)	민영쇼(조카)	1882~1895
316	글시보고든든ᄒ고신샹무탈이디내눈일든든	명성황후(고모)	민영쇼(조카)	1882~1895
317	글시보고든든ᄒ며야간신샹불평ᄒ가보니	명성황후(고모)	민영쇼(조카)	1882~1895
318	글시보고든든ᄒ다일긔갈ᄉ록치운디신샹	명성황후(고모)	민영쇼(조카)	1882~1895
319	이번뎡원셔리귀향간디의안의셔쓰게시니	명성황후(고모)	민영쇼(조카)	1882~1895
320	글시보고든든ᄒ다여긔눈졍원당의의셔	명성황후(고모)	민영쇼(조카)	1882~1895
321	봉셔보고잘디니니든든ᄒ며예논	명성황후(고모)	민영쇼(조카)	1882~1895
322	봉셔보고잘디니니든든ᄒ며예논	명성황후(고모)	민영쇼(조카)	1882~1895
323	글시보고츄량의무탈ᄒ일든든ᄒ고	명성황후(재당고모)	민병승(재종질)	1882~1895
324	뎍으시니보고츄량의평안이니대시눈가	명성황후(시외종동서)	연안김씨(내종동서)	1866~1895
325	봉셔보고지한의평안이디니눈일	명성황후(시외종동서)	연안김씨(내종동서)	1866~1895
326	뎍으시니보고년ᄒ여평안이대시눈가	명성황후(시외종동서)	연안김씨(내종동서)	1866~1895
327	뎍으니보고어졔치운디평안이나가	명성황후(시외종동서)	연안김씨(내종동서)	1866~1895
328	봉셔밧ᄌ와보옵고긔후안녕ᄒ오신	명성황후(이종질녀)	한산이씨(이모)	1866~1895
329	샹후문안만안ᄒ오시고동궁졔졀태평ᄒ시	명성황후(이종질녀)	한산이씨(이모)	1866~1895
330	복모듕하셔밧ᄌ와보옵고긔후안녕ᄒ오신	명성황후(이종질녀)	한산이씨(이모)	1866~1895
331	샹후문안안녕ᄒ오시옵고동궁졔졀태평ᄒ시	명성황후(이종질녀)	한산이씨(이모)	1866~1895
332	봉셔밧ᄌ와보옵고긔후안녕ᄒ오신	명성황후(이종질녀)	한산이씨(이모)	1866~1895
333	평일존명만듯습고셔신ᄒ슌못ᄒ와더니오늘	순명효황후	김상덕(측근)	1894.10.11.이후
334	규리소찰이비례온줄지긔ᄒ나지금	순명효황후	김상덕(측근)	1894.11.13.이후
335	일ᄎ황송등격거ᄒ신후소식	순명효황후	김상덕(측근)	1897.2.20.이후
336	봉셔보옵고느리불평등지니시는가	순명효황후	김상덕(측근)	1897.7.7.
337	오리간만의 봉셔 보옵고 기간 지니신 말숨은	순명효황후	김상덕(측근)	1897.7.13.

순번	개별 명칭	발신자	수신자	연대
338	작년일초봉서보온후연ᄒ와	순명효황후	김상덕(측근)	1902.1.23.
339	아읍거니와문안은엇지아니드러오시며	순명효황후	김상덕(측근)	1902
340	회답ᄒ소셔만번밋습ᄂ니이번문약이	순명효황후	김상덕(측근)	1902.1.
341	거년의쇼식듯ᄉ온후궁금ᄒ와미양	순명효황후	김상덕(측근)	1904.1.23.
342	거월의봉셔밧읍고고후안강ᄒ오신소식	순명효황후	김상덕(측근)	1904.3.5.
343	낭초봉셔보읍고기간누리평이	순명효황후	김상덕(측근)	1904.4.18.
344	안엿줍고야간셩후안녕ᄒ오신	숙명공주(딸)	효종(아버지)	1652~1659
345	낫것잡ᄉ오시고안녕이디내오시읍ᄂ니잇가	명온공주(딸)	순조(아버지)	1815년경
346	ᄉ연만덕ᄉ오며	순원왕후전 원상궁	미상	1857년 이전
347	복모듕ᄒ셔밧즈와보읍고	신정왕후전 서기이씨	미상[윤용구집안추정]	19세기 후반
348	복모듕하셔밧즈와수야간	신정왕후전 서기이씨	미상[윤용구집안추정]	19세기 후반
349	글월밧즈와한염이심ᄒ온디	신정왕후전 서기이씨	미상[윤용구집안추정]	19세기 후반
350	일한이브죠거복ᄒ온디기간	신정왕후전 서기이씨	미상[윤용구집안추정]	1888~1890년대
351	복모듕ᄒ셔밧즈와기간	신정왕후전 천상궁	미상[윤용구집안추정]	19세기 중후반
352	복모듕하셔밧즈와보읍고	신정왕후전 천상궁	윤용구집안	1888년
353	쳔쳔몽미밧대감상ᄉ말숨은	신정왕후전 천상궁	미상[윤용구집안추정]	19세기 중반
354	츈일이블슌고로디못ᄒ오니	화빈윤씨전 김상궁	남령위 소실 유씨	19세기 중반
355	일한이공혹ᄒ온디	고종황제전 서희순상궁	미상	1891
356	안알외읍고작일봉셔밧즈와	고종황제전 서희순상궁	미상	1890년대
357	안알외읍고츄염의	고종황제전 서희순상궁	미상	1890년대
358	작일덕ᄉ오시니밧즈와	고종황제 신상궁	미상	1863~1907
359	봉셔밧즈와보읍고	명성황후전 궁녀	민영소	1883~1895
360	봉셔밧즈와보ᄋ읍고	명성황후전 궁녀	민영소	1883~1895
361	봉셔밧즈와보읍고	명성황후전 궁녀	민영소	1883~1895
362	봉셔밧즈와보읍고	명성황후전 궁녀	민영소	1883~1895
363	봉셔밧즈와보읍고	명성황후전 궁녀	민영소	1883~1895
364	봉셔밧즈와보읍고	명성황후전 궁녀	민영소	1883~1895
365	작일봉셔밧즈와보읍고	명성황후전 궁녀	민영소	1883~1895
366	봉셔밧즈와보읍고	명성황후전 궁녀	민영소	1883~1895
367	봉셔밧즈와보읍고	명성황후전 궁녀	민영소	1883~1895
368	봉셔밧즈와보읍고	명성황후전 궁녀	민영소	1883~1895
369	봉셔밧즈와보읍고	명성황후전 궁녀	민영소	1883~1895
370	봉셔밧즈와보읍고	명성황후전 궁녀	민영소	1883~1895
371	봉셔밧즈와보읍고	명성황후전 궁녀	민영소	1883~1895
372	봉셔밧즈와보읍고	명성황후전 궁녀	민영소	1883~1895
373	봉셔밧즈와보읍고	명성황후전 궁녀	민영소	1883~1895
374	슈초봉셔밧즈와든든이지닉습고	명성황후전 궁녀	민영소	1883~1895

순번	개별 명칭	발신자	수신자	연대
375	봉셔밧즈와보옵고	명성황후전 궁녀	민영소	1883~1895
376	봉셔밧즈와보옵고	명성황후전 궁녀	민영소	1883~1895
377	봉셔밧즈와보옵고	명성황후전 궁녀	민영소	1883~1895
378	봉셔밧즈와보옵고	명성황후전 궁녀	민영소	1883~1895
379	봉셔밧즈와보옵고	명성황후전 궁녀	민영소	1883~1895
380	봉셔밧즈와보옵고	명성황후전 궁녀	민영소	1883~1895
381	봉셔밧즈와보옵고	명성황후전 궁녀	민영소	1883~1895
382	봉셔밧즈와보옵고	명성황후전 궁녀	민영소	1883~1895
383	봉셔밧즈와보옵고	명성황후전 궁녀	민영소	1883~1895
384	봉셔밧즈와보옵고	명성황후전 궁녀	민영소	1883~1895
385	봉셔밧즈와보옵고	명성황후전 궁녀	민영소	1883~1895
386	봉셔밧즈와보옵고	명성황후전 궁녀	민영소	1883~1895
387	봉셔밧즈와보옵고	명성황후전 궁녀	민영소	1883~1895
388	봉셔밧즈와보옵고	명성황후전 궁녀	민영소	1886~1895
389	봉셔밧즈와보옵고	명성황후전 궁녀	민영소	1883~1895
390	봉셔밧즈와보옵고	명성황후전 궁녀	민영소	1883~1895
391	봉셔밧즈와보옵고	명성황후전 궁녀	민영소	1883~1895
392	봉셔밧즈와보옵고	명성황후전 궁녀	민영소	1883~1895
393	봉셔밧즈와보옵고	명성황후전 궁녀	민영소	1883~1895
394	봉셔보옵고든든하오나죵시끼긋지못ㅎ오신	명성황후전 궁녀	민영소	1883~1895
395	야간긔후안녕ㅎ오신문안아옵고져ᄇ라오며	궁녀	미상	19세기 후반
396	봉셔밧즈와보옵고긔후안녕하오신	궁녀	미상	1875~1907
397	샹후문안 만안ㅎ오시고동궁제졀태평	궁녀	미상	1882~1907
398	복모듕 하셔밧즈와보옵고긔후안녕하오신	궁녀	미상	1875~1907
399	봉셔밧즈와보옵고긔후안녕하오신	궁녀	미상	1875~1907
400	안부알외옵고덕스오시니보고	궁녀 금연이	미상	19세기 후반
401	안부알외옵고덕스오시니보고	궁녀	미상	19세기 후반
402	아바님젼상술이문안알외옵고츈일이	궁녀	미상	19세기 후반

● 참고문헌

[저서]

강효석, 『대동기문(大東奇聞)』, 한양서원, 1926.

김석근 · 김문식 · 신명호, 『조선시대 국왕리더십 관(觀)』, 역사산책, 2019.

김용숙, 『조선조 궁중풍속연구』, 일지사, 1987.

김일근, 『三訂版 諺簡의 硏究: 한글서간의 연구와 자료집성』, 건국대학교출판부, 1986 · 1991.

_____, 『李朝御筆諺簡集』, 신흥출판사, 1959.

마르티나 도이힐러 · 이훈상옮김, 『한국 사회의 유교적 변환』, 아카넷, 2003.

박정숙, 『조선의 한글 편지: 편지로 꽃피운 사랑과 예술』, 다운샘, 2017.

신병주, 『66세의 영조 15세 신부를 맞이하다』, 효형출판, 2001.

이광호 · 김건곤 · 어강석, 『조선 후기 한글 간찰(언간)의 역주 연구8: 대전 안동권씨 유회당가 한글 간찰 외』, 태학사, 2009.

이덕무지음 · 민족문화추진회옮김, 『청장관전서(靑莊館全書)』, 솔, 1997.

이송원, 『나랏말싸미 · 맹가노니』, 문예출판사, 2019.

이혜순, 『조선후기여성지성사』, 이화여대출판부, 2007.

임혜련, 『정순왕후, 수렴청정으로 영조의 뜻을 잇다』, 한국학중앙연구원출판부, 2014.

정 광, 『동아시아 여러 문자와 한글』, 지식산업사, 2019.

지두환, 『조선의 왕실 22: 정조대왕과 친인척』, 역사문화, 2009.

_____, 『조선의 왕실 26: 고종황제와 친인척』, 역사문화, 2009.

_____, 『조선의 왕실 27: 순종황제와 친인척』, 역사문화, 2009.

한우근 외, 『역주(譯註) 경국대전(經國大典)』, 한국정신문화연구원, 1985.

한형주, 『밭가는 영조와 누에치는 정순왕후』, 한국학중앙연구원출판부, 2013.

혜경궁홍씨 · 정별설 옮김, 『한중록』, 문학동네, 2010.

황문환 · 임치균 · 전경목 · 조정아 · 황은영 엮음, 『조선시대 한글 편지 판독자료집1 · 2 · 3』,

역락, 2013.

강릉시립박물관,『보물제1220호 명안공주관련유물도록』, 1996.

국립고궁박물관,『국역 덕온공주가례등록』, 2017.

국립청주박물관,『조선 왕실의 한글 편지, 숙명신한첩』, 2011.

국립한글박물관,『김씨부인한글상언·정조어필한글 편지첩·곤전어필』, 2014.

＿＿＿＿＿＿＿＿,『공쥬, 글시 덕으시니: 덕온공주 집안 3대 한글 유산』, 2019a.

＿＿＿＿＿＿＿＿,『덕온공주가의 한글1』, 2019b.

＿＿＿＿＿＿＿＿,『덕온공주가의 한글2』, 2020.

단국대학교 석주선기념박물관,『조선 마지막 공주 덕온가의 유물』, 단국대학교출판부, 2012.

문화재청,『한글의 옛글씨: 조선왕조 어필』, 2009.

수원화성박물관,『정조대왕 을묘년 수원행차 220주년 기념 특별기획전: 혜경궁홍씨와 풍산홍씨』, 2015.

예술의 전당 서울서예박물관,『朝鮮王朝御筆』, 한국서예사특별전, 2002.

한국학중앙연구원 장서각,『명가의 고문서⑤: 경주김씨 학주후손가 선비가의 餘慶』, 2006.

[논문]

김석근,「대승불교에서 주자학으로」,『정치사상연구』 1, 1999.

김용경,「명안어서첩 소재 언간에 대하여」,『한말연구』 9, 2001.

김인경,「조선후기 경주 김문의 형성과 성장」,『조선시대사학보』 64집, 2013.

김일근,「明聖大妃 諺札에 對하여」,『국어국문학』 49·50, 1970.

김일근·이종덕,「17세기 궁중언간: 숙휘신한첩①-④」,『문헌과해석』 11-14, 2000~2001.

남풍현,「언어와 문자」,『조선시대생활사』, 역사비평사, 1996.

노경자,「한글 편지로 본 공주들의 삶에 대한 고찰: 17~19세기 효종·현종·숙종, 순조 대 왕실가족 간의 편지를 중심으로」,『국학연구』 45, 2021.

박부자,「숙명신한첩의 국어학적 특징」,『조선 왕실의 한글 편지 숙명신한첩여성과 역사』, 국립청주박물관, 2011.

＿＿＿＿,「복식명 연구의 현황과 과제」,『정신문화연구』 37-4, 2014.

박 주, 「조선후기 정순왕후 김씨의 정치적 리더십에 대한 재조명」, 『여성과 역사』 15, 2011.

박재연, 「정순왕후의 한글 편지」, 『문헌과 해석』 69, 2014.

배영환, 「현종의 한글 편지에 나타난 자기 지칭어 '신'에 대하여」, 『국어국문학』 153, 2009.

백두현, 「조선시대의 한글 보급과 실용에 관한 연구」, 『진단학보』 92, 2001.

_____, 「보물 1220호로 지정된 "명안공주(明安公主) 친필 언간"의 언어 분석과 진위 고찰」, 『어문논총』 41, 2004.

_____, 「조선시대 여성의 문자 생활 연구」, 『진단학보』 97, 2004.

_____, 「조선시대 왕실언간의 문화중층론적 연구: 「숙휘신한첩」을 중심으로」, 『진단학보』 97, 2004.

_____, 「조선시대 여성의 문자생활 연구: 한글 편지와 한글 고문서를 중심으로」, 『어문논총』 42, 2005.

신명호, 「덕온공주의 일생과 가문」, 『조선 마지막 공주 덕온가의 유물』, 단국대학교출판부, 2012.

신성철, 「언간 자료와 사전의 표제어」, 『언어학연구』 18, 2010.

안병희, 「훈민정음 사용에 관한 역사적 연구: 창제로부터 19세기까지」, 『동방학지』 46·47·48, 1985.

어강석, 「장서각 소장 순명효황후 관련 한글 간찰의 내용과 가치」, 『장서각』 17, 2007.

이경하, 「15-16세기 왕후의 국문 글쓰기에 관한 문헌적 고찰」, 『한국고전여성문학연구』 7, 2003.

이기대, 「19세기 왕실 여성의 한글 편지에 나타난 공적인 성격과 그 문화적 기반」, 『어문논집』 48, 2011.

이남희, 「조선 후기의 '女士'와 '女中君子' 개념 고찰」, 『역사와 실학』 47, 2012.

_____, 「조선후기 지식인 여성의 생활세계와 사회의식: 임윤지당과 강정일당을 중심으로」, 『원불교사상과 종교문화』 52, 2012.

_____, 「조선후기 지식인 여성의 자의식과 사유세계: 이사주당(1739~1821)을 중심으로」, 『원불교사상과 종교문화』 68, 2016.

_____, 「조선후기 현종비 명성왕후 언간의 특성과 의미」, 『영주어문』 35, 2017.

_____, 「세종시대 소학의 보급 장려와 그 역사적 함의」, 『열린정신인문학연구』 19-2, 2018.

_____, 「조선후기 인현왕후 언간을 통해 본 왕실여성의 생활세계」, 『국학연구』 37, 2018.

_____ 「혜경궁홍씨(1735~1815)의 삶과 생활세계: 언간과 언교를 중심으로」, 『열린정신 인문학연구』 21-1, 2020a.

_____, 「정순왕후의 정치적 지향성과 생활세계: 언교와 언간을 중심으로」, 『원불교사상 과 종교문화』 84, 2020b.

_____, 「구한말 순명효황후(1872~1904) 언간의 특성과 의미」, 『영주어문』 45, 2020c.

_____, 「조선시대 언문자료와 왕실여성의 생활세계: 언간과 언교 그리고 언문저술」, 『인 문학연구』 29, 2020d.

이래호, 「조선시대 언간 자료의 현황 및 그 특성과 가치」, 『국어사연구』 20, 2015.

이영춘, 「강정일당의 생애와 학문」, 『조선시대사학보』 13, 2000.

이승희, 「조선후기 왕실 여성의 한글사용 양상」, 『한국문화』 61, 2013.

이종덕, 『17세기 왕실 언간의 국어학적 연구』, 서울시립대학교 박사학위논문, 2005.

_____, 「숙명신한첩에 대한 몇 가지 고찰」, 『조선 왕실의 한글 편지 숙명신한첩여성과 역사』, 국립청주박물관, 2011.

_____, 「정순왕후의 한글 편지」, 한국학중앙연구원 어문생활사연구소 제17회 공개강독 회, 2013.4.17.

_____, 「추사가 한글 편지」, 추사선생서거 150주기 특별전(2007.1.20.), 예술의전당 서울 서예박물관, 2007.

이종묵, 「효명세자의 저술과 문학」, 『한국한시연구』 10, 2002.

이창환, 「신의 정원 조선왕릉 33: 살아선 왕실의 살림꾼 죽어선 시부모 다섯 분 모셔」, 『주간동아』 766, 2010.

_____, 「순조 초반 정순왕후의 수렴청정과 정국변화」, 『조선시대사학보』 15, 2000.

_____, 「순조초기 정순왕후 수렴청정기의 관인 임용양상과 권력관계」, 『한국학논총』 41, 2014.

_____, 「영조~순조대 혜경궁의 위상 변화」, 『조선시대사학보』 74, 2015.

장경희, 「순종비 순명효황후의 생애와 유릉 연구」, 『한국인물사연구』 12, 2009.

정만조, 「혜경궁의 삶과 영조대 중·후반의 정국」, 『조선시대사학보』 74, 2015.

조정아, 「왕실 언간의 물명과 단위명사 연구」, 『정신문화연구』 38-2, 2015.

최어진·박재연, 「정순왕후 한글 편지의 내용과 가치」, 『열상고전연구』 44, 2015.

한소윤, 「조선시대 왕후들의 언간 서체 특징 연구」, 『한국사상과 문화』 69, 2013.

한지희, 「숙종 초 '紅袖의 變'과 명성왕후 김씨의 정치적 역할」, 『한국사학보』 31, 2008.

허윤희, 「"우의정과 상의하거라" 상소 방법까지 지시한 女人」, 『조선일보』, 2014.6.13.

황문환, 「조선 시대 언간과 국어 생활」, 『새국어생활』 12-2, 2002.

＿＿＿, 「조선시대 언간 자료의 현황과 특성」, 『국어사연구』 10, 2010.

＿＿＿, 「덕온공주 집안 유물 중 한글 자료에 대하여」, 『한국복식』 30, 2012.

＿＿＿, 「조선시대 언간 자료의 종합화와 활용 방안」, 『한국어학』 59, 2013.

황정수, 「한국 근대미술의 자료 발굴과 새로운 이해⑩: 위관 김상덕의 사진을 통해 본 초상으로서의 근대 사진」, 『미술세계』 73, 2018.

국립중앙도서관 한국고전적종합목록시스템(http://nl.go.kr/korcis)

국립중앙박물관 e뮤지엄(https://emuseum.go.kr)

국사편찬위원회 한국사데이터베이스(http://db.history.go.kr)

규장각한국학연구원 원문검색서비스(https://kyudb.snu.ac.kr)

디지털장서각(http://jsg.aks.ac.kr)

디지털한글박물관(http://archives.hangeul.go.kr)

문화재청 국가문화유산포털(http://www.heritage.go.kr)

오죽헌시립박물관(https://www.gn.go.kr/museum)

한국고문서자료관_조선시대 한글 편지(http://archive.aks.ac.kr/letter/letterList.aspx)

한국고전번역원 한국고전종합DB(http://db.itkc.or.kr)

한국민족문화대백과사전 사진 검색(http://encykorea.aks.ac.kr/MediaService)

한국역대인물종합시스템(http://people.aks.ac.kr)

한국학자료센터 (http://kostma.aks.ac.kr)

한국학디지털아카이브(http://yoksa.aks.ac.kr)

   이 책은 조선시대 '언간'을 통해서 살펴본 왕실 여성의 '삶과 생활세계'에 대해서 쓴 글을 한 데 모으고 정리한 것이다. 왕실 여성이라 했지만 일차적으로는 왕후에 초점을 맞추었다. 그리고 교육부와 한국학중앙연구원(한국학진흥사업단)의 한국학총서 사업의 지원을 받아 수행된 연구의 결과물이기도 하다.

   한 사람의 역사학도로서 조선시대 언간, 왕실여성, 삶과 생활세계에 관심을 가지고 공부하고 글을 쓰는 것은 어쩌면 자연스러운 일이라 할 수도 있을 것이다. 하지만 지금까지 조선시대 신분사와 사회사, 특히 중인 신분의 사회적 지위와 신분변동 등에 대해서 관심을 가져왔으며, 뿐만 아니라 주로 다루게 되는 사료, 일차 자료에서도 실록(實錄), 족보(族譜), 방목(榜目), 문집(文集)이라는 영역을 주요 관심사로 삼았던 필자로서는 약간의 두려움을 수반하는 과감한 지적인 모험이기도 했다. 한 우물을 깊이 파고드는 미덕을 중시하는 전통적인 학풍에서 보자면 일종의 일탈 내지 월경(越境)처럼 보일 수도 있을 것이다.

   하지만 지금까지 해온 공부와 이 책 사이를 이어주는 징검다리 같은 것이 없지는 않다고 하겠다. 필자가 생각하기에 조선후기에 두드러지는 현상들 중의 하나는 여성지식인의 등장이라 할 수 있다. 유교 경전에 대한 견해를 정리해 언문(諺文)이 아니라 한문(漢文)으로 저작할 수 있는 여성지식인의 등장과 활약은 주목할 만한 현상이다. 그 수는 제한되어 있었지만 그들이 지니는 상징성과 의미는 크다고 하겠다. 족보편찬과 여성지성사를 통해서 여성의 사회적 지위와 변화에 주목해온 것 역시 같은 맥락에 놓여 있다. 이에 필자는 여중군자(女中君子)와 여사(女士) 개념과 용어를 원용하면서 조선 후기 여성지성사의 전개와 근대적인 인간의 등장이라는 이념과 이상을 전망해보기도 했다.[1]

조선시대의 여성들 역시 문자 생활을 하고 있었다. 물론 다 그런 것은 아니었다. 여성지식인이라는 관점에서 보자면 조선시대의 왕실, 특히 왕비라는 최고의 여성은 많은 가능성을 지니고 있었다. 그들은 당시의 사대부 집안 출신이었다. 태어나 성장해서 출가하기 전까지 양반 집안에서 지내면서 사대부의 문화와 교양 속에서 살았던 것이다. 한글 읽고 쓰기는 당연한 것이었다. 사대부가 여성의 경우, '진서(眞書)'를 읽히는 예도 없지 않았다. 나아가 한문 독해는 물론이고 작문까지 가능한 여성도 충분히 나올 수 있었다. 한문으로 글을 쓸 수 있는 여성지식인이 본격적으로 등장하는 것은 조선 중·후기에 이르러서였던 것으로 여겨진다. 왕비들 중에는 (더러 한문을 쓸 수 있음에도 불구하고) 언문으로 자신의 생각을 글로 썼으며, 때로는 정치적인 중요성을 지니는 언문 교서를 내리기도 했으며, 나아가서는 자신의 삶을 되돌아보는 회고록[예컨대 『한중록』] 등을 집필하기도 했다.

하지만 밀운불우(密雲不雨)라 했던가. 구름이 잔뜩 끼었다고 해서 비가 오는 것은 아니다. 어떤 특정한 계기가 필요했다. 그것은 2016년 4월의 어느

---

1   이남희, 「조선후기 지식인 여성의 자의식과 사유세계: 이사주당(李師朱堂, 1739~1821)을 중심으로」(『원불교사상과 종교문화』 68, 2016); 「조선후기 지식인 여성의 생활세계와 사회의식: 임윤지당과 강정일당을 중심으로」(『원불교사상과종교문화』 52, 2012); 「조선 후기의 '女士'와 '女中君子' 개념 고찰」(『역사와실학』 47, 2012); 「조선 사회의 유교화와 여성의 위상: 15·16세기 족보를 중심으로」(『원불교사상과종교문화』 48, 2011); 「『安東 權氏成化譜』를 통해 본 조선 초기 여성의 再嫁 문제」(『조선시대사학보』 57, 2011); 「족 보를 통해서 본 조선시대 여성의 지위 변화」(『전통과현대』 12, 2000).

날 갑작스레 찾아와 주었다. 교육부와 한국학중앙연구원(한국학진흥사업단)의 「한국학총서」 '조선시대 언간을 통해 본 남성과 여성의 삶' 연구 사업에 공동연구원으로 참여하게 되었기 때문이다. 연구책임자는 배영환 교수(제주대), 공동연구원으로 신성철 교수(순천대), 이래호 교수(강원대)가 참여했다. 신청 단계에서 공동연구의 성격상 역사학 전공자가 필요하다는 판단을 했으며, 필자가 추천 물망에 올랐던 것이다.

공동연구 참여 제의를 받았을 때, 약간의 두려움 같은 것이 없지 않았다. 하지만 공부의 외연을 넓힐 수 있는 좋은 기회라 생각해서 감히 용기를 내보기로 했다. 필자가 맡았던 부분은 '조선시대 언간을 통해 본 왕실 여성의 삶' 부분이었다. 다른 파트는 조선시대 언간을 통해 본 왕실 남성의 삶, 사대부가 남성의 삶, 사대부가 여성의 삶이었다. 연구책임자와 공동연구자 두 분은 모두 국어학 전공자였으며, 특히 한글편지 언간에 대해서 오랫동안 연구를 깊이 해온 분들이었다. 일차적으로 언간의 발굴, 판독과 현대어 번역에 이르기까지 해박한 지식의 전문가들이었다.

이런 인연을 통해서 필자는 언간이라는 새로운 자료의 세계를 접할 수 있었다. 한글 창제 이후에는 이중적인 문자 체계로 된만큼 조선시대 역사 자료는 한문 자료와 한글로 된 것으로 나눌 수 있는데, 역사학 분야에서는 지금까지 한문 자료에 집중해왔다고 하겠다. 조선시대에 이미 편차가 있었다. 문자의 구분과 차별 의식은 진서(眞書)와 언문(諺文)이라는 말에서 상징적으로 나타난다. 필자 또한 한글로 된 자료를 실제로 연구에 활용해본 적이 없었다. 지금이라도 사료에 대해서 균형 잡힌 시각을 갖게 된 것은 다행이라 하겠다.

때문에 사료로서의 언간에 대해서는 자료의 수집, 판독에서 현대어 번역에 이르기까지 공동연구자들의 연구와 호의에 의지해야만 했다. 공동연구자들은 귀중한 자료는 물론이고 기존의 연구 성과와 새로운 성과를 기꺼이 제공해주었다. 정말 고마운 일이었으며, 필자에게는 더할 나위 없는 행운이었다. 아무리 감사드려도 지나치지 않을 것이다. 다행히 공동연구 기간 동안에 이어진 워크숍, 학술대회 등을 통해서 조금씩이나마 익숙해질 수 있었다. 여느 공동연구와 마찬가지로 중간단계 평가, 보고서 작성, 각 년차별 연구 성과를 토대로 학술지에 게재할 수 있었다. 지난 5년 동안 언간 읽기와 글쓰기 역시 나름대로 냉정한 평가를 받았다고 할 수도 있겠다.[2]

돌이켜 보면 연구 작업의 출발점에서 필자는 조선시대 왕실 여성과 관련된 언간의 현황을 조사, 정리하기 시작했다. 왕실 여성 범주에는 왕비, 대비, 공주, 옹주, 대왕대비, 궁녀 등도 속한다. 현재 필자가 파악한 왕실 언간은 전체 402건에 달하고 있다[이 책의 [부록] 참조]. 그 내역을 갈라 보면 왕비가 343건, 공주가 2건, 궁녀가 57건으로 나타난다. 역시 왕비가 가장 많은 언간을 남기고 있다. 필자가 왕비에 초점을 맞춘 데에는 그런 측면 역시 작용하기도 했다. 직접 쓴 필적(筆跡)이 남아 있어서, 수려한 글씨를 감상할 수도 있다.

새로운 영역으로서의 언간에 실제로 직면했던 필자에게 가장 중요했던 과제는 국어국문학 분야의 연구 성과를 가능한 빨리 자기 것으로 만드는 것이었다. 언간의 판독과 현대어 번역을 연구의 출발점으로 삼아야만 했다. 거의 동시에 언간 작성자가 처해 있던 시대와 상황을 다각도로 고려해가면

---

2 이남희, 「구한말 순명효황후(1872~1904) 언간의 특성과 의미」(『영주어문』 45, 2020); 「정순왕후(1740~1805)의 정치적 지향성과 생활세계: 언교와 언간을 중심으로」(『원불교사상과종교문화』 84, 2020); 「혜경궁홍씨(1735~1815)의 삶과 생활세계: 언간과 언교를 중심으로」(『열린정신인문학연구』 21-1, 2020); 「조선후기 인현왕후 언간을 통해 본 왕실여성의 생활세계」(『국학연구』 37, 2018); 「조선후기 현종비 명성왕후 언간의 특성과 의미」(『영주어문』 35, 2017).

서 역사학적 관점에서 종합적으로 재구성해가는 방식이었다. 마치 씨줄과 날줄이 엮여 가듯이 역사적 맥락과 구체적인 언간을 서로 엮어갈 수 있었다. 문득 역사가 어떻게 흘러가는지 특징적인 한 단면을 느낄 수도 있었다.

그런 예를 두엇 들어 보기로 하자. 우선, 언간 중에는 한 줄짜리도 있다. 지극히 짧은 것이다. 명성황후(明成皇后)가 1891년 조카 민영소에게 보낸 것인데, 그 내용은 이렇다. "딕츅은권영슈로ᄒ게ᄒ야라(종묘 제례에서 축을 읽는 사람은 권영수로 하게 하여라)" 대축은 종묘제례나 문묘 제향 때에 초헌관이 술을 따르면 신위 옆에서 축문을 읽던 사람을 의미한다. 누가 대축을 읽을 것인가 하는 사안에 대해서 분명하게 지시한 것이다. 과연 누가, 그리고 몇 사람이나 그런 사실을 알 수 있었겠는가. 공식적인 기록 『승정원일기』에 의하면 1891년 4월 18일 권영수는 대축으로 인해 승급되었다. 공식기록만 보게 되면 그저 역사의 표피(表皮)만 보게 되는 것이다. 이 같은 과정을 보면서 필자로서는 언간이 전해주는 생생함과 더불어 학제간 연구(Interdisciplinary Approach)의 즐거움과 효용성을 충분히 느낄 수 있었다.

다른 사례를 하나 보기로 하자. 명성왕후(明聖王后)는 제18대 국왕 현종의 비이다. 명성왕후가 대비가 되었을 때, 궁녀와의 추문으로 왕실의 권위를 손상시킨 종친 복창군 삼형제를 치죄했다. 어린 아들 숙종을 보호하기 위해서였다. 복창군 형제를 추종하던 남인들은 거세게 반발했으며, 결국 복창군 형제는 석방되었다. 명성왕후가 복창군 형제와 남인 세력에 대해서 호의적일 수가 없었다. 그녀는 숙종으로 하여금 자신의 사촌 동생 김석주 등 외척을 중용하도록 하고, 왕의 지지 세력으로 송시열계 서인과 외척 간의 정치적 연합을 구상했다. 1680년(숙종 6) 김석주는 서인이자 훈척인 김익훈, 김만기 등과 손잡고 복창군 형제와 남인들을 축출했다. 경신환국(庚申換局)이 그것이다.

그런데 그 해(1680) 명성왕후는 요양차 교외에 가 있던 송시열에게 언문으로 쓴 편지 한 통을 보내고 있다. 도움을 청하면서 조정으로 불러들이고자 한 것이다. 서인 세력을 왕의 지지 기반으로 삼고자 하는 정치적인 의도가 있었다. 송시열로서도 마다할 이유는 없었다. 남인의 정치적 공세에 의해 밀려 소외되어 있던 자신의 정치적 학문적 위상을 높여 주고, 왕실의 신뢰가 어느 정도인지를 보여주는 좋은 계기가 되었기 때문이다. 명성왕후는 송시열에 대해서 "유학자(儒學者)의 종주(宗主)"라고 칭송하기도 했다. 송시열은 명성왕후를 가리켜 "여중요순(女中堯舜)", 여인 중의 요, 순 임금이라 표현하기도 했다.

명성왕후의 부름에 송시열이 즉각 응함으로써 청풍 김문 외척과 서인 세력은 정치적 연합을 이룰 수 있었다. 그것은 곧 왕권 강화를 도모하는 것이기도 했기 때문이다. 겉으로 드러나지는 않았지만 명성왕비의 언간 한 통은 정국의 판세와 흐름을 바꾸어놓는 결정적인 계기가 되었던 셈이다.

위에서 든 사례들에서 볼 수 있듯이, 이 책에서는 왕비의 언간을 자료겸 매개로 삼아서 당시의 상황을 역사학적인 관점에서 바라보고 재구성해보고자 했다. 또한 가능하면 겉으로 드러난 역사적 서술의 이면에 한 걸음 다가감으로써 실제 역사가 어떻게 방향 지워지고 흘러갔는지 가늠해보고 싶다는 생각을 하기도 했다. 그렇게 해야 역사의 진실을 온전하게 파악할 수 있는 학제간 종합적인 연구로 나아갈 수 있지 않을까 하는 작은 바램을 가져보기도 한다.

하지만 필자의 일련의 연구에서는, 그리고 이 책에서는 언간이 전해지고 있는 왕후 모두를 다 다루지는 못했다. 처음 시작할 때, 지금까지 연구가 진척되지 않은 왕비부터 시작하겠다는 나름의 원칙 때문이었다. 그러다 보니 이미 관련 연구가 나와 있는 경우에는, 그 선행연구를 참조할 수 있기 때문에 우선순위에서 밀려나기도 했다. 언간이 상대적으로 많이 전하는 순원왕후, 명성황후 등이 그러했다. 앞으로 필자가 해나가야 할 작업 목록에 올려놓았다.

필자가 생각하기에 왕실 여성들, 왕비들 역시 언간을 통해서 자신의 생각을 전달하고 또 삶의 단면들을 전하고 있었다. 왕실 여성에게 언간은 외부와의 소통 수단이자 자기표현 수단으로서 중요한 의미를 지니고 있었다. 그래서 언간은 일상의 감정을 전하는 가장 일반적인 수단으로 개인적이고 인간적인 삶의 결을 엿볼 수 있는 귀중한 자료가 된다. 언간은 당시의 생생한 삶의 모습들을 전해주고 있다. 그래서 대학원 시절부터 관심을 가지고 있던 미시사, 생활사 연구의 새로운 가능성을 느낄 수 있었다. 물론 언간 외에도 왕비는 때로 언문으로 된 교서, 즉 언교(諺敎)를 내리기도 했다. 또한 언문으로 된 저작을 남기기도 했다. 이들은 모두 다 의미 있는 언문 자료라 해야 할 것이며, 장차 그들까지 감싸 안아야 할 것이다.

요컨대 언간을 통해서 본 왕실 여성, 왕비의 삶과 생활세계 연구는 필자에게 새로운 연구 경험이자 동시에 신나는 지적인 모험이기도 했다. 이에 2021년도 「한국생활문화사」 학부 수업에서 이 책의 원고 일부를 강의 자료로 활용해보기도 했다. 관련된 사진 자료도 같이 보여주면서 몇 꼭지를 같이 읽어나갔다. 나아가서는 학생들에게 조사와 발표를 시켰더니 한중록, 인터넷 상의 관련 자료 등을 충실히 참조해가면서 발표하기도 하는 등, 자발적인 참여와 더불어 예상한 것 보다 훨씬 더 재미있어 했다. 왕비 하면 근엄한 모습만 연상하게 되는데 인간적인 모습과 생활 면면을 볼 수 있어서 좋았다는 소감이 많았다.

그런 신나는 경험 덕분인지, 이번에 이 책을 내면서 필자로서는 조금 욕심을 내보기도 했다. 독자에게 친근감을 더 안겨주기 위해서 가능한 한 많은 언간의 사진, 관련 자료의 도판 등, 시각적인 자료를 제공해주자는 것이었다. 이 책에는 전체 80여 건의 사진, 도판 자료가 수록되어 있다. 그렇게 되기까지 약간의 어려움이 없지 않았다. 사진의 경우, 국보나 보물 등 국가기관에서 공개한 것들 외에는 저작권자에게 사용 허락을 받지 않으면 안되었기 때문이다. 연락해서 사용 요청을 하고, 공문을 보내고, 허락을 받는 것은 필자에게는 색다른 경험이었다. 관계기관이나 저작권자들께서는 학술서적에 사용한다는 취지를 기꺼이 이해해주고 사용을 허락해주셨다. 그리고 도서출판 역락에서는 본문뿐만 아니라 그들을 잘 편집해주셨다. 이 자리를 빌려 깊이 감사드린다. 사진과 도판 자료들 덕분에 이 책의 내용이 조금은 더 풍성해지지 않았을까 하고 기대해보기도 한다.

이번 언간 연구를 통해서 왕비 역시 한 사람의 인간이었으며, 궁중에 홀로 외떨어져 살아간 것이 아니라 가족 구성원의 한 사람이기도 하다는 것을 새삼스레 느낄 수 있었다. 누구에게 언간을 보내고 또 받았는가 하는 것을 조사해보면, 역시 직계, 방계, 그리고 측근에게 보냈던 것이다. 사적이고 개인적인 영역은 그들에게도 마찬가지로 중요했던 것이다. 어쩌면 신분과 지위를 막론하고 어떤 개인에게서도 가장 중요한 부분이었는지도 모르겠다.

진리는 말 너머에 있고, 진실은 아주 가까운데 있다는 말이 와 닿는다. 저자 후기 역시 개인적인 이야기를 조금 하는 것으로 이제 마무리하고자 한다. 먼저 학문의 길을 더불어 걷는 길동무[道伴] 남편[德剛]. 열심히 읽어주고 논평해주는 차원을 이번에는 훌쩍 넘어서버렸다. 생생함이 묻어나는 언간 자료를 보면서, 필자 보다 훨씬 더 재미있어 했다. 젊은 시절 수많은 편지를 써서 보냈던 추억도 한 몫 했던 듯하다. 학제간 연구를 지향했던 만큼, 생각이 자유로운 그의 입김과 손길은 이 책 곳곳에 묻어 있다.

예나 지금이나 여성의 삶은, 결혼과 더불어 친정과 시댁이라는 서로 다른 두 세계에 걸쳐져 있다. 누구든 거기서 완전히 벗어나기 쉽지 않다. 울타리가 되어주기도 하지만 때로는 가두어두는 높은 담벽이 되기도 한다. 그와 관련해서 필자는 행운아라고 해야 할 듯하다. 두 분 어머님은 공부하는 며느리와 딸을 자랑스럽게 생각해주시기 때문이다. 새 책이 나올 때마다 가져다 드리면 항상 곁에 두고 보면서 흐뭇해하신다. 왠지 이 책만큼은 같이 시간을 보내면서 제대로 한 번 읽어드려야 할 것 같다.

어느 순간 문득 훌쩍 커버려서 이제 더 이상 품속의 아이가 아닌 두 아들[辰學과 辰禹]. 더 많은 시간을, 관심을 할애하지 못한 것이 항상 아쉬웠지만, 이제 그들이 오히려 엄마에게 너무 무리하지 말라고 한다. 활기차고 씩씩하게 자기 삶을 활짝 열어나갈 수 있기를 바라마지 않는다.

돌이켜 보면 올해(2021)는 필자에게 여러 측면에서 기념이 될 만한 해이기도 하다. 숫자상으로 표기되는 몇 주년 혹은 그 무엇이 아니라 지금까지의 삶을 되돌아보면서 더욱 활기차게 앞으로 나아가라는 뜻으로 새겨야 할 듯하다. 그런 해에 의미 있는 책을 내놓을 수 있어서 스스로 기쁘게 생각한다. 이제 새해를 맞이하면서 새 마음 새 기분으로 다시금 힘차게 출발하고자 한다.

2021년 11월 30일
관저헌에서
이 남 희

용어

ㄱ

ㄴ

ㄷ

ㅁ

ㅂ

이남희(李南姬)

고려대학교 사학과를 졸업한 후 한국학중앙연구원 한국학대학원에서 석사, 박사학위를 받았다. 현재 원광대학교 역사문화학부 사학과 교수로 재직 중이다. 전라북도 세계유산위원, 문화재전문위원, 도시 계획위원이기도 하다. 국사편찬위원회 국사편찬위원, 원광대 평생교육원장, (주)서울시스템 한국학DB 연구소 소장, 고려대학교 민족문화연구원 연구교수 등을 역임하였다.
『조선후기 의역주팔세보 연구: 중인의 족보 편찬과 신분 변동』, 『조선왕조실록으로 오늘을 읽는다』, 『역사문화학: 디지털시대의 한국사 연구』, 『영조의 과거(科擧)』, 『조선후기 잡과중인 연구』, 『조선시 대 과거 제도 사전』(공저), Click Into the Hermit Kingdom(공저) 등의 저서가 있으며, 『사서오경(四書五經): 동양철학의 이해』, 『학문의 제국주의』, 『천황의 나라 일본: 일본의 역사와 천황제』 등을 우리 말로 옮겼다. 그 외에 한국 근세 사회문화사, 디지털인문학, 그리고 문화콘텐츠와 관련하여 다수의 논문을 발표하였다.

조선시대 언간을 통해 본 왕실 여성의 삶과 생활세계

초판 1쇄 인쇄 2021년 12월 13일
초판 1쇄 발행 2021년 12월 23일

지은이 이남희
펴낸이 이대현
책임편집 강윤경 | **편집** 이태곤 권분옥 문선희 임애정
디자인 안혜진 최선주 이경진 | **마케팅** 박태훈 안현진
펴낸곳 도서출판 역락 | **등록** 1999년 4월 19일 제303-2002-000014호
주소 서울시 서초구 동광로46길 6-6 문창빌딩 2층(우06589)
전화 02-3409-2060(편집부), 2058(영업부) | **팩스** 02-3409-2059
전자우편 youkrack@hanmail.net | **홈페이지** www.youkrackbooks.com

ISBN 979-11-6742-229-3 94910
      979-11-6742-262-0 (세트)